Mosaik
bei GOLDMANN

Buch

Persönlicher und finanzieller Erfolg basieren auf dem beharrlichen Verfolgen der eigenen Ziele und auf der richtigen Strategie. Dabei sind die Erfolgsgeheimnisse der Gewinner zum Teil schon seit Jahrhunderten dieselben. Bernd W. Klöckner zeigt in seinem Buch eine einzigartige Kombination von bewährten und ganz neuen Erkenntnissen und weist seinen Lesern den sicheren Weg zu garantiertem Reichtum und Erfolg. Sein Buch enthält leicht verständliche und umsetzbare Prinzipien, die den Erfolg ausmachen und bereits tausende von Menschen ans Ziel gebracht haben. Zu ihnen gehören die Kunst des Kommunizierens, der Aufbau eines Erfolgsnetzes, Vertrauen, Ehrlichkeit und positives Denken.

Autor

Bernd W. Klöckner gehört zu den gefragtesten Finanz- und Erfolgstrainern für Finanzdienstleister und Verbraucher. Der gefragte Kongressredner ist Verfasser zahlreicher Bestseller. Sein langjähriges Spezialgebiet ist das Geldtraining für finanzielle Unabhängigkeit.
(mail@berndwkloeckner.de)

Von Bernd W. Klöckner außerdem bei Mosaik bei Goldmann:

Systematisch reich! Was Sie tun müssen, damit das Geld zu Ihnen kommt (16270)
Systematisch reich mit Aktienfonds! Das Erfolgsgeheimnis der Gewinner (16372)
Frauen und Geld. Ihr Weg zur finanziellen Unabhängigkeit (16332)

BERND W. KLÖCKNER

Die Magie des Erfolges

Ihr Weg zu persönlichem
und finanziellem
Reichtum und Wohlstand

Mosaik
bei GOLDMANN

Originalausgabe

Umwelthinweis:
Alle bedruckten Materialien dieses Taschenbuches
sind chlorfrei und umweltschonend.

Originalausgabe November 2001
© 2001 Wilhelm Goldmann Verlag, München,
ein Unternehmen der Verlagsgruppe Random House GmbH
Umschlaggestaltung: Design Team München
unter Verwendung folgender Fotos:
Umschlag: Manfred Riege, Nassau
Redaktion: Birgit Hahn
Satz: Uhl + Massopust, Aalen
Druck: GGP Media, Pößneck
Verlagsnummer: 16330
Kö · Herstellung: Max Widmaier
Made in Germany
ISBN 3-442-16330-7
www.goldmann-verlag.de

1 3 5 7 9 10 8 6 4 2

Gewidmet allen meinen Lesern und Seminarteilnehmern,
die es ermöglichten, dass dieses Buch Wirklichkeit wurde.

INHALT

Persönliche Anmerkungen zu diesem Buch
Zum Titel dieses Buches 11
Vorsicht Falle: Erfolg und der Wunsch nach Selbstständigkeit . 13

Teil I – Persönliche Erfolgsfaktoren
Vorwort zu Teil I 19
Lektion 1: Komfortzone & Erfolgstraining 20
Lektion 2: Das »Krebssyndrom« 32
Lektion 3: Wie Sie durch Hemmungsübungen
             reich werden 34
Lektion 4: Warum jeder alles erreichen kann –
             6 Erfolgsgrundsätze 37
Lektion 5: Beharrlichkeit, Beharrlichkeit 43
Lektion 6: Zuverlässigkeit zahlt sich aus 51
Lektion 7: Ohne Disziplin kein Erfolg 55
Lektion 8: Die Schule des Schweigens 58
Lektion 9: Die Kunst wahrer Diskretion 65
Lektion 10: Gemeinschaft und Umgang mit
             anderen Menschen 69
Lektion 11: Selbstständigkeit & Verantwortung 72
Lektion 12: Niederlagen & wirklicher Erfolg 82

Teil II – Erfolgswissen & Erfolgsstrategien
Vorwort zu Teil II 89
Lektion 1: Versäumen Sie nicht Ihr Leben 91
Lektion 2: Erfolgreich Ziele formulieren 94
Lektion 3: Vermeiden Sie VKs und VVs 99
Lektion 4: Setzen Sie Ihre Aktiva ein 103
Lektion 5: Was ist ein gutes Geschäft? 106
Lektion 6: Warum Sie sich für Veränderungen
             entscheiden *müssen* 109
Lektion 7: Sie wollen mehr verdienen? – Kein Problem! 111

Inhalt

Lektion 8: Finden Sie Ihre Kernkompetenz oder ändern Sie ihr Geschäft 117
Lektion 9: Das Erfolgsprinzip »Loslassen« 120
Lektion 10: Der Umgang mit den Problemen anderer 133
Lektion 11: Die richtigen Dinge richtig tun 135
Lektion 12: »Durchführen« und »Mit Erfolg durchführen« ... 138
Lektion 13: Wiederholen Sie Erfolgshandlungen 139
Lektion 14: Machen Sie aus Erfolg eine Gewohnheit 143
Lektion 15: Erfolg & Kontrolle 147
Lektion 16: Erfolg, Konflikte & »Nicht-nett-Sein« 154
Lektion 17: Setzen Sie auf Dream-Teams 161
Lektion 18: Image & Klischee 173
Lektion 19: Zusammenfassung: 15 wichtige Gewinner- und Verlierergrundsätze 185

Das Geheimnis der 1-Jahres-Gedankenreise 195
Schlusswort 196

Meine persönliche Erfolgsbibliothek 199
Zu meiner Person – für alle, die etwas mehr wissen wollen ... 206
Ein herzliches Dankeschön 214

Sachregister 215

PERSÖNLICHE ANMERKUNGEN ZU DIESEM BUCH

Zum Titel dieses Buches

Wenn du einen Freund hast, schenke ihm einen Fisch.
Wenn du ihn besonders gern magst, lehre ihn Fischen.
Chinesisches Sprichwort

Dieses leicht abgewandelte chinesische Sprichwort ist mein Leitmotiv für das vorliegende Buch. Es ist mein fünfzehntes Buch und mit seiner Veröffentlichung verwirklicht sich einer meiner Träume: Seit über zehn Jahren beschäftigt mich die Idee, ein Buch zu schreiben, das so umfassend, aber nicht unnötig umfangreich ist, dass jede Leserin, jeder Leser die Chance hat, Lektion für Lektion im persönlichen Alltag praktisch umzusetzen und persönlich wie finanziell erfolgreich oder noch erfolgreicher zu werden. Dieses Buch, das ich ursprünglich für gute Freunde schreiben wollte, ist auch für junge Menschen gedacht, die sich dafür interessieren, was Erfolgsprinzipien sind und wo Verliererfallen lauern. Mit diesem Buch möchte ich Sie das Fischen im »Erfolgsteich« lehren. Dieser Erfolgsteich ist für jeden gleichermaßen da und gleichermaßen groß.

Es gibt jedoch kein sicheres Erfolgskonzept, solange Sie nicht mit Ihrem ganzen Herzen bei der Sache sind. Tausende von Büchern, Ratgebern mit unzähligen Tipps und Tricks sowie Seminare rund um das Thema Erfolg helfen Ihnen auf dem Weg nach oben keinen einzigen Schritt weiter, wenn Sie nicht mit ganzem Herzen Ihren persönlichen und finanziellen Erfolg wollen und auch bereit sind, sich dafür über eine längere Zeit anzustrengen und dazuzulernen. Persönlich und finanziell erfolgreich und damit frei zu werden, ist alles andere als schwierig oder gar ein Buch mit sieben Siegeln. Es ist im Grunde genommen ganz, ganz einfach. Aber auch hier gilt: Eine Reise von zehntausend Meilen beginnt mit dem ersten Schritt. Selbstverständlich ist es schöner sich vorzustellen, man sei schon auf der Hälfte des Weges oder gar am Ziel angekommen. Doch das ist für Ihren persönlichen Erfolgsweg eine Illusion. Ihre ganz persönliche Reise zu persönlichem und finanziellem Erfolg beginnt mit einem einzigen Schritt, Ihrem ersten Schritt! Es ist dabei völlig gleichgültig, ob die

Persönliche Anmerkungen

Ziele und Resultate, die Sie erreichen wollen, groß oder klein, einfach oder komplex sind. Es ist völlig ohne Belang, was Sie sich an Aufgaben vorgenommen haben. Ihre Reise beginnt mit dem ersten Schritt! Jetzt möchte ich Ihnen verraten, wieso ich dieses Buch »Magie des Erfolges« genannt habe. Dieser Titel war mir so wichtig, weil wirkliches Erfolgswissen nichts anderes bedeutet, als konsequent bestimmte Regeln und Gesetzmäßigkeiten zu kennen und anzuwenden! *Erfolgreiche Menschen tun nichts anderes, als mit Disziplin einem klaren Plan konsequent zu folgen.* Erfolgreiche Menschen »erfinden« Erfolgswissen und Erfolgsstrategien nicht ständig neu, sondern handeln lediglich konsequent nach den Erfolgsgesetzen, die bereits andere Menschen erfolgreich gemacht haben.

Als Kinder haben uns Magier fasziniert. Ihre Zauberkunst ließ uns manchmal den Atem anhalten. Dabei arbeiten Magier lediglich – auf der Grundlage der wichtigsten Gesetzmäßigkeiten der Zauberkunst – nach exakten Plänen, die kleinste Unachtsamkeit bedeutet bei so manchem Zaubertrick höchste Gefahr. Es kommt auf jeden Handgriff an, nichts bleibt dem Zufall überlassen. Und bis ein Magier richtig faszinierende Tricks vorführen kann, vergeht eine lange Lehrzeit. Nichts anderes gilt für erfolgreiche Menschen und solche, die es werden wollen: Als Erstes müssen sie üben, üben, üben, bis jeder Handgriff, jeder kleine Trick exakt sitzt. Ein alter erfahrener Magier berichtete mir einmal, dass er sich bei schwierigen Tricks in der Nacht einen Wecker gestellt habe, um dann, aus dem Schlaf herausgerissen, auf der Stelle einen Kartentrick oder ein anderes Kunststück auszuführen. Er wollte sich sicher sein, dass er jeden Handgriff sozusagen im Schlaf beherrschte. *Für Erfolgsmagier gilt nichts anderes: Die richtigen »Erfolgstricks« (die streng genommen eher Erfolgswissen und Erfolgsstrategien sind), die richtigen Gedanken, die richtige Technik muss Tag und Nacht präsent sein.* Erfolgs-Know-how und die Gedanken daran müssen ein Teil von Ihnen werden. Ich wünsche mir, dass Sie die einzelnen Lektionen dieses Buches so sorgsam lesen – möglicherweise auch ein zweites oder drittes Mal lesen –, dass Ihnen alles, was ich Ihnen erzähle, in Fleisch und Blut übergeht. Ich wünsche Ihnen die Ausdauer, die in diesem Buch genannten Erfolgsgeheimnisse immer wieder neu anzuwenden, bis Sie Tag und Nacht von diesen Erfolgsprinzipien begleitet werden.

Vorsicht Falle: Erfolg und der Wunsch nach Selbstständigkeit

In diesem Buch wende ich mich an *Sie*, ob Sie Arbeiter/in, Angestellte/r, Unternehmer/in oder was auch immer sind. Dieses Buch gilt für jede Branche, jeden Beruf, jede Position. Es beinhaltet wichtige Erfolgsgeheimnisse für jeden von Ihnen. Was ich ausdrücklich betonen möchte ist, dass ich nichts davon halte – wie in vielen Büchern immer wieder zu lesen – dass Sie sich einfach nur selbstständig machen müssen, um beruflich und persönlich erfolgreich zu sein. Selbstständig zu sein bedeutet: *Ständig selbst mehr zu tun als andere.* Selbstständig zu sein befreit nicht von den Erfolgsvoraussetzungen wie Disziplin, Konsequenz, Beharrlichkeit. Im Gegenteil: Wer sich selbstständig macht, ohne die Faktoren zu beherrschen, wird schnell auf ein persönliches und finanzielles Desaster hinsteuern. Daher gilt: Lassen Sie sich niemals enthusiastisch zu irgendwelchen beruflichen Abenteuern hinreißen. Es ist keineswegs damit getan, dass Sie in Folge eines Seminars völlig gepuscht gravierende Entscheidungen treffen. Allein ein hohes Selbstwertgefühl, eine kurzfristige Hochstimmung genügen keineswegs, um eine eigenständige, berufliche Existenz aufzubauen. Ihr persönlicher wie auch finanzieller Konkurs wäre bei diesen Voraussetzungen sicher und nur eine Frage der Zeit. Wenn Sie sich mit dem Gedanken an Selbstständigkeit tragen, klären Sie unbedingt, um mit den Worten des bekannten Bestsellerautors Hans-Peter Zimmermann zu sprechen, ob es sich um
- einen wirklichen Wunsch
- einen realistischen Wunsch oder
- ein eben mal geäußertes Wünschlein handelt.

Wer Ihnen, ob als Trainer oder Buchautor suggeriert »Du brauchst nur ein gutes Selbstwertgefühl, dann wirst du besser, schneller und erfolgreicher durchs Leben kommen«, sagt Ihnen nicht die Wahrheit. Genau diese weit verbreitete Botschaft »Fühle dich gut und du wirst gut sein«, wurde eindrucksvoll über 30 Jahre hinweg widerlegt. Der amerikanische Psychologe Mark R. Leary, der zum Zeitpunkt des Verfassens dieses Manuskripts an der Wake Forest University Winston-Salem lehrt, widerlegte jegliche Form von »Fühle dich gut

Persönliche Anmerkungen

und du wirst gut sein«-Botschaften. Er widerlegte diese Theorie nicht einmal oder zweimal. Insgesamt führte er über 13 000 Untersuchungen durch und konnte damit eindrucksvoll belegen, dass Menschen niemals nur deswegen ein positives Verhalten zeigen, weil sie ihr Selbstwertgefühl aufpoliert haben. Auch der umgekehrte Schluss wurde somit wissenschaftlich untersucht: Wenn ein Mensch ein schlechtes oder geringes Selbstwertgefühl hat, dann ist das keineswegs die Triebfeder für Misserfolge oder unerwünschte Ereignisse, die diesem Menschen widerfahren. Diese Meinung teilt im Übrigen auch einer der berühmtesten Seelenforscher unserer Zeit und ein ausgewiesener Experte für Motivationsforschung. Es handelt sich um den Psychologie-Professor Albert Bandura von der Stanford-University. In seinem 1997 erschienenen Buch »Self efficacy: The exercise of control« schreibt er: »Das Selbstwertgefühl wirkt sich weder auf die persönlichen Ziele noch auf die erreichten Leistungen aus.« Ebenfalls wichtig für Sie ist: Gerade ein hohes Selbstwertgefühl kann Ihrem wirklichen persönlichen und finanziellen Erfolg im Wege stehen. Dann nämlich, wenn Sie auf Grund eines gegebenen hohen Selbstwertgefühls nicht mehr erkennen, dass Sie schlechte Leistungen erbringen. So beschreibt Rolf Degen in seinem »Lexikon der populären Psycho-Irrtümer« die folgende Begebenheit:

»Anfang der Neunzigerjahre kam es in einem Schulvergleich zwischen den USA, Japan und China zu dem peinlichen Schluss, dass der amerikanische Nachwuchs mit Abstand die schlechtesten Leistungen in Mathematik vorzuweisen hatte. Gleichzeitig jedoch schätzten die amerikanischen Schüler ihre eigenen Rechenfähigkeiten als überdurchschnittlich ein... Die Schüler in Asien veranschlagten ihr mathematisches Können zu niedrig...«

Auch der Psychologie-Professor Robyn M. Dawes kam Ende der Achtzigerjahre auf Grund einer wissenschaftlichen Untersuchung zu der Erkenntnis, dass es keinerlei statistischen Zusammenhang zwischen dem Selbstwertgefühl und den schulischen Leistungen gibt. Nach Robyn M. Dawes ist jeder Versuch, bessere Leistungen allein durch ein verbessertes Selbstbild zu erzielen, zum Scheitern verurteilt.

Damit zurück zum Thema Selbstständigkeit. Ich möchte Sie freundschaftlich davor warnen, *nur* auf Grund eines guten Selbstwertgefühls, einer kurzfristigen Hochstimmung nach dem Lesen eines motivierenden Buches oder nach dem Besuch eines Power-Seminares sich unbedingt »selbstständig machen zu wollen«. Auch »Alles-verändern-Wollen« funktioniert so nicht. Ich betone das so sehr, weil ich zahlreiche Seminarteilnehmer kennen lernen durfte, die mir bestätigten, dass auf Selbstständigkeit zum falschen Zeitpunkt und unter falschen Vorstellungen nicht selten der finanzielle Ruin folgt.

Die Botschaft an Sie lautet: Sie müssen sich nicht beruflich selbstständig machen, um persönlich und finanziell erfolgreich zu sein.

Auch wenn ich hin und wieder begeistert davon spreche, wie leicht sich Ideen in die Tat umsetzen und zu Geld machen lassen (die richtige Vorgehensweise vorausgesetzt), dürfen Sie dieses Buch also nicht als eine Anleitung zum kritiklosen Selbstständigmachen verstehen. Sie alleine wissen, in welchem Job, in welcher Branche, in welcher Hierarchie Sie sich am wohlsten fühlen. Diesen und keinen anderen Job sollten Sie ausüben und dann die in diesem Buch genannten Erfolgsregeln anwenden. Nochmals: Die in diesem Buch genannten Regeln und Strategien lassen sich in jedem Beruf, jeder Branche, jeder Position umsetzen.

Und noch eines zum Ende dieser persönlichen Lektion: Immer wieder treffe ich auf Menschen, die mir gegenüber äußern: »So wie Sie möchte ich auch mal arbeiten dürfen«, oder »Ich würde auch gerne mal ein Buch schreiben«, oder »Das muss ja Spaß machen, in den verschiedenen Ländern herumzureisen und Seminare zu halten. Das würde ich mir auch wünschen«. Wissen Sie, was ich diesen Menschen entgegne? Ich sage: »Nein, das wollen Sie nicht. Sie wollen nicht so intensiv arbeiten. Sie wollen nicht abends in Städten ankommen, sich frühmorgens vorbereiten, bis abends referieren, dann spät in der Nacht nach Hause kommen, um sich wieder auf das Seminar am Wochenende vorzubereiten. Sie wollen nicht morgens um 4:30 Uhr regelmäßig aufstehen, sich an Ihren Schreibtisch setzen, um bis 8:00 Uhr Buchmanuskripte zu schreiben und anschließend das ›normale‹ Arbeitspensum bis 19 Uhr zu bewältigen.« Verstehen Sie, was ich damit sagen will? Diese »So wie der will ich auch mal leben...«-Menschen wollen nicht wirklich so leben. Sie wollen die schönen Seiten leben, aber nicht die Disziplin und Konsequenz, die dazugehören. Immer wieder begegne ich auch Menschen, die im Hinblick auf erfolgreiche Personen äußern: »Der hat ja auch Glück gehabt.« Das ist schlichtweg falsch. Menschen, die so denken, belügen sich selbst. Denn interessanterweise haben oft die Menschen mehr »Glück«, die hart gearbeitet haben.

Alles, was in diesem Buch geschrieben steht, habe ich selbst erlebt. Bis zum heutigen Tag lerne ich jeden Tag aufs Neue dazu und bin selbst weit davon entfernt, perfekt zu sein. Im Gegenteil: Es gab Zeiten, da war ich der schlechteste Mann für meine Familie und der schlechteste Partner für meine Frau, den man sich vorstellen kann. Es gab Zeiten, da war ich der schlechteste Geschäftspartner für meine Freunde, den man sich nur denken kann. In diesen Zeiten haben mich gute Bücher und oft ein Gespräch mit wirklichen Freunden aus dem tiefsten Tal geholt. An manchem Abend waren es wenige Sätze aus einem gelungenen Buch, die mir neue Kraft, neuen Glauben und neuen Optimismus gaben. Meine persönliche Bücherliste, meine persönliche Erfolgsbibliothek für Ihren Weg, finden Sie am Ende dieses Buches.

Heute lebe ich, gemeinsam mit meiner Frau und meinen Kindern, ein sehr angenehmes Leben. Ich genieße meine in den letzten Jahren aufgebaute finanzielle Unabhängigkeit und Freiheit – das Ergebnis von über zehn Jahren konsequenter Arbeit, getragen von Erfolgsvisionen, die alle nach und nach wahr wurden. Daher kann ich Ihnen zu Recht versprechen: Die in diesem Buch beschriebenen, teils verblüffend einfachen Erfolgsregeln werden auch Ihr Leben ändern. Sie müssen nur handeln und die Veränderung zulassen. Das ist die Formel für Ihren Erfolg.

TEIL I

PERSÖNLICHE ERFOLGSFAKTOREN

Vorwort zu Teil I

Bei den in den folgenden Lektionen genannten Erfolgsfaktoren stehen persönliche Eigenschaften im Vordergrund. Persönliche Eigenschaften, die Sie entweder nicht haben, jedoch haben sollten, wenn Sie wirklich persönlichen Erfolg wünschen. Oder Eigenschaften, die Sie bereits besitzen, jedoch verbessern wollen.

Die wichtigste Bedingung für Erfolg ist: Sie müssen ehrlich zu sich selbst sein. Belügen Sie sich niemals. Wenn Sie auf Schwächen hingewiesen werden oder Ihnen Schwächen Ihrer Persönlichkeit beim Lesen der Lektionen bewusst werden, dann freuen Sie sich über die Chance, diese Schwächen beheben zu können.

Viele der Menschen, die ich in den letzten Jahren als Erfolgs- und Geldtrainer kennen lernte und die mich auf ihrem Weg zum Erfolg um Rat fragten, wollten nach Möglichkeit ein oder zwei Erfolgsgeheimnisse erfahren, mit denen sich – Abrakadabra & Simsalabim – der Erfolg und das Geld einstellen sollten. Manchen Menschen gelingt es mittels einfacher Tricks, durch ein oder zwei gute Geschäfte jede Menge Geld zu verdienen. Kurzfristig. Langfristig bleiben sie jedoch Jahr um Jahr auf der Suche nach dem wirklichen persönlichen Erfolg.

Die Botschaft an Sie lautet: Wer intensiv wirklichen Reichtum, wer intensiv wirklichen persönlichen und finanziellen Erfolg wünscht, baut sich zuerst einen Namen auf. Dann ist persönlicher und finanzieller Erfolg nur eine Frage der Zeit. Wer dagegen schnellen Erfolg (um jeden Preis und nicht selten auf Kosten anderer) im Sinn hat, um sich damit einen Namen zu machen – um endlich (auch) mal wer in diesem Leben zu sein – wird langfristig scheitern.

Lektion 1
Komfortzone & Erfolgstraining

Lernen ist eine Sache des Könnens, genauso aber auch eine des Wollens. Wollen wir etwas nicht lernen, ist dies nur ein Zeichen dafür, dass wir nicht überzeugt sind, dass die Sache lernenswert ist. Es ist eine Frage der Motivation.
Gerd Binning, Nobelpreisträger Physik

Eine Persönlichkeit sein? Im Umgang mit anderen Menschen erfolgreich sein? Finanziell erfolgreich, frei und unabhängig sein? Hand aufs Herz: Wünschen Sie sich das nicht auch? Zahlreiche Bücher mit vielsagenden Titeln versprechen Ihnen, diese Ziele erreichen zu können. Es gibt jedoch einen entscheidenden Unterschied zu dem Ihnen hier vorliegenden Buch:

Ich werde sie Lektion für Lektion zu Ihrer eigenen Persönlichkeit, zu Ihrem persönlichen sowie kommunikativen Erfolg und zu finanzieller Freiheit führen – und damit letztlich zu Reichtum und Wohlstand. Garantiert!

Das Einzige, was ich von Ihnen verlange: Tun Sie das, was ich Ihnen erzähle, jeden Tag, jede Woche, jeden Monat. Setzen Sie die in diesem Buch genannten Geheimnisse ab sofort in Ihrem Leben um. Fangen Sie an, mit diesem Buch zu arbeiten. Warten Sie, nachdem Sie die folgenden Seiten gelesen haben, keinen einzigen Tag länger, um sich zu verbessern.

Als ich mich damit beschäftigte, ein solches Buch zu schreiben, fragte ich mich lange Zeit, ob ich es als Autor Ihnen als Leser bequem machen muss beziehungsweise soll oder nicht. Anleitungen und Bücher für vermeintlich einfache Erfolgsrezepte gibt es mehr als genug. Würde ich es ebenso machen, würden Sie eines Tages feststellen, dass alles nicht so funktioniert wie beschrieben. Sie würden sich dann nach dem Grund fragen und wären wieder da, wo Sie heute schon stehen.

Deshalb entschied ich mich, ein sehr direktes, ehrliches und umfassendes Buch über die Magie des Erfolges zu schreiben. Ein Buch nicht nur mit seichten, lieben Worten. Ein Buch, das Sie fordert. Ein Buch, das nicht immer angenehm ist. Wir alle lieben das Angenehme (auch Komfortzone genannt), wenn es anstrengend wird, ziehen wir uns schnell zurück. *Es gilt:* Ob Sie persönlich erfolgreich sind, Ihr Leben im Griff haben und finanziell unabhängig sind, liegt ausschließlich an Ihnen. Wenn Sie jetzt denken: Ich kann aber nicht, dann gilt der bekannte Spruch: Wer sagt »Ich kann nicht« will nicht! Ich werde versuchen, Ihnen die vielversprechendste Richtung zu zeigen, dann jedoch müssen Sie alleine laufen.

Ich kann Ihnen nur raten: *Lesen Sie das Buch nicht, wenn Sie nicht bereit sind, an sich zu arbeiten. Lesen Sie das Buch nicht, wenn Sie nicht bereit sind, Ihre Komfortzone in den nächsten Tagen, Wochen und Monaten zu verlassen. Lesen Sie das Buch nicht, wenn Sie nicht bereit sind, alte, zum Teil lieb gewonnene Gewohnheiten abzulegen und neue Eigenschaften für Ihr Leben zu erlernen. Und lesen Sie dieses Buch bitte nicht, wenn Sie nicht bereit sind, wirklich ernsthaft über sich und Ihr Leben nachzudenken und alte Gewohnheiten abzulegen.*

Viele Erfolgsbücher wurden und werden millionenfach verkauft. Ein Klassiker »Denke nach und werde reich« von Napoleon Hill hat zweistellige Millionenauflagen erreicht. Nur die wenigsten Leser dieses Buches sind jedoch wirklich reich geworden. Der Grund: Es ist um ein Vielfaches leichter, nach dem Lesen eines Erfolgsbuches begeistert das nächste zu lesen, als das Gelesene anzuwenden. Es ist leichter, fordert Sie weniger und Sie schwingen sich mit einem guten Gefühl von einer Erfolgsgeschichte zur nächsten, von einem Tag zum anderen, von einem Erfolgsbuch zum nächsten. Sie konsumieren Erfolg, statt Erfolg zu leben. Solange Sie jedoch nicht bereit sind, nachzudenken und das Gelesene anzuwenden, werden Sie keinen Fortschritt, keine persönlichen Erfolge erzielen.

Wenn Sie dagegen offen für Neues sind, wenn Sie Veränderungen annehmen können und auch im privaten Umfeld umzusetzen bereit sind, wenn Sie über sich und Ihr Leben nachdenken wollen, dann ist dieses Buch vielleicht das wichtigste Buch Ihres Lebens.

Manches in diesem Buch können Sie auch in anderen Büchern nachlesen. Vorausgesetzt, Sie haben sehr viel Zeit, um mehrere hundert Bücher zu studieren, nachdem Sie die richtige Literatur erst einmal ausfindig gemacht haben. Auf dem Weg dorthin werden Sie vor demselben Problem stehen wie ich: Manche Bücher zum Thema persönlicher Erfolg und finanzielle Freiheit bieten nur ein oder zwei wichtige Sätze, nur ein oder zwei wichtige Kapitel. Diese wenigen Sätze sind hin und wieder jedoch so entscheidend, dass Sie es sich nicht leisten können, solche Bücher einfach nicht zu lesen. Ein anderes Mal überschlagen Sie die wirklich wichtigen Seiten und werden es nicht bemerken. Das vorliegende Buch beschäftigt sich mit den Grundlagen für persönlichen Erfolg, garantierten Erfolg im Umgang mit Ihren Mitmenschen und auf dem Weg zu finanzieller Freiheit. Wenn Sie später Ihr Wissen zu einzelnen Lektionen vertiefen wollen, finden Sie am Ende des Buches auf Seite 199 weiterführende Literatur. Sozusagen meine persönliche Erfolgsbibliothek nach über 15 Jahren intensiven Studiums.

Mit Coaching zum Erfolg

Was mir noch am Herzen liegt: Finden Sie einen persönlichen Coach oder besser einen Mentor. Also einen Menschen, der Ihnen selbst als Trainer zur Verfügung steht. Der mit Ihnen Ihren künftigen Erfolgsweg plant und mit Ihnen gemeinsam das Ziel erreicht. *Wichtig:* Suchen Sie einen Coach, bei dem Praxis und Theorie übereinstimmen. Einen Coach, der authentisch ist.

Gecoacht zu werden ist nicht immer angenehm, es kann unangenehm und anstrengend sein. Wenn Sie sich jedoch darauf einlassen, wird es Sie voranbringen. Suchen Sie sich einen Coach, suchen Sie sich einen Menschen, den Sie für seinen Erfolgsweg bewundern. Suchen Sie sich einen Menschen, dessen persönliche Leistungen, Eigenschaften und dessen persönlicher Lebensweg Sie begeistern. Fragen Sie diesen Menschen, ob er Sie coachen will. Fragen Sie ihn auch danach, was es kostet. Seien Sie nicht enttäuscht, wenn es ein hoher Preis ist.

Wenn Ihr Coach ein guter Erfolgstrainer ist, dann lebt er ebenfalls nach der Regel, dass er Geschäfte und sich nicht ständig neue Freunde machen will. Ein guter Coach wird Ihnen ein Geschäft anbieten und dann immer ein wenig mehr leisten, als er Ihnen versprochen hat. Gerade wenn ein Coach auf einen respektvollen Abstand achtet, ist dies grundsätzlich seriöser zu beurteilen, als wenn Sie für einen Coach bereits nach kurzer Zeit der vermeintlich beste Freund geworden sind.

Sie und ich, wir alle kämen in großen Schritten dem persönlichen Erfolg und der finanziellen Freiheit näher, wenn die, die erfolgreich sind, sich mit den Menschen zusammentun würden, die lernen wollen, erfolgreich zu sein. Die Realität sieht leider anders aus: Jemand weiß mehr als andere, ist besser, schneller, erfolgreicher und bewahrt dieses Wissen für sich, statt zu teilen. Dabei könnte es jedem Einzelnen von uns noch besser gehen, wenn wir damit beginnen würden, andere Menschen zu unterstützen und zu fördern.

Eines meiner Ziele, das ich gerne mit Ihnen und allen anderen Lesern erreichen möchte, ist, dass insbesondere junge Menschen früh gecoacht werden. Wie oft sagen wir »Hätte ich das nur früher gewusst, dann wäre ich viel weiter gekommen«.

Meine Einladung an Sie ist: Lassen Sie uns Erfolgswissen teilen. Lassen Sie uns gemeinsam erfolgreich sein und unsere Erfolge über eine Erfolgszeitung verbreiten. Wenn Sie dieses Buch gelesen und über die ersten 100 Tage angewandt haben, schreiben Sie mir von Ihren Erfolgen, von Ihren Fortschritten. Schreiben Sie mir auch davon, was Ihnen schwer fällt und wo Sie noch zu wenig vorankommen. Schreiben Sie mir vor allem regelmäßig, und berichten Sie mir von Ihren kleinen wie von Ihren großen Erfolgen.

Im Gegenzug erhalten Sie – falls Sie möchten – im Abonnement den ersten Erfolgsbrief Deutschlands. Dieser erste Erfolgsbrief Deutschlands wird starten, so bald es ausreichend und regelmäßig Zuschriften gibt.

Das Prinzip der Gewinner lautet: HANDELN!

Im vorliegenden Buch lernen Sie alle Voraussetzungen kennen, die Sie erfüllen müssen, um auf Dauer wirklichen Erfolg zu haben. Sie müssen das, was Sie lesen, lediglich tun.

Die Botschaft an Sie als Gewinner lautet: Handeln Sie! Verlassen Sie Ihre KOMFORTZONE und HANDELN Sie!

Nach über 14 Jahren erfolgreicher Selbstständigkeit, nach vielen Jahren des Studiums der Erfolgsprinzipien und unzähligen Beratungsgesprächen bin ich heute überzeugt: Mit einem definitiven Plan und in Kenntnis des wirklich wichtigen Wissens kann jeder Mensch zu Reichtum und Erfolg geführt werden. Wirklicher Reichtum ist jedoch nicht möglich, ohne dass Ihre Persönlichkeit wächst und Sie den »meisterhaften« Umgang mit anderen Menschen erlernen.

Persönliche Erfolgsfaktoren

Geld ist etwas Schönes

Vielleicht gehören Sie zu den Menschen, die sagen, »Mir kommt es nur auf den persönlichen Erfolg an, finanzielle Freiheit ist mir nicht so wichtig«. Ich kann Ihnen versichern, dass finanzielle Freiheit für jeden Menschen wichtig ist. Geld ist nichts anderes als eine Form von Energie. Geld als eine Form der Energie, gehört zu unserem Leben. Geld gehört zu Ihrem Leben. Geld ist schön und viel Geld ist ebenfalls etwas Schönes! Wenn Sie also auf jemanden treffen der behauptet, Geld mache nicht glücklich, dann sprechen Sie mit Sicherheit mit einem Menschen, der noch nie in den wirklich edlen und teuren Geschäften einkaufen war. Das ist kein Zeichen für Reichtum, das sein muss. Ich versichere Ihnen jedoch: Einkaufen in exklusiven Geschäften macht jede Menge Spaß, und Geld zu haben ist dann wirklich etwas Schönes!

Ihre Aufgabe auf dem Weg zu Reichtum und Erfolg ist es zu lernen, wie Sie meisterhaft mit anderen Menschen umgehen können. Wie Sie eine wirkliche Persönlichkeit in Ihrem Handeln und Tun werden. Dann nämlich werden persönlicher und finanzieller Erfolg die Früchte dieser Fähigkeit sein.

Mein Versprechen an Sie lautet: Sie finden mindestens eine Lektion in diesem Buch, die Sie, Ihr Leben, Ihr Handeln oder Ihre Einstellung wesentlich verändern wird!

Ich werde Ihnen nun ein Geheimnis verraten: Meine eigene Ausbildung kostete mich rund 250 000 Euro. Rund 250 000 Euro Lehrgeld habe ich zwischen dem 20. und 28. Lebensjahr bezahlt für Fehler, die ich zwischen 18 und 20 Jahren gemacht habe beziehungsweise für Fehler, deren Ursprung in diesen Jahren lag. Das sind bei acht Jahren rund 31 000 Euro pro Jahr, die für meine »Ausbildung« draufgingen. Ohne meine Fehler vor vielen Jahren hätte ich jedoch nie meinen späteren Berufsweg eingeschlagen. Ich hätte keine 14 Bücher bis zum 34. Lebensjahr geschrieben. Ich wäre niemals mit 34 Jahren ein erfolgreicher Buchautor, Geldtrainer und bekannter TV-Finanzexperte geworden. Ich hätte nie Seminare gegeben, für die ich viel Geld erhalte. Doch ich hätte meine »Ausbildung« nicht ganz so teuer bezahlen müssen: Nehmen wir an, ich hätte zwischen dem 18. und 22. Lebensjahr über vier Jahre einen Coach, einen wirklichen Mentor im Freundeskreis gehabt. Selbst wenn er

10 000 Euro pro Jahr gekostet hätte, wäre es allemal günstiger gewesen, als bis zum 28. Lebensjahr 250 000 Euro an Lehrgeld zu bezahlen.

Die Botschaft an Sie lautet: Ein guter Coach, ein wirklich guter Mentor kann überhaupt nicht zu teuer sein!

Ein Appell an alle Eltern

Setzen Sie alles daran, dass Ihre Kinder in Ihnen einen Mentor sehen. Ich erinnere mich an meinen Vater, den ich liebe und achte. Er – gemeinsam mit unserer Mutter – hat uns ermöglicht, unseren Lebensweg zu gehen. Es war jedoch für mich als junger Mensch schwierig, mit ihm über meine Träume und Ziele zu sprechen, ich konnte sie mit meinem Vater nicht teilen. Niemand erzählt seine Träume und Ziele gern, wenn es nach zwei Sätzen heißt, »Das geht doch nicht« oder »Mach doch was Vernünftiges« oder etwas Ähnliches. Wenn man spürt, dass das Gegenüber sich gar nicht auf die eigene Gedankenwelt einlässt. Eltern sollten wissen, dass das Ergebnis solcher Situationen ist, dass nichts mehr erzählt und immer noch nichts »Vernünftiges« getan wird.

Tauchen Sie als Eltern mit ein in die Fantasien, Gedanken und Visionen Ihrer Kinder. Stehen Sie diesen mit Rat und Tat zur Seite. Sprechen Sie über Vor- und Nachteile einzelner Projekte, und begleiten Sie so Ihre Kinder als Mentor. Der Duden übersetzt Mentor mit »nach Mentor, dem Freund des Odysseus, für dessen Sohn Telemach er väterlicher Freund und Erzieher war«. Darüber hinaus wird Mentor übersetzt mit »erfahrener Berater, Helfer, Anreger, Fürsprecher, Förderer« und »erfahrener Pädagoge, der ... betreut«. Mentor wird also nicht übersetzt mit »Abreger«, »Wegsprecher« oder »Hemmer«.

Die Botschaft an die Älteren, die Erfahrenen lautet: Regen Sie an, fördern Sie, helfen Sie jüngeren Menschen oder solchen, die in einem bestimmten Bereich über weniger oder gar keine Erfahrung verfügen. Eltern, die das verstehen – und deren Kinder sie als Förderer akzeptieren – ersparen diesen eine Menge Probleme und Schwierigkeiten, die, wie in meinem Fall, vielleicht eines Tages teuer bezahlt werden müssen.

Nun zurück zum Thema **KOMFORTZONE**: Sie müssen mir ver-

Persönliche Erfolgsfaktoren

sprechen, dass Sie alle Lektionen in diesem Buch lesen. Wenn Sie die Verlockung spüren, die eine oder andere Lektion zu überspringen, dann beherrschen Sie sich. Denken Sie daran: Die wahre Meisterschaft besteht darin, über alle in diesem Buch beschriebenen Bereiche informiert zu sein. Sie müssen alle genannten Punkte beherrschen, um es persönlich und finanziell zur Meisterschaft zu bringen.

Mein Versprechen Ihnen gegenüber ist: Wenn Sie nach den Regeln dieses Buches leben, wenn Sie an sich arbeiten und zudem ab sofort regelmäßig Ihre persönliche Komfortzone verlassen, werden Sie größere, positive Veränderungen an Ihnen und in Ihrem Leben spüren als jemals zuvor.

Empfehlen Sie dieses Buch weiter. Empfehlen Sie es Ihren Freunden und Bekannten. Vielleicht schenken Sie ein Exemplar den Menschen, die Sie schätzen und die es verdient haben, dass Sie ihnen ein solches Geschenk machen. Je mehr Menschen nach den Regeln dieses Buches leben, umso besser wird es uns allen gehen. Je mehr Menschen Sie in Ihrer Umgebung haben, die sich gerne mit Erfolgswissen beschäftigen und Erfolgswissen leben, umso erfolgreicher wird Ihre gesamte Umgebung und letztlich Sie selbst. Je mehr Menschen in Ihrer privaten Umgebung dieses Buch lesen, desto eher werden Sie Ihr privates Dream-Team finden. Je mehr Menschen Sie es in Ihrer beruflichen Umgebung schenken, desto eher werden Sie Ihr berufliches Dream-Team finden (mehr zum Thema Dream-Team finden Sie in Lektion 17 auf Seite 161 ff.).

An dieser Stelle, passend zum Thema Komfortzone, noch Folgendes: Immer wieder treffe ich Freunde aus meinem Heimatdorf wieder. Richtig nette Menschen! Doch immer wieder stelle ich fest: Manche meiner einstigen Schulkameraden haben sich niemals lösen können vom Kreislauf der täglichen Routine. Viele haben es nicht geschafft, sich aus ihrer eingefahrenen und auch hemmenden Umgebung zu lösen, endlich die Komfortzone hinter sich zu lassen. Nur einigen wenigen ist es gelungen. Wenn ich diese Schulkameraden wiedersehe, dann tut es mir fast Leid, dass über Jahre und mittlerweile Jahrzehnte unsagbares Potenzial eines jeden Einzelnen verschenkt wurde.

Eine weitere Botschaft, passend zu den Themen KOMFORTZONE und ERFOLGSTRAINING möchte ich Ihnen mit auf den Weg geben: Haben Sie schon einmal darüber nachgedacht, dass Sie einmalig sind auf dieser Welt? Sie, mit all Ihren Eigenschaften wie auch Eigenarten, sind einmalig. Sie sind seltener als Gold, seltener als jemals ein Edelmetall sein kann. Sie sind unbezahlbar. Tragen Sie dieses Selbstbewusstsein Ihrer Einzigartigkeit jeden Tag Ihres Lebens mit sich. Vertreiben Sie Selbstzweifel und Furcht, und genießen Sie jeden Tag bewusst und mit Stolz Ihre Einzigartigkeit. Sie sollen an sich arbeiten und nie aufhören besser zu werden. Doch lassen Sie sich niemals einreden, Sie sollten sein wie jemand anderes.

Menschen, die Sie nur dann akzeptieren, wenn Sie so werden, wie diese Menschen, begegnen Sie von nun an mit folgendem weisen Spruch: »Du solltest niemals versuchen, Menschen so zu machen, wie du selbst bist. Denke stets daran, dass einer von deiner Sorte mehr als genug ist.«

Fordern Sie sich

Was ich Ihnen mit diesem Buch auch schenken möchte, ist die Freude an Veränderung. Sie, ich, alle Menschen sind für die Tat geboren. Manche haben dieses Naturgesetz jedoch vergessen. Wenn Sie nichts tun, also untätig bleiben, so erlahmt Ihre Lebenskraft immer mehr. Jeder, der schon einmal einen Gips trug oder jemanden kennt, der einen tragen musste, weiß, wie stark sich Muskeln zurückbilden, wenn sie nicht bewegt werden.

Die Formel für Erfolg ist in diesem Fall einfach:

Kein (Muskel)Training = keine Muskeln.

Das ist beim Thema Erfolg nicht anders: kein (ERFOLGS)Training = kein Erfolg.

Wenn Sie der Meinung sind, Ihnen würde die Veranlagung, mehr zu leisten oder besser zu sein als andere fehlen, so kann ich Sie glücklicherweise eines Besseren belehren: Im Gehirn eines jeden Neugeborenen bilden sich jede Sekunde drei Milliarden Synapsen heran. Ist ein Baby acht Monate alt, so hat das Gehirn rund 1 Trillion Verbindungen aufgebaut. Richtig ist zwar, dass diese Verbindungen bis zum zehnten Lebensjahr wieder auf rund 500 Billionen oder 0,5 Trillionen abnehmen, die aber bleiben für den Rest des Lebens erhalten. Was Ihr Gehirn leistet, hängt ausschließlich davon ab, ob es benutzt wird. Wenn Sie Ihr Gehirn benutzen, steigern Sie seine Leistungsfähigkeit

Persönliche Erfolgsfaktoren

kontinuierlich. Benutzen Sie es nicht, verkümmert Ihr Gehirn wie ein unbenutzter Muskel. *Es gilt:* Jedes Gehirn sehnt sich danach, neue Fertigkeiten zu erlernen, gefordert zu werden.

Bruce McEwen von der Rockefeller University meinte hierzu einmal passend: »Das Allerwichtigste ist zu begreifen, dass das Gehirn ständig wächst und sich verändert. Es ernährt sich von Reizen und es ist niemals zu spät, es zu füttern.«

Die Botschaft an Sie lautet: Es ist niemals zu spät, Ihr Gehirn, Ihre Hochleistungsmaschine zu füttern und anzutreiben, im Gegenteil; es ist Ihre Pflicht, es zu füttern.

Bob Jacobs, Neurowissenschaftler an der University of California in Los Angeles, bringt den Sachverhalt auf den Punkt. Sein Leitsatz lautet: *Use it or lose it!*

Synapsen sind sozusagen die Blätter des »Gehirn-Baumes«. Jedes Blatt, jede Synapse nimmt so viel »Licht« (= Informationen) auf wie möglich und nährt den Baum. Je mehr Informationen aufgenommen und ausgetauscht werden, desto größer ist die Leistungsfähigkeit Ihres Gehirnes. Je häufiger Sie Ihre Komfortzone verlassen und sich fordern, desto besser werden Sie.

Die Forschung zeigt, dass ein gut ausgebildetes und gefordertes Gehirn sogar eine Art biologische Abwehr gegen Erkrankungen bilden kann. Laut jüngsten Forschungsergebnissen soll sogar das Risiko, an Alzheimer zu erkranken, durch eine größere Anzahl von synaptischen Verbindungen zurückgehen.

Man vermutet, dass die synaptischen Verbindungen eine Art Wachposten bilden und gegen zerstörerische Alzheimer-Angriffe effektiven Widerstand leisten.

An dieser Stelle möchte ich allen meinen älteren Lesern etwas sehr, sehr Wichtiges mitteilen, es geht um das Vorurteil, dass die Gehirnzellen im Alter zwangsläufig dahinschwinden. Es ist Unsinn, hier lediglich nachzuplappern, was andere wiederum nur daher wissen, weil es ihnen über Dritte vorgeplappert wurde. Dr. Marylin Albert, beigeordnete Professorin für Psychiatrie und Neurologie an der Harvard-University und Direktorin der gerontologischen Forschungsabteilung des Massachusetts General Hospital meint hierzu: »Wir sind gerade dabei, äußerst aussagekräftiges Material zu sammeln, durch welches belegt wird, dass das Alter an sich durchaus keinen außergewöhnlichen Verlust von Hirnzellen mit sich bringt.« So werden sich wohl alle diejenigen eines Besseren belehren lassen müssen, die glaubten, im Alter zwangsläufig jeden Tag eine Million Gehirnzellen zu verlieren.

»Use it or lose it« gilt für jeden, gleich ob jugendliche zwanzig Jahre oder erfahrene, weise achtzig Jahre. Und wenn Sie nun zu den Lesern gehören, die immer noch sagen: »Ich kann wirklich nicht«, dann seien Sie so ehrlich und sagen wenigstens: »Ich will wirklich nicht.« Sagen Sie einfach: »Ich **will** meine Komfortzone nicht verlassen.«

Das Ganze wurde übrigens bewiesen mit Untersuchungen am so genannten Stirnlappen, dem Neokortex. Der Neokortex ist der Platz im Gehirn, wo wir nachdenken, wo wir unsere Erinnerungen wachrufen, wo wir kreativ sind, neue Einsichten hervorbringen. Versuchspersonen wurde radioaktiver Zucker injiziert. Zuerst machte die Gruppe der Fünfundzwanzigjährigen einen halbstündigen Gedächtnistest. Nach diesem Test strahlte der Stirnlappen in den Farben Gelb und Rot. Das bedeutete: Der radioaktive Zucker war von den Milliarden mit der Erinnerungsverarbeitung beschäftigten Gehirnzellen aufgesaugt worden. Die Gehirnzellen arbeiteten auf Hochtouren und verbrauchten den Zucker als Energielieferanten. Spannend war das Ergebnis bei der Untersuchung der Stirnlappen von Fünfundsiebzigjährigen: Deren Stirnlappen leuchteten in gleicher Intensität. Es gab keine gravierenden Unterschiede zwischen Jung und Alt.

Wie die Muskeln, so kann auch das Gehirn trainiert werden. Verfallssymptome des Gehirns sind nur in seltenen Fällen krankheitsbedingt, in der Regel jedoch eine Folge mangelnder geistiger Übung.

Fazit: Use it or lose it – Benutze dein Gehirn oder du verlierst es! Jede Form von geistigem Training führt zu physischen Veränderungen im Gehirn.

Die Botschaft an Sie lautet: Es ist lebenswichtig, dass Sie Ihr Gehirn fordern. Ihr Gehirn können Sie selbst organisieren. Ob auf vorteilhafte Art oder nachteilig, hängt von Ihnen ab. Interessant und bedeutend für mich war ein Kommentar von Michael Merzenich von der Universität California in San Francisco: »**Das ist etwas, was immer noch nicht so recht begriffen wird – die Leute denken einfach nicht an ihre eigene Kraft, über die sie verfügen, um ihr Gehirn verändern zu können.**«

Persönliche Erfolgsfaktoren

Soweit einige umfangreiche, jedoch wichtige Anmerkungen zur Erweiterung der »Komfortzone« auf dem Weg zum Erfolg. Nun geht's aber los: Vor Ihnen liegen einige Dutzend Seiten mit geballtem, intensivem Erfolgswissen. Wie gesagt, es wird nicht immer nur unterhaltend oder angenehm sein. Ihre Komfortzone werden Sie garantiert verlassen müssen. Aber nicht umsonst heißt es: »Zum Erfolg gibt es keinen Lift, Sie müssen die Treppe benutzen.« Entscheiden Sie sich jetzt, ob Sie diesen Weg gemeinsam mit mir gehen wollen.

Ich verspreche Ihnen: Sie werden persönlich erfolgreich und finanziell unabhängig, und wenn Sie bereits erfolgreich und finanziell unabhängig sind, werden wir gemeinsam weitere Grenzen durchbrechen und wichtige Fortschritte auf dem Weg zu Ihrer persönlichen Meisterschaft erzielen.

Die Botschaft an Sie lautet: Führen Sie Ihr Leben zum persönlichen Erfolg und zur finanziellen Freiheit. Sie können es! Tun Sie es jetzt! Es heißt: Führen Sie Ihr Unternehmen oder es wird Sie führen. Betrachten Sie Ihr Leben als das faszinierendste Unternehmen, das sich Ihnen jemals bieten wird, und führen Sie es.

Betrachten Sie jeden Tag Ihres Lebens als eine Chance, Ihr persönliches Unternehmen in Ihnen selbst aufzubauen. Tun Sie es nicht, werden Sie von den Lebensumständen geführt werden. Die Jahre ziehen vorbei und eines Tages blicken Sie zurück auf alle Chancen, die Sie nicht ergriffen haben. Dann beenden Sie Ihr Leben als »Unterlasser«, jedoch nicht als Unternehmer. Werden Sie Unternehmer und entdecken Sie das faszinierendste Unternehmen, das es jemals geben wird: das Unternehmen Ihres eigenen Lebens. Das Unternehmen »LEBEN AG«. Gewissermaßen Ihre eigene und wichtigste Aktiengesellschaft.

Denken Sie stets daran: **Gewinner ergreifen mehr Chancen als sich ihnen bieten!** Beginnen Sie mit den Chancen, die Ihnen das vorliegende Buch bietet. Sie werden feststellen, es gibt mehr Ansätze, als Sie glauben, um Reichtum und Erfolg, dauerhaften Erfolg in Ihr Leben zu bringen.

Nehmen Sie folgenden Leitspruch mit auf Ihre Erfolgsreise »Erfolg hat nur, wer mehr tut als nötig – und das immer!« Prägen Sie sich diesen Spruch ein und rufen Sie ihn sich ins Gedächtnis, wenn Sie in Situationen gelangen, in denen Sie erschöpft sind, in denen Sie nicht länger mehr tun wollen als nötig.

Die Botschaft an Sie lautet: Entscheiden Sie sich für das Durchbrechen Ihrer persönlichen Komfortzone, nutzen Sie das Erfolgstraining dieses Buches und brechen Sie Ihre Erfolgskurve nicht ab. TUN Sie ab heute alles für steigende Erfolgskurven. Vergleichen Sie Ihre künftige Erfolgsreise mit der Entscheidung eines Piloten, ein Flugzeug zu starten. Wenn die Entscheidung gefallen ist, wenn die Motoren anlaufen und das Flugzeug auf der Startbahn dahinrast, gibt es kein Zurück mehr. Dann heißt es, volle Kraft voraus und abheben.

Lektion 2

Das »Krebssyndrom«

Lasse nie einem Übelstand seinen Lauf, um einen Krieg zu vermeiden; denn du vermeidest ihn nicht, du schiebst ihn nur zu deinem eigenen Nachteil auf.
Niccoló Machiavelli, florentinischer Historiker und Dichter

Wenn Sie wirklich erfolgreich sein wollen, dann müssen Sie sich von schlechten Gewohnheiten befreien. Und genau das, also das Befreien von schlechten Gewohnheiten fällt uns meist sehr schwer. Seinen Titel verdankt diese Lektion einer wundervollen Geschichte, die ich in dem faszinierenden Buch von Patrick Porter »Entdecke dein Gehirn«, Paderborn 1997, gefunden habe. Ich möchte Ihnen diese Geschichte leicht abgewandelt wiedergeben:

Die Geschichte der Krebse

Vor einiger Zeit wolle ein Fischer auf einer Insel Krebse sammeln. Er hatte nur einen einzigen Eimer und nichts zum Abdecken dieses Eimers. Bereits nach kurzer Zeit stand er vor dem Problem, dass jeweils der erste Krebs, den er mühevoll gefangen hatte, wieder aus dem Eimer herauskletterte, während er versuchte, einen zweiten Krebs zu fangen. So blieb, obwohl er einen Krebs nach dem anderen fing und sich große Mühe gab, immer nur ein Krebs im Eimer. Eines Tages hatte es dieser Fischer sehr eilig. Er wollte an diesem Tag ein letztes Mal versuchen, mehr Krebse im Eimer nach Hause zu tragen, und arbeitete schneller als jemals zuvor. Und dann geschah Folgendes: Nachdem er dieses Mal schnell den zweiten Krebs in den Eimer geworfen hatte (der erste hatte noch keine Zeit gehabt, herauszuklettern), fing er den dritten und vierten und fünften Krebs. Alle warf er in den Eimer. Er wunderte sich, wieso keiner der gefangenen Krebse herauskroch, dachte jedoch zunächst, es sei heute ein besonderer Glückstag für ihn. Als er den zehnten Krebs gefangen und in den Eimer geworfen hatte, ging er verwundert zum Eimer hin. Er sah, dass, sobald sich ein Krebs davonstehlen wollte, ihn die anderen mit ihren Scheren packten und in den Eimer zurückzogen.

Das »Krebssyndrom«

Das ist die Geschichte der Krebse, oder, um die Worte von Patrick Porter zu gebrauchen, die Geschichte des »Krebssyndroms«.

Die Botschaft an Sie lautet: Rechnen Sie damit, dass Sie schlechte Gewohnheiten und Menschen in Ihrer Umgebung mit schlechten Gewohnheiten nur schwer abschütteln können.
Das gilt im Übrigen auch für viele, Ihre persönlichen Finanzen betreffenden Eigenschaften. Ein Beispiel ist KONSUM, das Gegenstück von SPAREN, womit Sie ein Fundament für Ihren finanziellen Reichtum legen müssen. Der Ausstieg aus der Konsumfalle (»Alles kaufen wollen«, »Alles haben wollen«) verläuft wie beim Krebssyndrom: Immer wieder ziehen Ihre Konsumgewohnheiten Sie zurück.
Schlechte Gewohnheiten, schlechte Situationen müssen Sie in allererster Linie selbst verändern. Andere tun es nicht für Sie. Im Gegenteil: Wenn Menschen in Ihrer Umgebung spüren, wie Sie sich verändern, werden sie Sie mit allen möglichen Argumenten von dieser Veränderung abbringen wollen. Dann fallen Kommentare wie:

»Früher hat es aber mehr Spaß gemacht, mit dir Geschäfte zu machen.«
»Ich finde, du warst früher wirklich netter...«
»Du hast dich aber zu deinem Nachteil verändert.«

Fürchten Sie sich nicht davor, auf Ihrem Weg zu persönlichem und finanziellem Erfolg vorwärts zu kommen. Stellen Sie sich, wenn Sie sich Ihres Weges grundsätzlich sicher sind, die Menschen, die solche Äußerungen von sich geben, wie die Krebse in der Geschichte vor, die jeden Krebs, der den Eimer verlassen will, immer wieder zurückziehen. Je eher Sie mit solchen Kommentaren rechnen, desto besser sind Sie gewappnet. Und: Je später Sie eine gewohnte Umgebung (lauter sich gegenseitig gefangen haltende Krebse) verlassen, desto größer ist die Gefahr, dass Sie es nicht schaffen, denn mit der Zeit werden es immer mehr Krebse, die nach Ihnen greifen und Sie wieder zurückziehen wollen, so bald Sie versuchen, auszubrechen. Wenn Sie etwas verändern wollen, dann gilt auch hier **»Wenn nicht jetzt, wann dann?«** Warten Sie nicht, bis die Zweifel, verstärkt durch die Kommentare Ihrer nichts ändern wollenden Mitmenschen, Sie mürbe gemacht haben und im Eimer zurückhalten. Legen Sie los, sobald Sie Ihre Richtung kennen und ausbrechen zu wollen. Reden Sie dann nicht mehr, handeln Sie. Es gibt keinen Grund, sich vor dem Vorwärtskommen zu fürchten.

Lektion 3

Wie Sie durch Hemmungsübungen reich werden

Manche Leute geben Geld aus, was sie nicht haben, für billige oder teure Dinge, die sie nicht brauchen, um damit den Leuten zu imponieren, die sie eigentlich nicht mögen.
K. Walter, amerikanischer Erfolgspsychologe

Einer Sache zu widerstehen bedeutet, einer Sache zu entsagen, sich einer Sache zu enthalten. Wenn Sie sich nun fragen, ob es nicht einfacher ist, Ihren Willen durch Tätigkeit statt durch Entsagung zu stärken, kann Ihnen folgendes Beispiel bei der Antwort helfen:

Die Energie des Handelns ist eine andere als die Energie des Widerstehens. Es gibt zahlreiche Menschen, von denen wir sagen:»Was hat der/die für eine Energie!« Oft handelt es sich dabei jedoch um Menschen, die tatsächlich Energie, jedoch keinerlei Selbstbeherrschung haben. Kennen Sie die Bedeutung des griechischen Wortes Askese? Askese galt als eine Art Gymnastik der Seele. Askese, dazu gehörten Enthaltsamkeit, Schweigen, leichten Herzens Entbehrungen auf sich nehmen. Ich meine mit Askese oder der Kunst des Widerstehens nicht irgendeine Form unsinniger, fanatischer und religiöser Weltflucht. Kein»Du darfst nicht rauchen, trinken, Sex haben«-Gerede – es geht ausschließlich um die kleinen Dinge des alltäglichen Lebens. Ein französischer Pädagoge behauptete vor langer Zeit einmal, dass wir Menschen uns der Technik des Wollens verschrieben hätten. Wenn wir dagegen die Askese hin und wieder in unseren Alltag lassen, so können wir die Kunst des Widerstehens trainieren. Wenn Sie jemals Ski gefahren sind, dann wissen Sie, wie wichtig es ist, so genannte *Hemmungsübungen durchzuführen* und immer wieder zu trainieren. Für die nicht Skifahrenden: Hemmungsübungen sind nichts anderes als das Einüben, vor Abgründen Halt zu machen. Wenn wir das übertragen, dann haben wir eine durchaus zutreffende und sehr positive Definition von Askese: Trainieren, wie wir vor Abgründen widerstehen können. Und glauben Sie mir, für Ihr Leben ist diese»Hemmungsübung« noch um einiges wichtiger als für den Wintersport. Sogar Psychologen behaupten, dass die Menschen, die nicht trainieren sich etwas Erlaubtes zu versagen, auch nicht lernen, sich etwas Unerlaubtes zu versagen.

Widerstehen & finanzieller Reichtum & Wohlstand

Widerstehen lernen hat auch noch eine andere wichtige Bedeutung in Zusammenhang mit persönlichem und finanziellem Reichtum und Wohlstand. Je mehr Sie Ihre Widerstandskraft schärfen und trainieren, desto eher steigt Ihre Sparquote und desto geringer sind Ihre spontanen Konsumausgaben. Hier geht es nicht darum, dass Sie, wenn Sie ein besonderes Kleidungsstück, dass Sie sich schon lange gewünscht haben, nicht kaufen sollen. Solche »wirklichen« Wünsche zu befriedigen ist wichtig und richtig. Hier geht es um die von mir so genannten »erzeugten« Wünsche. Also alle Wünsche, die erst dadurch erzeugt werden, dass Sie eine Sache oder einen Gegenstand wahrnehmen, obwohl Sie nie zuvor an diese Sache oder den Gegenstand gedacht haben. Üben Sie sich Tag für Tag in der Kunst des Widerstehens, so steigt Ihre Widerstandskraft und Sie werden unweigerlich innerhalb eines Jahres Ihre Sparquote erhöhen. Ich habe vor einiger Zeit eine Umfrage unter 200 Teilnehmern eines Seminars im Süden Deutschlands gemacht. Die Teilnehmer sollten zehn Minuten darüber nachdenken, welche Beträge sie hätten sparen können, wenn sie sich in den letzten fünf Jahren in der Kunst des Widerstehens geübt hätten. Dazu sollten sich die Teilnehmer all die Dinge notieren, von denen Sie beim Kauf der festen Überzeugung waren, diese Sache unbedingt zu brauchen, sie aber dann nie benutzt haben. Das Ergebnis war verblüffend. Die Teilnehmer kamen auf einen jährlichen Betrag von 4000 Euro. Wissen Sie, was aus 4000 Euro über die Jahre alles werden kann? Schätzen Sie einmal selbst, bevor Sie weiterlesen, was aus diesem Betrag über 10, 20, 30 oder 35 Jahre an Vermögen werden kann? – Wenn Sie diesen Betrag in einen erfolgreichen, international anlegenden Aktienfonds investieren, beträgt Ihr Vermögen nach 20 Jahren rund eine viertel Million. Nach 30 Jahren sind es bereits knapp 800 000 und nach 35 Jahren über 1,3 Millionen. Und das Ganze nur deswegen, weil Sie sich im Widerstehen geübt haben.

Die Botschaft an Sie lautet: Wenn Sie sich in der Kunst des Widerstehens üben, schaffen Sie eine wichtige Voraussetzung für persönlichen und finanziellen Reichtum und Wohlstand.

Im Folgenden verrate ich Ihnen noch einige Zahlen, die Sie sich beim »Konsumieren« ins Gedächtnis rufen sollten: Jede 100 Euro, die Sie künftig sparen, weil Sie Ihre Konsumneigung hemmen, vervielfachen sich – vorsichtig gerechnet – über zehn Jahre um den Faktor 2,5. Bei 15 Jahren lautet der Faktor 4,2, bei 20 Jahren 6,7, bei 30 Jahren 17,4. Mit anderen Worten: Wenn Sie bei Ihrer nächsten Einkaufstour auf Dinge verzichten, die Sie niemals wirklich brauchen und Sie auf diese Weise sagen wir 500 Euro sparen, dann wären das – würden Sie diese 500 Euro stattdessen in eine erfolgreiche Geldanlage investieren – nach 30 Jahren immerhin rund 8700 Euro. Prägen Sie sich also diese Faktoren ein und gewöhnen Sie sich an, mit diesen Faktoren den wirklichen Preis der Dinge zu berechnen, die Sie ab sofort sehen und kaufen wollen.

Lektion 4
Warum jeder alles erreichen kann – 6 Erfolgsgrundsätze

Wer immer nur das tut, was er schon kann, bleibt immer das, was er schon ist.
K. Walter, amerikanischer Erfolgspsychologe

Immer wieder erlebe ich in Beratungen und vor allem Einzelcoachings, dass Menschen nicht müde werden, eine Ausrede nach der anderen zu bringen, um zu dokumentieren, dass sie eigentlich keine Chance auf Erfolg hatten. Typische Sätze sind:
- Meine Eltern haben mich nicht aufs Gymnasium gelassen.
- Du hast es gut, deine Eltern sind ja bereits wohlhabend.
- Ich musste schon als Kind zu viel arbeiten, ich hatte nie Zeit für mich. usw.

Um mit diesen völlig falschen Vorstellungen ein für alle Mal aufzuräumen, nenne ich Ihnen im Folgenden die wichtigsten Punkte, die Sie überzeugen werden, dass Erfolg keine in die Wiege gelegte Sache ist. *Die Botschaft an Sie lautet:* Erfolg hat, wer Erfolg will. Erfolg hat, wer mehr tut als nötig – und das immer. Erfolg hat, wer sich immer wieder neuen Herausforderungen stellt und andere Dinge tut als die, die er schon kann.

Über all die Jahre meiner aktiven Trainings- und Seminararbeit habe ich zahlreiche erfolgreiche Teilnehmer interviewt. Ich wollte herausfinden, ob es ein Geheimnis des Erfolges gibt, ein bestimmtes »Erfolgsgen«, oder ob es wirklich jeder schaffen kann. Die Ergebnisse habe ich im Folgenden zusammengefasst:

Erfolgsgrundsatz 1
Erfolgstypen gibt es in jeder Branche. Es liegt also nicht an Ihrer Branche, wenn Sie keinen oder nur geringen Erfolg haben. Es liegt an Ihnen. Ob Dienstleistung, Technik, Industrie, Handwerk, Sie finden überall Erfolgstypen. Wenn Sie Elektromeister sind und jammern, »Die Konjunktur ist so schlecht. Früher war alles besser«, dann sollten Sie sich einmal die Mühe machen und einen Elektromeister aufsuchen, dem es richtig gut geht. Und siehe da: Trotz Ihrem Gejammere: »Die Konjunktur ist ja soooo schlecht« oder Ähnliches weiter – Sie kennen Ihre Ausreden schließlich viel bes-

ser als ich – werden Sie einen Kollegen, einen anderen Betrieb finden, dem es in der gleichen Zeit sehr gut geht, der hervorragende Geschäfte macht und der mit seinen Aufträgen nicht mehr nachkommt. Fragen Sie ihn, was er anders macht als Sie. Wenn Sie ein mittelmäßig erfolgreicher oder gar völlig erfolgloser Anwalt sind und nur wenig Mandanten haben und eine Straße weiter boomt die Anwaltskanzlei eines Kollegen, sollten Sie alles daran setzen herauszufinden, was dieser Kollege mit der boomenden Kanzlei besser macht als Sie. Sie werden zu Ihrer Überraschung feststellen: Ihr Kollege macht nicht grundsätzlich andere Dinge. Sie beide sind Anwälte. Das Geheimnis des Erfolges Ihres Kollegen ist: **Er macht einige Dinge grundsätzlich anders.** Das ist sein Erfolgsgeheimnis. In diesem wie in allen anderen Fällen gilt: Es liegt niemals an der Branche, in der Sie arbeiten.

Die Botschaft an Sie lautet: Machen Sie die wichtigen Dinge grundsätzlich richtig. Kopieren Sie die Erfolgshandlungen der erfolgreichen Kollegen Ihrer Branche und HANDELN Sie. Sie werden, vorausgesetzt Sie haben sich an wirklich erfolgreichen Kollegen orientiert, ebenso Erfolg haben. Das ist das Gesetz. *Kopieren Sie Erfolgshandlungen konsequent und Sie werden Erfolg haben.*

Erfolgsgrundsatz 2

Immer wieder treffe ich auf Seminarteilnehmer, die gar ihre Sternenkonstellation zum Geburtszeitpunkt für Erfolge und Misserfolge verantwortlich machen. »Ich bin ja Waage. Die sind stets um Ausgleich bemüht. Kein Wunder, dass ich immer nett bin und keine großen Geschäfte mache.« Es ist schon eigenartig, was wenig erfolgreiche Menschen für Begründungen finden, um bloß keine Verantwortung für die eigenen, bisherigen mangelnden Erfolge zu übernehmen. Tatsache ist: So groß die Bedeutung von Sternzeichen sein mag (ich persönlich schenke der Arbeit qualifizierter und erfahrener Astrologen auch mein Vertrauen), in Bezug auf den persönlichen und finanziellen Erfolg gibt es kein signifikantes Merkmal, dass ein Sternzeichen erfolgsverwöhnter wäre als ein anderes. Es gibt Sternzeichen, denen der Umgang mit Geld und die Genauigkeit dabei leichter fällt als anderen, **aber:** *Unter den Erfolgstypen sind alle Sternzeichen vertreten.*

Erfolgsgrundsatz 3
Erfolgstypen haben es leicht gehabt, meint so mancher, der mit Neid nach den Erfolgreichen schielt. Auch diese Meinung ist schlichtweg Unsinn. Erfolgstypen, das bestätigen alle langfristigen Untersuchungen, sehen Herausforderungen nicht als Schicksal, sondern als Chance. Erfolgstypen begreifen die Zufälle des Lebens als Notwendigkeit auf dem Weg zu neuen Erfolgen. Insbesondere schlechte Zeiten stecken Erfolgstypen besser weg. Doch *Erfolgstypen haben es selten leicht gehabt.* Im Gegenteil, viele haben hart, sehr hart für ihre Erfolge gearbeitet. Auch hier gilt: Sie haben einfach mehr getan als nötig – und das eben immer und nicht nur einmal.

Erfolgsgrundsatz 4
»Ich bin zu jung, ich brauche noch einige Jahre.« Oder »Ich bin schon zu alt, was kann ich noch bewegen? Da ist der Zug abgefahren. Wie soll ich noch persönliche Erfolge erreichen?« So oder ähnlich klingen die Sätze zahlreicher Mandanten, die in den letzten Jahren Einzelcoachings gesucht haben. Auch hier gilt: Erfolg hat mit Ihrem Alter nicht das Geringste zu tun.
Sie sind zu jung? O. K., nehmen Sie sich ein Beispiel an Michael Dell: Es war der 23. Februar 1984, als er beschloss, eine Computerfirma zu gründen. Dell war an diesem Tag 19 Jahre alt geworden und bislang ein braver Medizinstudent. Seine Erfolgsstory läuft seit dem Tag, an dem Dell beschloss, seine Firma zu gründen.
Sie sind zu alt? O. K., wenn Sie ernsthaft dieser Überzeugung sind, nehmen Sie sich ein Beispiel an Maurice Greenberg: Mit 74 Jahren war er immer noch der höchst erfolgreiche Chef der Versicherungsgruppe AIG.

An dieser Stelle möchte ich Ihnen eines meiner Lieblingsgedichte wiedergeben. Es ist vor allem für jene Menschen gedacht, die, wie beispielsweise mein eigener Vater, immer wieder äußerten »Ich bin zu alt...«. Es stammt von Konosuke Matsushita (Mat-Sosch-ta). Seine Familie wurde von vielen teils sehr schlimmen Schicksalsschlägen getroffen. Als er vier Jahre alt war, lebten sie in bitterer Armut. Mit neun Jahren begann er eine Lehre. Viele Jahre später, als er die unzähligen Hindernisse auf dem Weg zum Erfolg überwunden hatte, starb sein einziger Sohn. Trotz aller Widrigkeiten und Schicksalsschläge wurde Matsushita zu einem der erfolgreichsten Unternehmer, zum Gründer des japanischen Gegenstücks von General Electric, eines der erfolgreichsten Unternehmen dieser Zeit. Er wurde Chef der Matsushita Electric Corporation mit einem Jahresumsatz von rund 65 Milliarden US-Dollar im Jahr 1997. Es gibt eine faszinierende Biografie von Matsushita, auf die ich am Ende des Buches in meiner persönlichen Erfolgsbibliothek näher eingehen werde. Ein herzliches Dankeschön an den Ueberreuther-Verlag, der mir den Abdruck dieses Gedichtes aus seinem Buch genehmigt hat. Lesen Sie nun aufmerksam die folgenden Zeilen:

Matsushitas Lieblingsgedicht

Jugend ist nicht an ein Lebensalter gebunden, sondern eine Geisteshaltung; hier geht es nicht um rosige Wangen, rote Lippen und gelenkige Knie; hier geht es um einen festen Willen, um Vorstellungsvermögen und die Kraft der Emotionen; Jugend hat mit der Frische der tiefen Quellen des Lebens zu tun.

Jugend bedeutet naturgegebenes Überwiegen des Mutes über die Zaghaftigkeit, der Abenteuerlust über den Hang zur Bequemlichkeit. Diese Merkmale sind bei einem Sechzigjährigen oft stärker ausgeprägt als bei einem Jungen von zwanzig Jahren. Niemand altert allein durch die Anzahl seiner Lebensjahre. Alt werden wir dadurch, dass wir unsere Ideale aufgeben.

Die Jahre mögen die Haut in Falten legen, gibt man jedoch seine Begeisterungsfähigkeit auf, so wird die Seele zerfurcht. Sorge, Angst und mangelndes Selbstvertrauen beugen die Seele und verwandeln den Geist wieder zu Staub. Ob mit sechzig oder sechzehn, jeder Mensch trägt in sich die Lockung des Wunders, die unfehlbare kindliche Sehnsucht nach dem, was als Nächstes kommt, und die Freude am Spiel des Lebens.

Im Zentrum deines und auch meines Herzens befindet sich ein Rundfunkempfänger; solange dieser Botschaften über Schönheit, Hoffnung, Frohsinn, Mut und Kraft von den Menschen und vom Unendlichen empfängt, solange bist du jung. Sind die Antennen eingezogen und ist dein Geist mit dem Schnee des Zynismus und dem Eis des Pes-

simismus bedeckt, dann bist du alt geworden – auch wenn du erst zwanzig bist. Solange du deine Antennen aber auf Empfang gestellt hast, um die Wellen des Optimismus einzufangen, besteht die Hoffnung, dass du jung sterben wirst.

Ist das nicht ein wundervolles Gedicht? Kopieren Sie es und schenken Sie es Freunden und Verwandten. Schenken Sie es Vater und Mutter. Vielleicht lassen Sie es einfach mal bei einem Besuch auf dem Tisch liegen mit einem Zettel »Für dich, deine Tochter« oder »Für dich, dein Sohn«. Und dann warten Sie ab, was geschieht. Ich habe noch niemanden kennen gelernt, den diese Zeilen nicht berührt hätten.

Erfolgsgrundsatz 5
»Ich wuchs erbärmlich auf, für eine Ausbildung gab es kein Geld. Irgendwie war ich nicht schlau genug.« Auch diese oder ähnliche Sätze sind barer Unsinn. Tatsache ist: Erfolgstypen kommen aus den verschiedensten Elternhäusern, von superreichen bis superarmen. Das bedeutet: **Wer auch immer Ihre Eltern waren und was immer Ihre Eltern Ihnen an finanzieller Unterstützung zu geben vermochten, es spielt für Ihren persönlichen und finanziellen Erfolg keine Rolle.**

Der Erfolg kommt zu Ihnen, wenn Sie das Erfolgsfieber zulassen und arbeiten! Michael Dell träumte bereits im Alter von zwölf Jahren von einem eigenen Unternehmen. Bekannte, reiche Familien wie Rockefeller (John Davison Rockefeller, 1839–1937), Gould (Jay Gould, 1836–1892), Field (Marshall Field, 1835–1906) haben ihren Ursprung in Personen, die aus erbärmlichen oder unvermögenden Schichten hochkamen. Oder nehmen Sie große Firmengründer wie Neckermann, Benz, Siemens, Nixdorf, keiner von ihnen hatte es leicht. Im Gegenteil: Die meisten hatten die Bürde zu tragen, dass der Vater früh starb und die Familie irgendwie ernährt werden musste.

Erfolgsgrundsatz 6
»Mir fehlen die persönlichen Erfolgsfaktoren. In der Schule war ich kein Ass, heute bin ich es auch nicht.« Auch solche Sätze kommen gern, wenn es darum geht zu erklären, wieso wir keinen Erfolg haben. »Ähh, Mmmm«, fühlen Sie sich ertappt? Damit Sie ein für alle Mal mit solchen Versuchen, Ihre möglichen Misserfolge zu er-

klären, aufhören können, möchte ich Ihnen folgende Geschichte erzählen:

Charles Schwab, der Gründer des gleichnamigen Finanzdienstleisters, war mit zwölf Jahren lernbehindert. Nach seinen eigenen Angaben wusste er es nicht. Seine Lernbehinderung drückte sich so aus, dass Schwab besonders langsam lernte. Seine einzige Chance war, sich auf das Wesentliche zu konzentrieren. Er wählte für sich die Wirtschaft als wichtigstes Gebiet aus, gründete später sein eigenes Unternehmen und führte es mit großem persönlichem und finanziellem Erfolg.

Die Botschaft an Sie lautet: Erfolg ist keineswegs davon abhängig, wer oder was Sie heute sind. Erfolg hängt davon ab, was Sie ab morgen tun und verwirklichen werden.

Und nun noch ein Beispiel eines Menschen, ja eines Genies, der in seiner Kindheit und Jugend schlichtweg der Prototyp eines Versagers war. Versuchen Sie zu erraten, um welchen herausragenden Geist es sich handeln könnte: Seine Schulleistungen waren miserabel. In den ersten neun Jahren stotterte er. Wer einmal gestottert hat, weiß, wie grausam Kinder und Jugendliche sein können und wie viel Hohn, Spott und körperliche Abneigung ein solcher Mensch zu spüren bekommt. Es gibt kaum etwas Schlimmeres, als beim Vokabelabfragen die richtige Lösung zu kennen, sie jedoch im wahrsten Sinne des Wortes nicht über die Lippen zu bekommen und dann zu hören, wie der Lehrer »Mangelhaft! Setzen!« sagt. Der arme Mensch, der einfach nur stottert, möchte am liebsten schreien: »Ich weiß es doch, eigentlich habe ich eine Eins verdient.« Im Falle unseres Genies ging das Ganze soweit, dass die Eltern den Jungen als geistig behindert einstuften. Es gab nur ein einziges Fach, in dem er glänzte und wirklich herausragende Leistungen brachte: Mathematik. Raten Sie nun, um wen es sich handelt? Albert Einstein, eines der größten Genies der Menschheitsgeschichte.

Lektion 5
Beharrlichkeit, Beharrlichkeit

*»Was hat Ihnen über die großen Hindernisse in Ihrem Leben hinweggeholfen?«,
wurde ein sehr erfolgreicher Mann einmal gefragt. »Die anderen Hindernisse.«*

Napoleon Hill, amerikanischer Erfolgsautor

Jeden Tag bieten sich Ihnen zahlreiche kleine und große Gelegenheiten, in denen Sie Ihren Willen und Ihre Beharrlichkeit schärfen können. Jede Gelegenheit, Ihren Willen zu schärfen ist jedoch gleichzeitig auch eine Gefahr, schwach und unentschlossen zu reagieren. Im Grunde genommen zeigt sich Ihre Beharrlichkeit stets darin, wie Sie zu Ende führen, was Sie begonnen haben oder was Ihnen als Aufgabe übertragen wurde. Wie leicht ist es, bei der ersten Müdigkeit aufzugeben. Beim ersten Überdruss von der ungeliebten Aufgabe Abstand zu nehmen oder zu versuchen, diese Aufgaben einem anderen zu übertragen. Wer seine Beharrlichkeit und seinen Willen schärfen will, der verdoppelt seine Kraft und seine Anstrengung gerade dann, wenn es schwierig wird, wenn unerwartete Hindernisse ein Fortkommen kaum noch ermöglichen.

Die Stärkung Ihres Willens und Ihrer Beharrlichkeit bei der Erfüllung Ihrer (Lebens-)Aufgaben ist in unserer Zeit wichtiger als jemals zuvor. Wer von Ihnen ist nicht schon einmal daran verzweifelt, dass in dieser hektischen Zeit nur noch wenige Geschäftspartner, Kolleginnen oder Kollegen ihnen übertragene Aufträge oder Aufgaben wirklich zur vollständigen Zufriedenheit erledigen? Wenn Sie zu viele »unbeharrliche« Menschen in Ihrem beruflichen Umfeld zulassen, setzten Sie folgende Misserfolgskette in Gang:

Misserfolgskette

Keine Beharrlichkeit

Frust bei Geschäftspartner

Misserfolge und Ärger

Mehrarbeit

Keine Beharrlichkeit beim Abarbeiten

Steigender Frust

Steigende Misserfolge und Ärger

…SIE SIND AM ENDE

Die entscheidenden 20 Prozent

Die Botschaft an Sie lautet: Aufgrund steigender Misserfolge und Unzufriedenheit sind Sie unweigerlich eines Tages am Ende – wenn Sie nicht beharrlich an Ihren Aufgaben dranbleiben, wenn Sie nicht Beharrlichkeit zu einer Ihrer Gewinnereigenschaften machen.

Viele Menschen, vor allem die wenig erfolgreichen, leben nach dem Lustprinzip: Viel Lust = viel Wille und Beharrlichkeit, wenig Lust = wenig Wille und Beharrlichkeit.

Seit Jahren pflege ich intensiven Kontakt zu einem meiner ehemaligen Professoren. Neulich erzählte er mir, dass er mit zunehmender Sorge ein Übel wahrnehmen würde: Insbesondere junge Menschen werden sehr schnell wütend, ungehalten, missmutig, so bald sie eine Aufgabe zu erfüllen haben, die nicht unmittelbar mit Lustgewinn verbunden ist. Was Lust bereitet, wird beharrlich verfolgt, was keine Lust bereitet, wird abgetan. Die Folge: Was Spaß macht, machen alle gerne und richtig und was weniger Spaß macht, bleibt entweder liegen oder wird lediglich zu 80 Prozent zu Ende geführt. Die letzten 20 Prozent einer Aufgabe zu bewältigen, bereitet jedoch die größte Mühe. Gerade das jedoch zeichnet wirklich beharrliche Menschen aus: Wirklich beharrliche und erfolgreiche Menschen wissen, dass die letzten 20 Prozent einer Aufgabe 80 Prozent des Erfolges ausmachen, und deswegen legen sie in diese letzten 20 Prozent alle Energie, die sie aufbringen können. Wer wegen mangelnder Beharrlichkeit stets nur 80 Prozent (oder auch weniger) bringt, erzielt keine Ergebnisse. Oder, wie ich in einem anderen Kapitel dieses Buches beschreibe: 80 Prozent abzuarbeiten bedeutet, eine Sache zwar durchzuführen aber nicht mit Erfolg durchzuführen.

Beharrlichkeit statt Halbherzigkeit

Hatten Sie schon einmal die Gelegenheit, alte assyrische Felsinschriften zu betrachten? Oftmals sehen Sie hier die Eroberer auf rollenden Siegeswagen stehend furchtlos und unbeirrbar alle Hindernisse überwinden. Das Handeln dieser Eroberer war geprägt von unbeirrbarem Siegeswillen und stolzer Beharrlichkeit. Aus jeder Handlung strahlte siegreiche Energie und unbeirrbare Tatkraft. Unbeugsam wurde das Ziel verfolgt, bis es erreicht war. Diese bewundernswerte Beharrlichkeit hat in unserer Zeit einen großen Feind. Dieser Feind ist die Vielzahl der Aufgaben, die uns jeden Tag bedrängt. Die Vielzahl der Aufgaben scheint uns wie Knechte zur Halbherzigkeit zwingen zu wollen. Wir haben uns daran gewöhnt, Aufgaben unvollkommen, statt beharrlich und hundertprozentig, oder noch besser mit 110 Prozent erbrachter Leistung, zu vollenden. Auch wenn es Ihnen vielleicht schwer fällt zu glauben: Die Art Ihrer Arbeit beeinflusst in tiefer Weise Ihren Charakter und Ihr Willensleben. Sie mögen denken, dass im besten Fall saloppe Arbeit doch niemandem auffällt. Möglicherweise verstecken Sie sich seit einiger Zeit schön hinter unvollkommener Arbeit? Geht etwas schief, dann ist eben das Fax oder die entsprechende E-Mail nicht angekommen, die Technik spielte einen Streich, ein Mitarbeiter hat Ihnen nicht geholfen, jemand anderes ist nicht wie versprochen gekommen, man hat Sie sitzen gelassen, Sie hat plötzlich Ihre Kraft verlassen, Sie hatten einen Blackout oder was auch immer... Unendliche Erklärungen lassen Ihre Chance steigen, unentdeckt davonzukommen.

Angesichts der Komplexität unseres Alltages wird es immer schwieriger, in die falsche Richtung laufende Projekte oder Aufgaben einem Verursacher zuzuordnen. Irgendwie sind es immer alle und keiner. Vielleicht spüren Sie selbst des Öfteren Ihre eigene Unzulänglichkeit? Ich empfehle Ihnen: Üben Sie sich darin, selbst kleinste Aufgaben beharrlich zu vollbringen. Aus dieser Beharrlichkeit bildet sich Ihr Wille, Sie werden unvollkommene Arbeit Dritter immer weniger akzeptieren. Im Gegenteil: Ihre eigene Beharrlichkeit wird dazu führen, zu unzulänglichen Partnern oder Menschen, unter denen Ihre eigene Leistung und Ihre Arbeit leiden, ein klares NEIN zu sagen. Ohne dass Sie es kundtun müssen, wird Ihre Umgebung spüren, dass man in Ihnen einen selbst im Kleinsten hundertprozentigen Partner hat. Diese hundertprozentige Zuverlässigkeit und Beharrlichkeit, unabhängig von der Schwere einer Aufgabe, ist eine seltene, aber gefragte und letztlich teure Eigenschaft. Diejenigen, die Beharrlichkeit bieten, werden in Zukunft immer begehrter sein. Arbeitgeber werden solchen Menschen gerne ein gutes Gehalt oder Honorar zahlen.

Denn: *Bei ihrer Arbeit und in ihren Leistungen beharrliche Menschen entlasten, nicht beharrliche Menschen belasten.* Und niemand wird jemanden auf Dauer dafür bezahlen, dass er ihn belastet.

Auf den Spuren von Sir Henry

Stellen Sie sich Ihr Inneres als einen Urwald vor. In dieser inneren Wildnis ist jede gute, beharrliche Gewohnheit ein wichtiger und unverzichtbarer Kulturfaktor. Von Sir Henry Stanley, dem berühmten englischen Entdeckungsreisenden, der allein das dunkelste Afrika durchquerte und sich niemals zur Umkehr überreden ließ, wird erzählt, dass er als Kind in einem Waisenhaus lebte. In seiner Biografie berichtet er davon, wie er hin und wieder im Waisenhaus an der Reihe gewesen sei, die Betten zu machen. Statt diese ungeliebte Aufgabe unvollkommen und salopp zu erfüllen, habe er jedes einzelne Bett beharrlich so bereitet, dass nach seinen eigenen Worten ein Prinz hätte darin schlafen können.

Viele Menschen lesen begeistert Erfolgsbücher. Hochmotiviert nehmen sie sich dann große Dinge vor und fühlen sich toll angesichts der Taten, die sie vollbringen wollen. Ich darf Ihnen versichern: Sie beginnen mit der Allergrößten, indem Sie im Allerkleinsten, im Alltag, beginnen.

Die Botschaft an Sie lautet: Tun Sie das Kleine und Unscheinbare mit Beharrlichkeit und tun Sie es vollkommen. Tun Sie es zu 110 Prozent. Dabei ist wichtig: Tun Sie das Kleine um des Großen willen. Wer sich im Kleinen verliert und das Kleine nur um des Kleinen willen tut, wird zu Recht als Pedant bezeichnet. Leben Sie ab heute Treue im Kleinen um der großen Sache willen.

Beispielhafte Beharrlichkeit

Ich möchte Ihnen zum Erfolgsfaktor Beharrlichkeit noch einen Fall aus meiner Praxis schildern. Es geht um eine Werbeagentur, besser gesagt, um zwei Agenturen. Die eine Agentur, mit Sitz im Rheinland, wird von einem beharrlichen und höchst zuverlässigen Menschen geleitet, die andere Agentur, mit Sitz in Bayern, wird von einem noch sehr jungen Menschen geführt, dem bislang der Erfolg – auch bedingt durch ein gut situiertes Elternhaus und eine der besten internationalen Ausbildungen – nahezu in den Schoß gefallen ist. Nennen wir den Inhaber der Agentur im Rheinland Herrn Rhein und den Inhaber der Agentur in Bayern Herrn Bayer. Herr Bayer zeigt bei all seinen Ak-

Persönliche Erfolgsfaktoren

quiseversuchen nur geringe Beharrlichkeit und wenn es zu einem Auftrag kommt, dann wird dieser nach dem Lustprinzip abgearbeitet. Das bedeutet: Keine Lust, keine Arbeit. Herr Rhein dagegen erwirbt sich bereits nach kurzer Zeit den Ruf eines fairen, beharrlichen Geschäftsmannes. Diese Beharrlichkeit schätzen seine Auftraggeber insbesondere dann, wenn es darum geht, geduldig, zielorientiert und beharrlich große Druck- und Werbeaufträge auf den Tag genau abzuliefern. Kommentare wie »Der hat Biss« oder »Auf den können Sie sich verlassen, der bleibt am Ball« fallen immer häufiger. Während Herr Bayer seine Agentur ins Chaos treibt und eines Tages aufgibt, setzt sich Herr Rhein ständig neue Ziele, angespornt durch die jeweiligen Erfolge des letzten Jahres. Als er mit seiner Agentur begann, betrug sein Gewinnanteil jedes Jahr 60 000 Euro. Nach drei Jahren liegt der Gewinnanteil bereits bei 240 000 Euro. Jeden Monat ist Herr Rhein nun in der Lage, fast 4000 Euro zur Seite zu legen. Er ist zu diesem Zeitpunkt 32 Jahre jung und hat sich zum Ziel gesetzt, bis zum 50. Lebensjahr zu arbeiten und anschließend von seinem bis dahin erarbeiteten Vermögen zu leben. Früher konnte er kaum Geld zur Seite legen, es waren jeden Monat lediglich 500 Euro. Da Herr Rhein sich an die goldene Sparregel »Investieren Sie jeden Monat zehn bis 20 Prozent Ihres Einkommens« hält, investiert er jeden Monat die rund 4000 Euro in einen erfolgreichen Aktienfonds. Er kann also nur durch seine gute Auftragslage, bedingt durch seine Beharrlichkeit, monatlich über die nächsten 18 Jahre 3500 Euro mehr zur Seite legen. Schätzen Sie mal, über welches zusätzliche Vermögen Herr Rhein zu Beginn des 51. Lebensjahres verfügen kann? Bei einer angenommenen Wertentwicklung von durchschnittlich zehn Prozent sind es über zwei Millionen an zusätzlichem Vermögen. Angenommen, er investiert in einen erfolgreicheren Aktienfonds mit 13 Prozent durchschnittlicher Wertentwicklung, dann sind es bereits 2,7 Millionen Euro an zusätzlichem!! Vermögen. Oder anders ausgedrückt: Jeden Monat seiner beharrlichen Leistung in diesen 18 Jahren erhält er mit 12 500 Euro honoriert. Hierbei sind weitere Einkommenssteigerungen über die 240 000 Euro pro Jahr hinaus noch nicht berücksichtigt.

Die Botschaft an Sie lautet: Wenn Sie die Lektionen dieses Buches lesen und in die Tat umsetzen wollen, führen Sie sich immer wieder vor Augen, welche erheblichen finanziellen Erfolge mit solchen persönlichen Erfolgen – auf Grund spürbarer Beharrlichkeit – verbunden sind.

Ich sage eben nicht: Seien Sie liebevoll zu allen Menschen, schulen Sie Ihre Persönlichkeit und tun Sie Gutes. Im Gegenteil: Ich will Sie gierig machen. Gierig nach mehr Geld. Gierig danach, mehr zu verdienen. Damit Sie anschließend das, was Sie mehr verdienen, sinnvoll anlegen und so in kürzestmöglicher Zeit ein für Sie unglaubliches Vermögen verdienen. Ihre Motivation, sich mit diesen persönlichen Lektionen zu befassen, muss das Geld sein.

Noch ein letztes Beispiel aus der Praxis als Beweis dafür, wie schnell wir, aus Lust oder Unlust, zwischen Beharrlichkeit und »Nicht-Beharrlichkeit« wechseln. Es ist vor allem für die Bergsteigerfreunde unter Ihnen gedacht: Beharrlichkeit beim Bergsteigen bedeutet, niemals auf halbem Weg zum Ziel aufzugeben. Vergleichen Sie Ihre Ziele mit einem Berggipfel. Wer jemals 40 Meter Höhenunterschied unterhalb eines Gipfels schlapp gemacht hat, weil er keine Lust mehr hatte, die letzten steilen 40 Meter noch zu überwinden, der wird sein Leben lang denken, »Hätte ich doch ...«. Wieder im Tal angekommen, fragt man sich, wie man so dumm sein konnte, 600 Meter emporzusteigen und 40 Meter auszulassen. Dann wird einem unwiederbringlich klar, dass man diese letzten 40 Meter nicht mehr so einfach nachholen kann. Diese 40 Meter nagen an einem. Die einzige Chance – und gerechte Strafe – wäre, noch einmal die ganzen Strapazen auf sich zu nehmen. Wohlgemerkt: Ich meine in diesem Beispiel nicht Menschen, die auf Grund körperlicher Schwäche und zum Wohl ihrer Gesundheit aufgeben. Wer berechtigte Gefahren für sich oder seinen Körper empfindet, der muss unmittelbar – egal wie greifbar nahe das Ziel ist – eine Bergtour abbrechen. Ich spreche davon, wenn man aufgibt und sich selbstzufrieden zurücklehnt, um zu sagen: »Mehr sehe ich von da oben ja auch nicht.« Wie sehr Durchhalten von Lust oder Unlust geprägt ist, zeigt die Tatsache, dass Sie im Liebesrausch auch nicht kurz vor dem beiderseitigen Höhepunkt sagen würden: »Es reicht jetzt, die letzten zwei Minuten müssen auch nicht mehr sein.« Wenn das regelmäßig Ihre Masche wäre, dürfte es auf Dauer schwer fallen, in dieser Hinsicht einen wirklich erfüllten Partner zu finden. Daran sehen wir: Im einen Fall machen wir, je nach Kondition – und auch ohne dieselbe – weiter, bis wir vor Liebesschweiß tropfen, in der anderen Situation fehlt die Lust, und schon schaltet unser Gehirn auf Ausreden und Auswege um.

Die Botschaft an Sie lautet: Bereiten Sie die Betten so, wie es

Henry Stanley in dem Waisenhaus getan hat. Machen Sie Ihre Arbeit beharrlich und so, dass es besser kaum gehen könnte. *Wichtig: Tun Sie dabei das Kleine um des Großen willen.* Üben Sie die Beharrlichkeit im Kleinen um der Beharrlichkeit im Großen willen. Das Gesetz des Erfolges folgt zwei Schritten: Erstens will es Ihre Beharrlichkeit im Kleinen sehen. Zweitens schenkt es Ihnen dann Gelegenheiten, die Beharrlichkeit im Großen anzuwenden. Die meisten Menschen sagen:»Wenn ich erst mal die Gelegenheit, die große Supergelegenheit habe, um zu zeigen, was in mir steckt, um meine Qualitäten zu beweisen, dann werde ich...« Diese Menschen werden nie die Gelegenheit erhalten, Beharrlichkeit im Großen zu beweisen und am Ende werden sie behaupten:»Ich hatte ja keine Gelegenheit.« *Sie* **haben** Gelegenheit(en)! Jeden Tag aufs Neue. Jeden Tag aufs Neue warten viele ungemachte Betten auf Sie.

Die Botschaft an Sie lautet: Machen Sie die Augen auf. Sie müssen diese Aufgaben sehen (wollen). Und dann machen Sie die Betten so, wie es Sir Stanley getan hat.

Lektion 6
Zuverlässigkeit zahlt sich aus

Die Herrschaft über den Augenblick ist die Herrschaft über das Leben.
Marie von Ebner-Eschenbach, österreichische Schriftstellerin

Zwischen Beharrlichkeit und Zuverlässigkeit gibt es einen gewaltigen Unterschied. Deswegen widme ich beiden persönlichen Erfolgsfaktoren eine eigene Lektion.
Erfolgreiche Menschen kombinieren beide Eigenschaften.

Haben Sie einmal darüber nachgedacht, wie wenig Menschen es gibt, die bei der Durchführung übernommener Aufgaben oder Aufträge und Verantwortlichkeiten wirklich hundertprozentig zuverlässig sind? Und wie viel Ruhe Menschen mit sich bringen, auf die Sie sich verlassen können? In Gesprächen mit erfolgreichen Unternehmern habe ich immer wieder gehört, dass viele von ihnen gerne gute Löhne für zuverlässige Mitarbeiter bezahlen würden, jedoch keine finden. Da ich selbst seit langem Unternehmer bin, darf ich Ihnen versichern: Nichts ist ärgerlicher als zu 80 oder 90 Prozent abgearbeitete Aufgaben. Das sind die Aufgaben, die unendliche Mühe kosten, um sie nachträglich zufrieden stellend fertig zu stellen. Die letzten zehn oder 20 Prozent einer Aufgabe sind stets die schwierigsten. Menschen, für die jede übernommene Aufgabe, jede übernommene Verantwortlichkeit zum Brennpunkt aller Gedanken, Gefühle und Willensstärke wird, sind nur selten zu finden. Dafür können diese Menschen nahezu jeden Preis verlangen, wenn sich ihre Zuverlässigkeit herumgesprochen hat. Haben Sie sich einmal gefragt, wie zuverlässig Sie übernommene Aufgaben abarbeiten und erledigen? Kann man sich auf Sie zu 100 Prozent verlassen ohne Sorge, dass Sie eine Aufgabe vergessen oder nur unzulänglich ausführen? Eigenartig ist Folgendes: Von hunderten von Seminarteilnehmern habe ich in Einzelgesprächen immer wieder bestätigt bekommen: Wenn man sich seiner eigenen Verantwortlichkeit bei Übernahme von Aufgaben stellt, endet die Erledigung derselben immer mit einem befriedigenden Triumphgefühl. Es gibt kein schöneres und stolzeres Gefühl, als zu spüren, dass der eigene Wille über die uns allen bekannte Trägheit gesiegt hat.

Persönliche Erfolgsfaktoren

Die Botschaft an Sie lautet: Erfüllen Sie ab heute selbst kleinste Aufträge und Aufgaben mit hundertprozentiger, mit größtmöglicher Zuverlässigkeit. Selbst wenn es sich um Aufgaben handelt, bei denen Ihnen der Lohn zu gering erscheint. Erfüllen Sie erst Ihre Aufgabe, erwerben Sie sich den Ruf eines in jeder Hinsicht vollkommen zuverlässigen Menschen. Das ist nicht leicht in einer Zeit, in der alles schnell gehen soll.

Eine besondere Form der Zuverlässigkeit

Zuverlässig arbeiten bedeutet auch, sich zu fragen, was alles passieren könnte, wenn Sie nicht da sind, und solchen Situationen vorzubeugen. Wer einmal mit verantwortlichen und zuverlässigen Mitarbeitern zu tun hatte, wird bestätigen, dass man zu diesen ein unbegrenztes Vertrauen aufbaut. Zuverlässig zu werden oder zuverlässig zu sein, ist also die Aufforderung an Sie, künftig sowohl in großen wie in kleinen Dingen an »alles« zu denken. Ich verspreche Ihnen: Zuverlässigkeit können Sie lernen, wenn Sie es nur wirklich wollen.

Stellen Sie sich vor, Sie hätten ein Unternehmen. Wie viel wäre Ihnen eine Mitarbeiterin wert, die an alles denkt? Die sicherlich auch Fehler macht, jedoch grundsätzlich aktiv und selbstständig an alles denkt. Stellen Sie sich vor, wie sehr Sie auf einen solchen Menschen bauen könnten und wie dieser Mensch nach einiger Zeit der bewiesenen Zuverlässigkeit zu Recht einen hohen Preis, eben den gerechten Lohn, fordern könnte. Und Sie als Partner, als Arbeitgeber, diesen hohen Preis gerne zahlen würden.

Die Botschaft an Sie lautet: Sie verdienen, was Sie verdienen. Bieten Sie Zuverlässigkeit ohne wenn und aber und Sie können höchsten Lohn fordern.

Im Alltag gibt es zahlreiche und immer wiederkehrende Gelegenheiten, sich in Präzision, Umsicht und Zuverlässigkeit zu üben. Konzentrieren Sie sich selbst bei einfachsten Besorgungen und Diensten. Wenn Sie eine Aufgabe angenommen oder übertragen bekommen haben, dann konzentrieren Sie sich auf diese Tätigkeit und bieten Sie Zuverlässigkeit. Ich verspreche Ihnen: Die Freude über Ihre eigene, erlebte Zuverlässigkeit im Kleinen lockt Sie von selbst zur Zuverlässigkeit in großen Dingen. Sie werden mit jeder neuen Aufgabe Spaß an Ihrer eigenen Zuverlässigkeit empfinden. Sie werden immer größeres Vertrauen in Ihre eigene Leistung, in Ihre Dienstleistung bekommen. Ihr Ziel muss sein, dass Dritte sagen: »**Auf Sie kann man sich verlassen.**« Es lohnt sich, dieses Ziel zu erreichen. Mein mich seit Jahren begleitender Medienagent, dem ich einen großen Teil meines Erfolges zu verdanken habe, hat auf seinem Briefbogen stehen »Es lohnt sich einfach, besser zu sein.« Glauben Sie mir, um diesen Spruch abgewandelt zu wiederholen: *Es lohnt sich einfach, zuverlässig zu sein.* Denn man wird sich immer wieder an Sie erinnern und wenn es um gute, wichtige Aufträge geht, wird man auf Sie zurückkommen. Es gibt nicht viele Menschen, auf die man sich verlassen kann. Je seltener eine Sache, eine Eigenschaft ist, desto höher der Preis, der im Bedarfsfall gezahlt wird. *Verdienen Sie mehr, indem Sie zuverlässiger sind als alle anderen.*

Lieber etwas langsamer, aber dafür zuverlässiger

Übrigens: Zuverlässigkeit hat nicht das Geringste mit Schnelligkeit zu tun. Zuverlässig arbeiten kann man schnell oder langsam. Wobei Sie in dieser schnellen und sehr hektischen Welt besser daran tun, bewusst langsamer und zuverlässiger zu werden. Der Bestsellerautor Sten Nadolny schrieb 1987 ein herrliches Buch »Die Entdeckung der Langsamkeit«. Das Buch handelt von dem englischen Seefahrer und Nordpolforscher John Franklin (1786–1847). Franklin träumt von Kind an davon, zur See zu fahren. Dabei ist er dafür ungeeigneter als jeder andere. Franklin spricht zu langsam, er denkt langsam, er ist langsam in seinen Reaktionen und auch die Zeit hat für ihn eine andere Bedeutung. Der große Vorteil, den erstmals sein Lehrer bemerkt: Franklin behält, was er einmal erfasst hat. Details prägt er sich unauslöschlich ein, einzigartige Geschehnisse vergisst er nicht mehr.

Die Botschaft an Sie lautet: Schenken Sie den Menschen in Ihrer Umgebung das berechtigte Gefühl, dass man sich auf Sie verlassen kann. Steigern Sie die Erfolgskurve der Zuverlässigkeit und Sie werden feststellen, wie Sie Ihren persönlichen und letztlich finanziellen Erfolg steigern. Erwarten Sie jedoch nicht zu viel: Wenn Sie bis gestern eher unzuverlässig waren oder wenn Sie lediglich zeitweise, je nach Ihrer Lust und Laune, Zuverlässigkeit geboten haben, werden die Menschen in Ihrer Umgebung Ihnen und Ihren Versuchen, Zu-

Persönliche Erfolgsfaktoren

verlässigkeit zu präsentieren, keinen oder nur geringen Glauben schenken. Sehen Sie solche Reaktionen als Ergebnis Ihres (bisherigen) Tuns. Damit müssen Sie rechnen. *Hier gilt:* Geben Sie nie, nie auf. Dann kommt zwangsläufig der Tag, an dem die Menschen verstanden haben, dass Sie es ernst meinen.

Lektion 7
Ohne Disziplin kein Erfolg

Erfolg hat nur, wer mehr tut, als nötig. Und das immer.
Thomas Alva Edison, amerikanischer Erfinder

Im Folgenden möchte ich Ihnen zwei Beispiele nennen, wie Sie bei alltäglichen Gelegenheiten Disziplin üben können.

1. Üben Sie pünktlich zu Terminen zu erscheinen! Lassen Sie nicht zu, dass Sie gleichgültig sind, wenn andere auf Sie warten müssen. Verzichten Sie auf Ausreden für Unpünktlichkeit. Nur Verlierer erklären stets, warum sie dies und jenes wieder einmal nicht einhalten konnten. Seien Sie zuverlässig.

2. Bereiten Sie sich diszipliniert auf Termine und Besprechungen vor. Nehmen Sie sich den jeweiligen Vorgang vorab zur Hand. Gehen Sie in Gedanken alle Punkte durch.

Im Zusammenhang mit erfolgbringender Disziplin gibt es jedoch auch Dinge, die Sie nicht tun sollten. Erfolgbringende Disziplin ist zum Beispiel keineswegs, jeden Tag Punkt 7:15 Uhr mit der Arbeit zu beginnen, die Pausen penibel einzuhalten und pünktlich um 16:35 Uhr die Firma zu verlassen. Wer diese Einstellung hat, wird niemals persönlichen, geschweige denn finanziellen Erfolg erzielen, zumal er gegen das Gesetz »Verdienen Sie mehr, damit Sie mehr verdienen« verstößt. Um 16:35 Uhr zu gehen, wenn die Arbeit noch nicht erledigt ist, müsste – das ist meine persönliche Meinung – ein von Arbeitsgerichten zugelassener Kündigungsgrund sein.

Jetzt höre ich viele aufschreien: »Das kann man doch nicht machen.« Wie ich zu Beginn des Buches schon erwähnte, ist leicht verdauliche Lektüre nicht mein Ziel. Wo klare Worte Ihnen, mir und allen übrigen weiterhelfen, sind sie angebracht, auch wenn sie hart klingen mögen.

Ich erinnere mich noch sehr gut an den Tag einer Weihnachtsfeier in unserem Büro vor vielen Jahren. Die Feier begann um 19:00 Uhr. Gegen 16:30 Uhr waren noch beide Mitarbeiterinnen im Sekretariat

Persönliche Erfolgsfaktoren

anwesend. Ich verabschiedete mich, um die Feier und die Räumlichkeiten vorzubereiten. Später erfuhr ich von der einen Mitarbeiterin, dass ihre Kollegin gegen 17:00 Uhr das Büro mit der Begründung verlassen hat, sie müsse sich noch für den Abend umkleiden. Das Problem war, dass noch über 100 Weihnachtsbriefe darauf warteten, in Briefumschläge gesteckt und zur Post gebracht zu werden. Es war Freitag, für die Weihnachtsgrüße war es am Montag darauf zu spät. Zum Glück blieb die andere Mitarbeiterin und erledigte ihre Aufgabe konsequent bis zum Ende. Als ich sie später darauf ansprach, warum sie nicht auch gegangen sei, entgegnete sie mir: »Weil meine Arbeit noch nicht erledigt war. Ohne Kunden haben wir keine Aufträge. Also war mir klar: Wir müssen alle Kunden pflegen und können es uns nicht leisten, wegen der Weihnachtsfeier dutzenden von Kunden nicht zu schreiben.« Dies sind zwar Kleinigkeiten, aber sie haben große Wirkungen. Durch dieses Ereignis war entschieden, für welche Mitarbeiterin ich mich im Folgejahr besonders einsetzte. Übrigens: *Die Mitarbeiterin, die an diesem bewussten Abend früher ging, verließ uns einige Monate später.* Auch das ist ein einfaches Alltagsbeispiel für die Wirkung von Disziplin. Immer wieder bestätigt sich: *Mehr verdient, wer mehr verdient.*

Die Botschaft an Sie lautet: Das Leben ist spannend, birgt unendliche Entwicklungschancen und die unglaublichsten Perspektiven, wenn wir beginnen, alles was wir tun, selbst zu verantworten. Es macht Spaß, diszipliniert zu arbeiten und es bedeutet Stress und Unruhe, erst die Zügel schleifen zu lassen und anschließend der Zeit hinterherzuhetzen.

Das Wort Disziplin löst bei vielen Menschen eine Abwehrreaktion aus. Wehrdienstleistende müssen Disziplin leisten, Bundeswehrsoldaten und Polizisten auch, aber freie Bürger? Nein, danke! Menschen, die Disziplin undifferenziert als Schimpfwort werten, stricken sich selbst die nächste, höchst wirkungsvolle Ausrede für ihre Erfolglosigkeit. Die Abwertung von Disziplin geschieht zu Recht, wenn es sich um die stumpfsinnige, inhaltslose Disziplin im Sinne von Gehorchen handelt. Hier geht es jedoch um die Disziplin in den eigenen Handlungen und dem eigenen Tun, die ein entscheidender Faktor für Ihren beruflichen Erfolg sind. Disziplin im positiven Sinne ist also keine Zwangsjacke.

Ohne Disziplin kein Erfolg

Die Botschaft an Sie lautet: Tun Sie das, was Sie zusagen oder versprechen! *Um mehr geht es nicht. Tun Sie lediglich das, was Sie zusagen oder versprechen.* Gleich, ob Sie es sich selbst versprechen oder Dritten. Denken Sie immer daran: Bevor Sie eine Sache nicht zusagen, gibt es keine Verpflichtung. **Ein klares Ja oder Nein erfordert gründliches Nachdenken.** *Hier gilt:* Um vielen Verpflichtungen nachzukommen, benötigen Sie auch viel Disziplin.

Lektion 8

Die Schule des Schweigens

Wer den kleinsten Teil eines Geheimnisses preisgibt, hat den anderen nicht mehr in der Gewalt.

Jean Paul, deutscher Dichter

Die beste Methode, sich zur Selbstbeherrschung zu erziehen, ist das Schweigen. Nicht umsonst beginnen die Trainingsstunden althergebrachter Kampfsportarten mit Schweigen. Der Lehrer und seine Schüler knien sich gegenüber und schweigen. Sie falten die Hände und konzentrieren sich. Ein guter Lehrer wird erst dann die Trainingsstunde beginnen, wenn die vor ihm sitzende Gruppe sich gesammelt hat. Wer zu schweigen lernt, bringt seinem Geist Ruhe. **Schweigen ist ein Teil gesunder Selbstbeherrschung.** Schweigen hat zugleich eine erziehende und beruhigende Wirkung. Schweigen ist eine in Vergessenheit geratene Kunst. Wenn wir ehrlich zu uns selbst sind, besteht ein großer Teil unserer alltäglichen Kommunikation aus »Geschwätz«. Der Philosoph Montaigne äußerte einmal: »Die Welt besteht aus lauter Geschwätz.« Ein anderer Gelehrter, der Theologe Romano Guardini, meinte: »Reden ohne Schweigen wird Geschwätz.«

Wer zu schweigen gelernt hat, beherrscht die Fähigkeit, seinem Gegenüber in Ruhe zuzuhören. Finden sich in Ihrem Bekanntenkreis Menschen, die diese Fähigkeit, in Ruhe zuzuhören, wirklich noch beherrschen? Wer im Verkauf tätig ist, weiß, wie wichtig die Fähigkeit zuzuhören für einen guten Kontakt zu den Kunden ist. *Fragen, hören, führen. Fragen, hören, führen.* Das ist die Botschaft des Erfolges im Verkauf. Wer in Ruhe zuhört, lernt mit der Zeit, die persönlichen und sachlichen Gründe seines Gegenübers im Gespräch zu erfragen.

Schweigen ist keine Ohnmacht, gewolltes und gekonntes Schweigen ist der Ausdruck von Macht. Sie können einen Mitmenschen nur dann gewinnen und überzeugen, wenn Sie in jeder Hinsicht verstanden haben, was er Ihnen mitteilen möchte. Menschen, die stets etwas erwidern müssen, wenn jemand mit ihnen spricht, sind kurzsichtig, engherzig und erzielen keinen Fortschritt – weder einen persönlichen Fortschritt noch einen Fortschritt im Gespräch. Lernen Sie wieder zuzuhören.

Exkurs: Chronische Nichtzuhörer und eine mögliche Erklärung

Wenn Sie sich immer wieder vornehmen, das Zuhören zu erlernen, jedoch immer wieder scheitern, ist dies keineswegs in allen Fällen Unfähigkeit. Es kann in einzelnen Fällen die Folge zu schnellen Denkens, also einer ansonsten sehr gewünschten und sehr positiven Fähigkeit sein. Eine der Ursachen für unaufmerksames Zuhören ist, dass wir beim Hören nur rund 130 Wörter pro Minute aufnehmen können, während sich unser Denken gleichzeitig mit viermal so viel Wörtern beschäftigen kann. Das bedeutet für den einen oder die andere von Ihnen: Wenn Sie sich hin und wieder dabei ertappen, wie Sie schlecht zuhören und zu anderen Gedanken oder Tagträumen abdriften, dann liegt dies vielleicht daran, dass Sie Ihre Fähigkeit, konzentriert zuzuhören, zu wenig trainiert haben, und Ihr im Denken viermal aktiveres Gehirn als beim Hören gewissermaßen fremd geht. Eine positive Erklärung von »Nicht-Zuhören-Können« ist also in manchen Fällen ein sehr reger Geist. Auf diese Ursache zu kommen, hat schon so manchem meiner Seminarteilnehmer geholfen, ein besseres Verständnis des eigenen Zuhörens zu entwickeln und mangelndes Zuhören nicht ausschließlich als eine Unfähigkeit zu betrachten. Wenn Sie auch zu den Zeitgenossen zählen, deren Zuhören durch aktives Denken behindert wird, greifen Sie künftig zu einem der beiden folgenden Tricks, um mit Ihren Gedanken bei der Sache zu bleiben. Ich kenne mehr als einen Geschäftsmann, dessen mangelnde Fähigkeit zuhören zu können, ihn fast den gesamten unternehmerischen Erfolg gekostet hat. Nutzen Sie also einen der beiden oder gar beide »Tricks« und Sie werden spüren, was sich verändert.

Trick 1
Insbesondere das Notizenmachen während des Zuhörens zwingt zur aktiven Beschäftigung mit dem Gehörten. Je konkreter Sie einzelne Punkte notieren, desto intensiver beschäftigen Sie sich mit der Aufnahme von Informationen, statt in Gedanken wegzudriften.

Trick 2

Stellen Sie während des Zuhörens sich selbst immer wieder kurze Fragen zu dem Gehörten oder bringen Sie gedankliche Bestätigungen. Also: »Wie meint er das?« oder »Ach, das ist ja interessant.« Auch mit dieser simplen Methode lernen Sie, sich aufs Zuhören zu konzentrieren. Diese Methode des Zuhörens kombiniert sich hervorragend mit dem Grundsatz für erfolgreiche Gespräche »Wer fragt, der führt.«

Zu Trick 2 noch ein praktisches Beispiel, wie Zuhören und Fragen sich auf Ihren Erfolg auswirken können. Sie führen ein Bankgespräch, um einen Kredit auszuhandeln.

Variante 1: Der Banker fragt Sie etwas und Sie reden, reden und reden. Er fragt wieder und Sie reden, reden und reden. Obwohl Sie am Ende der Meinung sind, alles getan zu haben, hätte Sie das »Wer fragt, der führt« und die Kunst des Zuhörens womöglich weitergebracht.

Variante 2: Statt nur zu reden stellen Sie Fragen. Allein die Fragen »Welche Kreditlinien können Sie selbst einräumen?« oder »Welches sind Ihre Kompetenzen und ab wann dürfen Sie nicht mehr alleine entscheiden?« oder »Gibt es derzeit Branchen, die Sie ohnehin nicht finanzieren und wenn ja, welche sind es?«, sorgen schnell dafür, dass Ihr Gesprächspartner mehr Respekt Ihnen gegenüber empfindet, als wenn Sie ständig reden, reden und reden.

Zurück zur Kunst des gewollten und gekonnten Schweigens. Nahezu vergessen und in der Literatur kaum noch zu finden ist die folgende wahre Geschichte des 30. US-Präsidenten Calvin Coolidge. Es ist eine amüsante und lehrreiche Geschichte. Ich möchte Sie Ihnen erzählen:

Coolidge war privat und im Amt ein sehr schweigsamer Mann. Man erzählt sich die Begebenheit, dass ihn seine Frau an einem Sonntag nach dem Gottesdienst fragte, was denn gepredigt worden sei. Coolidges Antwort »Sünde«. Seine Frau gab nicht auf und hakte nach. Sie wollte wissen, was denn der Pfarrer über die Sünde gesagt habe. Coolidge entgegnete: »Er war dagegen«. Nachdem sich die schweigsame Eigenart von Coolidge herumgesprochen hatte, kam es zu einer weiteren Begebenheit. Ein mächtiger Senator wollte sich mit

Die Schule des Schweigens

Coolidge einen Scherz erlauben. Auf einem offiziellen Empfang ging er auf Coolidge zu und prahlte:» Ich habe gerade gewettet, dass ich mehr als ein Wort mit Ihnen wechseln werde«. Coolidge blieb völlig ruhig, schaute den Senator an und meinte,» Verloren«.

Möglicherweise haben Sie leicht geschmunzelt, als Sie zum Ende der kleinen Geschichte kamen. Können Sie sich Coolidge vorstellen, als er dem Senator sein »Verloren« entgegnete und dann schwieg? Untersuchungen des Polen Stanislaw Lern haben bewiesen: *Vier Fünftel der menschlichen Kommunikation besteht aus Geschwätz.* Wir alle kennen eine besondere Spezies von Mensch, die im Schwafeln Meister ist: Politiker. Etwas zu sagen ohne etwas zu sagen ist ihr Geschäft. Zutreffend meinte bereits George Bernard Shaw:»Politik ist das Paradies zungenfertiger Schwätzer.« Leider ist es wahr: Menschen, die dann etwas sagen, wenn sie etwas zu sagen haben, treffen Sie immer seltener. Dafür werden wir alle immer häufiger mit Geschwätzigkeit als einem Wesensmerkmal unserer Zeit konfrontiert. Alles plappert, quasselt, gackert wild und nichts sagend durcheinander. Noch einmal zurück zu Coolidge. Als er noch Senator war, bat ihn ein Kollege um Rat. Sie hatten beide den gleichen Job und wurden jeden Tag mit vielen Bittstellern und Besuchern konfrontiert. Der andere Senator kam selten vor neun aus dem Büro, Coolidge dagegen schaffte es, stets gegen fünf Uhr aus dem Büro zu gehen. Der Senator fragte ihn, wie es dazu käme. Coolidge meinte »Antworten Sie weniger«. Tatsache ist: Wenn Sie zu schweigen lernen, befreien Sie sich von Einflüssen der Außenwelt. Schweigen ist beruhigend und erziehend. Thomas Kempis meinte einmal:»Das Schweigen des Mundes ist ein großes Mittel, zum Frieden des Herzens zu gelangen.« Dass Schweigen dazu dienen kann, Sie geistig zu stärken, bewiesen bereits die Ordensregeln der Pythagoräer. Wenn neue Jünger zu diesem Orden stießen, wurde ihnen eine lange Zeit des Schweigens als Probezeit auferlegt. Wer diese Schweigezeit nicht aushielt, wurde nicht aufgenommen.

Das Schweigen hat eine unleugbare erzieherische Wirkung. Wie oft finden Sie in Ihrer Umgebung Menschen, die sich durch ihr Gerede lediglich selbst bestätigt sehen wollen und jeglicher Selbsteinschätzung fern stehen. Wenn Sie solchen Menschen mit beharrlichem Schweigen begegnen und sich nicht auf deren Geschwätz einlassen, werden Sie diese dadurch eher erziehen als durch jede an-

Persönliche Erfolgsfaktoren

dere Reaktion. Sie werden sogar teilweise sehr spannende Erfahrungen machen! Wenn Sie bei Geschwätz lediglich schweigen, wird Ihr Gegenüber nach einiger Zeit immer unruhiger und unsicherer werden. Diese Erfahrung musste ich selbst machen: Ich erinnere mich noch genau an meine Anfänge in der Finanzdienstleisterbranche im Jahr 1987. Eines Tages saß ich einem gewieften, älteren Herren gegenüber. Er war der Vater eines Freundes. Ich hatte diesen Freund »überredet«, für mich einen Telefonkontakt herzustellen, damit ich an seinen Vater rankäme. Ich hatte die Hoffnung auf einen großen Versicherungsabschluss. Ich erinnere mich noch genau an den Tag des Termins. Es war ein Freitag, es regnete in Strömen. Ich hatte ohnehin nur wenig Motivation, Versicherungen zu verkaufen, aber irgendwie glaubte ich zu diesem Zeitpunkt noch an das Erfolgssystem Strukturvertrieb. Als ich pünktlich zum Termin an der Tür klopfte, öffnete mir der Vater meines Freundes. Gut gelaunt bat er mich in die Wohnung und kurz darauf saßen wir am Esszimmertisch. »So, Bernd, dann lege mal los«, begann er. »Mein Sohn erzählte mir, dass du über Geld mit mir sprechen wolltest und eine tolle Sache für mich hättest.« Durch diesen Anfang ermutigt und motiviert begann ich das typische Strukturvertrieb-Verkaufsgespräch. So ein vorgegebenes Verkaufsgespräch läuft oft darauf hinaus, so auch im Falle der HMI, möglichst viele Bestätigungen vom Kunden zu erhalten. Möglichst viele »Jas« auf bestätigende Fragen wie »Ist doch eine klasse Sache, oder!« und ähnliche Formulierungen. Das Dumme war nur: Die ganze Zeit hörte mir der Vater meines Freundes aufmerksam zu, aber er schwieg. Er tat nichts. Er schwieg einfach. Zu Beginn dachte ich noch: »Was für ein ruhiger, netter Mensch.« Nach einigen Minuten jedoch begann ich, jegliche Selbstsicherheit zu verlieren. »Was mache ich bloß falsch«, »Langweile ich ihn«, »Ob er das schon alles kennt und viel besser weiß als ich, aber aus Höflichkeit nicht sagt«, waren meine Gedanken. Als ich begann, den Faden des Verkaufsgespräches zu verlieren, unterbrach er mich und meinte: »Sag mal, glaubst du das alles wirklich?« Er lächelte mich dabei ruhig und nett an, doch ich war schockiert. Ich hatte das Gespräch geführt und er hatte mich mit Schweigen schachmatt gesetzt. Um Ihnen den Ausgang der Geschichte zu verraten: Wir unterhielten uns an diesem Tag noch etwa eine Stunde über Erfolg, Beruf, Geld und Reichtum. Dieser Nachmittag blieb in meiner Erinnerung eines meiner intensivsten Erlebnisse in Bezug auf Schweigen.

Die Schule des Schweigens

Noch eine abschließende Anmerkung zum Thema Schweigen. Es ist ein Spruch, der besonders zutrifft angesichts der Unwahrheiten und Halbwahrheiten, mit der nahezu jeder heutzutage prahlt und angesichts der dabei oft geäußerten Schlechtigkeiten, die über Dritte, nicht anwesende Personen erzählt werden. Jeder, der bereits einmal an einem Strand entlangging, wird sich diesen Satz von Napoleon Hill bildlich vorstellen können.

Wenn du Schlechtes über jemanden sagen musst, sprich es nicht aus – schreib es nieder – schreib es in den Sand, nahe am Wasser!

Die Schule des Schweigens bedeutet, von der Hektik des gesprochenen, aber auch geschriebenen Wortes Abstand zu nehmen. Erinnern wir uns an die Höhleninschriften der vergangenen Jahrtausende. Wie viel an Überlegung bedurfte es, bevor der Schriftsetzer damals ans Werk ging. Es war damals nicht damit getan, einfach so loszuschreiben, und wenn man sich irrte, dann drückte man – Rückwärtstaste beim Computer – auf Löschen. Wir würden gut daran tun, uns heute manchmal die Zeit für diese Überlegungen zu nehmen und uns an diese Zeit der wohl überlegten Worte zu erinnern. Mich selbst haben vor langer Zeit die Werke eines erfahrenen, zwischenzeitlich verstorbenen Freundes, der lange Jahre als sehr erfolgreicher Managementtrainer tätig war, überzeugt:

»Denken Sie immer daran: Ein gesprochenes Wort kehrt nie wieder zu Ihnen zurück. Einmal gesprochen, können Sie es gegen keinen Schatz der Welt zurückkaufen. Sie können sich entschuldigen, Sie können um Vergebung bitten. Aber es wird nie wieder Ihnen alleine gehören.«

Haben Sie darüber einmal nachgedacht? Wenn Sie etwas Schlechtes über einen anderen Menschen erzählen oder etwas, das Sie eigentlich gar nicht genau wissen, dann gehört das, was Sie gesagt haben, nie, nie wieder Ihnen alleine. Sie können es ab der Sekunde, in der Sie die letzte Silbe ausgesprochen haben, für keinen Schatz der Welt wieder zurückkaufen und wirklich sicher sein, dass das Ausgesprochene wieder nur Ihnen alleine gehört.

Persönliche Erfolgsfaktoren

Nehmen Sie also diese Lektion sehr ernst und üben Sie ab heute in Ihrem Alltag, in Ihrem Umgang mit anderen Menschen zu schweigen. Schweigen hat nichts damit zu tun, dass Begeisterung schwindet, dass Lebhaftigkeit eingeschränkt werden soll. Begeisterung und Lebhaftigkeit können Sie in Gesprächen auch weitergeben, ohne anderen Menschen Unrecht zu tun. Denken Sie daran: Sprechen Sie so, dass die ganze Welt Sie hören könnte, und insbesondere die Menschen, die es betrifft. Um einer lustigen Unterhaltung willen sind wir oft verleitet, Herzen zu brechen, Menschen zu zerstören. Wenn Sie das tun, verlieren Sie zweierlei: die Zuneigung dieser Menschen und den Respekt derjenigen, die Sie unterhalten möchten. Denn jeder der mitbekommt, wie locker Sie anderen Menschen Unrecht tun, wird sich fragen, was Sie über ihn sprechen, wenn er selbst nicht anwesend ist. Sie alleine tragen die Verantwortung, dass die Menschen, dass Ihre Mitmenschen, Freunde, Bekannte, Ihr Partner/Ihre Partnerin vollstes Vertrauen zu Ihnen empfindet. Sie allein schaffen die Grundlagen für dieses Vertrauen oder zerstören sie mit der Art, wie Sie reden und schweigen können.

Die Botschaft an Sie lautet: Sie müssen kein extremer Schweiger wie Coolidge sein. Aber wenden Sie so oft wie möglich die Kunst des Schweigens an. Üben Sie sich in dieser Kunst. Lernen Sie, wann Sie reden und wann Sie schweigen müssen.

Lektion 9
Die Kunst wahrer Diskretion

Ich habe oft mein Sprechen bedauert, aber selten mein Schweigen.
Publius Syrus, römischer Dichter

Eng mit der Kunst des Schweigens verbunden, ist die Kunst der wahren Diskretion. Wie zwischen Beharrlichkeit und Zuverlässigkeit gibt es auch zwischen Schweigen und Diskretion einen entscheidenden Unterschied. So kann jemand Meister des Schweigens und dennoch die Indiskretion in Person sein. Er (oder sie) könnte Geheimnisse ohne zu sprechen via Fax oder auf anderem Weg verraten. Dann wäre er (oder sie) zwar schweigsam, aber dennoch indiskret. Damit zur Kunst wahrer Diskretion:

Diskretion bedeutet, absolutes Stillschweigen über Dinge zu bewahren, die Ihnen anvertraut werden. Oft erhalten wir auf Grund besonderer Vertrauensstellungen Kenntnis von Tatsachen, die, wenn preisgegeben oder weitergetragen, anderen Menschen Schaden zufügen oder diese zumindest in Verlegenheit bringen oder ein falsches Licht auf sie werfen können. Kennen Sie die Situation, dass Sie zu dem ein oder anderen, oft älteren Menschen, instinktiv Vertrauen fassen, nur weil er in jeder Hinsicht diskret und korrekt wirkt? Ältere Menschen vermitteln oft besser und glaubwürdiger als jüngere, dass Geheimnisse bei ihnen gut aufgehoben sind. In einem sehr alten Buch mit dem Titel »Lebensführung« von Kurt Förster fand ich vor vielen Jahren ein paar Sätze, die ich Ihnen hier wiedergeben möchte:

Nur wegen des Bedürfnisses zu schwätzen, allgemein zu schwafeln und möglichst viele Mitmenschen zu unterhalten, sagen wir oftmals Dinge, die wir nie hätten preisgeben dürfen. Wir wollen im Mittelpunkt stehen und witzig sein. Wir wollen der Unterhalter sein und zerstören damit oftmals Schicksale anderer Menschen, oder genießen uns im Mittelpunkt stehend, indem wir einem anderen Menschen, der auf unsere Diskretion vertraut hat, erheblichen Schaden und Leid zufügen.

Was bedeutet das für unser Leben? Es bedeutet, dass wir nicht allen Reizen und Gelegenheiten zum Reden nachgeben dürfen. Es bedeutet, dass wir uns selbst gegenüber hart sein müssen.

Die Botschaft an Sie lautet: Wenn Sie vertrauenswürdig sein wollen, was Sie sein müssen, um positiven Erfolg zu haben, beginnen Sie mit der Selbsterziehung zur Diskretion. Wichtige Schritte dieser Selbsterziehung sind:

- Hin und wieder eine Bemerkung, die Ihnen auf der Zunge brennt, hinunterschlucken.
- Sich mit Bemerkungen über persönliche Angelegenheiten Ihrer Mitmenschen zurückhalten.
- Schweigen lernen, wenn Sie spüren, wie etwas in Ihnen des Witzes und der lustigen Unterhaltung wegen losschwatzen will.

Schnellcheck Diskretion

Erinnern Sie sich künftig beim Reden an DISKRETION. Es gibt drei Fragen, mit denen Sie sich selbst und das, was Sie sagen wollen, überprüfen können. Mit diesen drei Fragen wissen Sie in Sekundenschnelle, ob Sie gebotene Diskretion verletzen würden:

1. Ist es gut, was Sie sagen wollen?
2. Ist es wahr?
3. Ist es notwendig, dass Sie es sagen?

Denken Sie künftig an diese Fragen, wenn Ihnen wieder einmal eine vorschnelle Bemerkung, möglicherweise über eine dritte Person, über die Lippen kommen will. Prüfen Sie in Gedanken schnell: »GUT? WAHR? NOTWENDIG?« und Sie werden feststellen, dass teilweise mehr als die Hälfte dessen, was Sie sagen oder besser womit Sie »unterhalten« wollen, nicht gut, nicht wahr und vor allem nicht notwendig ist. Dann ist es besser zu schweigen und diskret zu sein. Jeder von uns kennt die Situation, in der man sagt oder gesagt bekommt: »Hast du schon gehört, der XX soll angeblich ...« Die Frage, die sich dabei immer wieder stellt, ist: Tut X das wirklich oder erzählt man sich nur, dass X etwas tut ...? Wenn Sie nicht sicher sind, dass eine Ihnen zugetragene Sache wahr ist, haben Sie die Pflicht, beim Weitererzählen deutlich zu machen, dass es sich um ein GERÜCHT handelt oder noch besser, Sie behalten das Ganze für sich. Gut? Wahr? Notwendig? Diese drei Fragen tragen auf besondere Weise zu einer Form der Gedankenhygiene bei.

Beispiel:
Diese drei Fragen lassen sich nicht nur im privaten, sondern auch hervorragend im beruflichen Bereich anwenden. Die Mitarbeiter meines Unternehmens wissen, dass ich nicht selten zu einer Diskussion oder einer Unterhaltung dazukomme und einfach nur zuhören will. Manchmal lächeln sie, wenn ich komme, und innerhalb weniger Sekunden zerstreut sich die kleine Truppe. Dann wissen meine Leute und auch ich, dass es entweder nicht (mit Sicherheit) wahr, nicht gut oder eben nicht notwendig war, über das jeweilige Thema zu sprechen. Vor kurzem jedoch kam ich zu einer Diskussion, an der drei Mitarbeiter beteiligt waren. Ich hörte zu und bekam mit, dass es um eine Berufsbezeichnung ging, die angeblich, laut irgendeinem Bundesministerium ohne entsprechende Prüfung nicht geführt werden dürfe. Es handelte sich um einen alltäglichen Begriff, eine gängige Bezeichnung in der Finanzbranche. Nachdem ich einige Sekunden zugehört hatte, fragte ich in die Runde: »Um was geht es denn genau?« Ein Mitarbeiter antwortete: »Es geht um den Anruf eines Kunden. Dieser behauptet, der Begriff XXX sei in der Finanzbranche laut einem vor rund $1\,^1/_2$ Jahren beschlossenen Gesetz nicht mehr zulässig, ohne dass die Person, die diesen Begriff, diese Bezeichnung verwendet, eine entsprechende Prüfung abgelegt habe.« Kaum hatte er geendet, ahnte er wohl, was kommen würde. Ich entgegnete nämlich: »Hat irgendeiner von Ihnen diese Information überprüft? Ist die Information wahr?« Darauf herrschte betretenes Stillschweigen. Ich fuhr fort: »Meine Herren, wäre es nicht sinnvoller, dass sich einer von Ihnen dreien darum bemüht, unmittelbar beim Ministerium zu klären, ob diese Information richtig ist und die beiden anderen arbeiten konzentriert an ihren Aufgaben weiter? Es kann doch nicht Ihr Ernst sein, sich zu dritt über eine Sache zu unterhalten und Meinungen auszutauschen, obwohl niemand von Ihnen verbindlich weiß, ob diese Information überhaupt wahr ist.« – Diese Situation schildere ich Ihnen nicht, um damit zu prahlen, wie ich in einzelnen Situationen meine Mitarbeiter führe. Das Beispiel soll lediglich zeigen, dass Sie jede Menge Zeit gewinnen, wenn Sie Diskussionen ablehnen, bevor

die drei oben genannten Fragen (gut, wahr, notwendig) beantwortet sind. Und Ihre Glaubwürdigkeit steigt und steigt und steigt dadurch, dass Sie Unnötiges erst gar nicht aussprechen. Auch das ist eine steigende Erfolgskurve.

Eine unglaubliche Zahl langatmiger Gespräche (wobei man auf Grund der ungeprüften Gerüchte wohl in den meisten Fällen eher von Kaffeeklatsch sprechen sollte) sind unnötig und Zeit raubend. Um ein einziges Mal im Mittelpunkt zu stehen, überbieten sich die Beteiligten geradezu mit Indiskretionen. Lernen Sie selbst zu schweigen, wenn Sie die drei Fragen nicht beantworten können und bringen Sie Ihre Mitarbeiter in solchen Fällen ebenfalls zum Schweigen. Um mit den Worten des österreichischen Philosophen Ludwig Wittgenstein (1889–1951) zu sprechen: »*Was sich sagen lässt, lässt sich klar sagen, und wovon man nicht reden kann, darüber muss man schweigen.*«

Die Botschaft an Sie lautet: Verschaffen Sie sich den Ruf eines diskreten Menschen. Arbeiten Sie daran, ein diskreter Mensch zu sein und Sie werden das Vertrauen der anderen gewinnen.

Noch eine letzte Mahnung an alle, die bereits mit so mancher Indiskretion dritte Personen »ans Messer« geliefert haben: »Den Verrat liebt man, den Verräter jedoch nicht!«

Lektion 10

Gemeinschaft und Umgang mit anderen Menschen

Es hieß: Solange einer im Glück ist, hat er Freunde in Menge, doch wenn ihm das Glück mal den Rücken kehrt, dann verläuft sich das Gedränge.
U. Woller

Sie sind stets ein Produkt Ihrer Umgebung. Ob Sie diesen Satz akzeptieren können oder nicht, es ist so. Haben Sie eine aktive Umgebung mit Freunden und Bekannten, die ihre Ziele geradlinig verfolgen, werden Sie selbst mit großer Wahrscheinlichkeit ein Mensch mit Zielen, und diese Ziele werden Sie auch erreichen. Wahllose Geselligkeit ist gefährlich. Seien Sie einmal selbstkritisch und ziehen Sie eine persönliche Bilanz: Wie viele Stunden Ihres Lebens haben Sie bereits Ihre Energie, Ihre Zeit und Ihre innere Sammlung in nutzlosem und mühsamem Zusammensitzen mit anderen Menschen verbraucht? Wenn wir nun davon ausgehen, dass Sie ein ganz persönliches Lebenszeitkonto haben, dann haben einige Menschen in Ihrer Umgebung Sie schwer bestohlen – aber daran sind Sie selbst Schuld. Sie haben sich bestehlen lassen. Ich weiß, dieser Punkt ist schwer zu verwirklichen. Lassen wir uns doch alle hin und wieder gerne von Menschen ohne ernsthafte Zeiteinteilung von unerem Weg abbringen und verzetteln uns. Das Schlimme daran ist: Oft sind die Menschen, die uns von unserer Zeiteinteilung abbringen, von ihrer eigenen Planlosigkeit betäubt. Mit dieser Planlosigkeit überfallen sie uns ohne jegliche Rücksicht. Wenn Sie hier widerstehen möchten, dann müssen Sie die folgenden Eigenschaften in sich vereinen:

- Entschiedenheit
- Offenheit
- Höflichkeit
- Feinheit

Dabei ist es wahrlich nicht immer einfach, unerwünschte Geselligkeit fern zu halten. Am liebsten gebrauchen wir kleine oder große Notlügen. Wer jedoch glaubt, sich mit solchen Notlügen wirksam und bestmöglich vor Gesellschaft zu schützen, irrt. Wenn Sie ständig Not-

Persönliche Erfolgsfaktoren

lügen vorschieben, verlieren Sie persönlichen Charakter. Sie verlieren weit mehr, als Sie an Ruhe und Sammlung gewinnen.
Ich weiß, dass das, was ich Ihnen nun sage, nicht populär ist. Manche Menschen werden es als arrogant empfinden und empört reagieren. Aber es ist so:

1. Beschränken Sie Ihre Beziehungen möglichst auf solche Menschen, die Ihnen etwas geben und denen Sie etwas geben können.
2. Wählen Sie Menschen aus, die wirkliche Treue und Freundschaft zu schenken vermögen. Denken Sie stets daran: Halbe Beziehungen stehlen Ihnen Ihre wichtige Zeit, wirkliche Freundschaften zu pflegen!
3. Vermeiden Sie – wenn möglich – Notlügen. Sagen Sie, was Sache ist.

Von Goethe stammt zu diesem Thema ein passender Ausspruch: »Nichts ermüdet so und lässt uns so unbefriedigt, als der Umgang mit Menschen, die nicht unser sind.«

Möglicherweise sind Sie beruflich mit Repräsentationen beauftragt und müssen bis zu einem gewissen Grad »halbe Beziehungen« kultivieren? Sollten Sie in dieser Situation sein, dann halten Sie sich mit Ihren inneren, mit Ihren intimen Überzeugungen zurück. Pflegen Sie diese halben oder eher oberflächlichen Beziehungen mit der angemessenen Höflichkeit und Offenheit, aber geben Sie sich niemals preis vor Leuten, die sich nur unterhalten wollen. Dadurch schaden Sie sich selbst und gewinnen nichts. Einen Ratschlag möchte ich Ihnen hierzu noch mitgeben: Wahrscheinlich haben Sie bereits bemerkt, dass die Menschen bei diesen Begegnungen in der Regel am liebsten über sich selbst sprechen. Es ist also einfach, in solchen Runden die Gesprächspartner dahin zu bringen, dass sie über ihre eigenen Interessen, ihre eigenen Erlebnisse, möglicherweise über die eigene Familie und die Kinder sprechen. Damit sichern Sie sich das Urteil der anderen: »Vielen Dank, es war ein angenehmes Gespräch«, und Sie selbst mussten kaum etwas dazu beitragen.

Die Botschaft an Sie lautet: Wenn Sie aus Leidenschaft und mit festem Willen persönlichen und finanziellen Erfolg zu Ihrem auserwählten Ziel machen, sollten Sie Ihre Beziehungen auf Menschen, die Ihnen etwas geben, beschränken.

Lernen Sie, Gemeinschaften, die nicht Ihre sind und die nicht

Ihren persönlichen Zielen dienen, zu meiden. Grenzen Sie sich von solchen Gemeinschaften mit einem klaren NEIN ab. Das gilt auch ausdrücklich für Geschäftsbeziehungen. Hier wie im Privaten greift das psychologische Element der Knappheit. Dieses psychologische Prinzip kommt auch in der bekannten Redewendung »Willst du was gelten, mach dich selten« zum Ausdruck.

Lektion 11

Selbstständigkeit & Verantwortung

Es ist immer leichter, etwas zu verhindern, als etwas zu tun.
Manfred Rommel, deutscher Politiker

Vielleicht ist dies die schwierigste Lektion in Ihrem Leben? Vielleicht ist dies die schwierigste Lektion für uns Menschen überhaupt? Wir alle müssen lernen, dass wir, wollen wir erwachsen sein, Verantwortung für unser Leben übernehmen müssen. Erwachsen zu sein bedeutet zu lernen, dass wir nicht erst geliebt werden müssen, um andere lieben zu können. Erwachsen zu sein bedeutet, selbst zu lieben, zu geben, Verantwortung zu übernehmen. Verantwortung zu übernehmen bedeutet, dass Sie ohne Ausnahme beginnen, aus sich heraus, aus Ihrer Persönlichkeit, Ihren Erfahrungen und Fähigkeiten schöpfend Ihr Handeln zu leiten. Ver**ANTWORT**ung bedeutet, dass Sie Antworten geben auf Ihr Leben und Ihre Lebensumstände und die Schuld nicht anderen zuschieben. Wenn Sie beginnen, Verantwortung zu übernehmen, gehen Sie den wichtigen Schritt aus der Masse zum Individuum. Warum? Es ist einfach, sich in der Masse zu verstecken. Es ist einfach zu sagen, die äußeren Einflüsse und Begebenheiten würden Ihren Weg bestimmen. Das ist auch der Grund, weshalb wir uns gerne auf Kollektiventscheidungen berufen. Dass andere mit an unserem Weg und besonders an Misserfolgen Schuld haben, ist entlastend. Der Nachteil: Wird die Verantwortung vermeintlich auf viele Menschen oder viele Einflüsse verteilt, wirkt dies enthemmend. Je weniger Verantwortung Sie sich selbst zurechnen, umso enthemmter leben und arbeiten Sie. Denn: Geht es schief, werden Sie durch die Mitentscheidungsstrategen entlastet und schnell fühlen Sie sich wieder besser.

VerANTWORTung & Geld

Das Ganze lässt sich hervorragend auf den Geldbereich übertragen. Immer wieder stelle ich in meinen Seminaren folgende sechs Fragen:

1. Wer von Ihnen hat eine Lebensversicherung?
2. Wer von Ihnen kennt den Auszahlungstermin?
3. Wer von Ihnen kennt die monatliche Rate?
4. Wer von Ihnen hat Vergleichsangebote vor Abschluss eingeholt?
5. Wer von Ihnen hat vor Vertragsabschluss den Versicherungsvertrag gelesen?
6. Wer von Ihnen hat den Vertrag vollständig verstanden oder sich jeden Satz, jedes Wort erklären lassen, das er nicht verstanden hat?

Ich bitte meine Teilnehmer stets um Handzeichen, wenn jemand der Frage zustimmt. Was meinen Sie, geschieht bei Frage 1? Ich verrate es Ihnen: 95 Prozent aller Teilnehmer, gleich ob in Deutschland, Österreich, der Schweiz oder in Holland, zeigen auf. Und was meinen Sie, wie viele Hände sind noch oben, wenn ich bei Frage 6 angekommen bin? In der Regel weniger als 1 Prozent. Das bedeutet, dass nahezu alle Teilnehmer immer wieder Geldentscheidungen getroffen haben, ohne die Antwort auf die Frage zu kennen: »Was steht eigentlich genau im Vertrag?« Die Folgen dieser mangelnden VerANTWORTung sind reihenweise falsche Anlageentscheidungen. Falsche Anlageentscheidungen, mit denen Sie Ihren finanziellen Erfolg in Ihrem Leben riskieren.

Die Botschaft an Sie lautet: Vergessen Sie jeglichen dauerhaften finanziellen Erfolg, wenn Sie keine GeldverANTWORTung übernehmen. Dann gehören Sie zu den tausenden von Anlegern, die erst mühevoll über Jahre und Jahrzehnte Geld, viel Geld verdienen, um es dann über dubiose Anlagemodelle wieder verschwinden zu sehen.

Selbst wenn Sie schon erfolgreich sind, ist es kein Zeichen für wirklichen finanziellen Erfolg, wenn Sie wegen mangelnder GeldverANTWORTung Ihr Vermögen in beispielsweise Steuersparmodelle investieren, deren Vertragstext Sie noch nicht einmal ansatzweise gelesen, geschweige denn verstanden haben. Das Geheimnis, wie Sie Ihr Geld auf dem Weg zu dauerhaftem finanziellen Erfolg

Persönliche Erfolgsfaktoren

beschützen, lautet: Horchen Sie zunächst nur aufmerksam zu, wenn Ihnen eine neue Kapitalanlage vorgestellt wird. TUN SIE NICHTS! Ihre wichtigste Aufgabe ist es jetzt, zu verstehen, wirklich zu verstehen, was Ihnen angeboten wird. Erst dann handeln Sie. Die Erfolgsschritte lauten: erstens verstehen und zweitens handeln. Nicht umgekehrt! Ich betone diesen Punkt so ausdrücklich, weil in jedem Seminar nur ganz, ganz wenige Menschen sitzen, die die Reihenfolge dieser Erfolgsschritte in Bezug auf den Umgang mit Geld einhalten. Wenn also irgendein Finanzberater von Ihnen etwas unterzeichnet haben will, dann tun Sie zunächst einfach nichts. Der Bursche, den Sie womöglich bis gestern überhaupt nicht kannten, will Sie nicht in erster Linie zum Freund. Er will in erster Linie ein Geschäft abschließen. Sie übernehmen am leichtesten in solchen Gesprächen die Führung, wenn Sie zunächst nichts tun, als sich um die wichtigen Antworten zu der angebotenen Kapitalanlage zu kümmern. Stellen Sie fest, dass Sie nichts oder nur wenig verstehen, lautet die Botschaft: TUN SIE EINFACH NICHTS.

Passend zum Thema GeldverANTWORTung und Lebensversicherung ein – zugegeben krasses – Beispiel, das sich wirklich zugetragen hat: Ein heute in Amerika lebendes, deutsches Ehepaar ohne Kinder kommt nach einem Geldtraining-Seminar auf uns zu und bittet uns um Rat. Beide haben Lebensversicherungen mit einer monatlichen Sparrate von 12 000 Euro abgeschlossen. Es bestand keinerlei Bedarf an Absicherung oder Schutz von Hinterbliebenen. Und dennoch flossen monatlich 12 000 Euro in Kapital bildende Lebensversicherungen. Ich erinnere mich noch gut daran, wie meine Mitarbeiter und ich es zunächst überhaupt nicht glauben wollten. Aber es stimmte: 12 000 Euro flossen seit rund 15 Jahren in diverse Lebensversicherungen. Dieses Ehepaar hatte sich nie selbst eine Antwort darauf gegeben (mangelnde VerANTWORTung), was eine Lebensversicherung bringt und was nicht und welche Alternativen es möglicherweise gegeben hätte. Der Versicherungsvertreter hatte sie damals mit der für sie unglaublich hohen, voraussichtlichen Auszahlungssumme von rund 6,4 Millionen Dollar nach 22 Jahren geködert. Die Versicherungen liefen nun noch sieben Jahre. Bei ausreichender GeldverANTWORTung hätte das Ehepaar vor Abschluss Alternativen und Vergleichsangebote eingeholt. Das ist nicht erfolgt. Das Ehepaar hatte sich eben nicht an die wichtigste Botschaft bei mangelnden Antworten gehalten: TUN SIE NICHTS! Hätte das

Ehepaar zunächst nichts getan und sich sorgfältig um Antworten der angebotenen Anlagevariante bemüht, hätte mit großer Wahrscheinlichkeit irgendein seriöser Finanzberater einmal nachgerechnet, was aus 12 000 Euro monatlich über 22 Jahre an Vermögen werden kann, wenn das Geld beispielsweise in erfolgreiche international anlegende Aktienfonds (da das Ehepaar ohnehin keine Kinder hatte und sonst niemanden absichern musste) angelegt worden wäre. Schätzen Sie einmal selbst, was bei sagen wir durchschnittlich 10 Prozent oder 13 Prozent an Endvermögen dem Ehepaar in sieben Jahren gehören könnte? Beide Renditezahlen sind mit erfolgreichen international anlegenden Aktienfonds über 22 Jahre Laufzeit realistisch. Versuchen Sie diese Zahl JETZT zu schätzen… Sie haben sich zwei Zahlen gemerkt? Dann verrate ich Ihnen die Lösung. Bei durchschnittlich 10 Prozent wären es rund 11 Millionen, bei 13 Prozent sogar über 16 Millionen! Und das alles nur als Folge einer mangelnden GeldverANTWORTung.

Ich habe mich ebenfalls zum Thema Börse und Aktienerfolge mit hunderten von Geldanlegern auf meinen Finanzseminaren und Geldtrainings unterhalten. Was meinen Sie, wer hatte nach der Mehrzahl dieser Teilnehmer in allen Gesprächen die Verantwortung für die Kursgewinne an den Börsen im Jahr 1999 und Anfang 2000? Wem waren diese Börsenerfolge zuzuschreiben? Den Anlegern selbst. Ich habe noch nie so viele unterschiedliche Gewinnertheorien für garantierte Börsenerfolge gehört wie auf den Finanzseminaren im Frühjahr 2000. Das Fazit war überall dasselbe: Die Anleger, jeder Einzelne von ihnen, wusste, wie man an der Börse reich wird. Und was meinen Sie geschah bis zum Ende des Jahres 2000? Ich erinnere mich noch gut an die letzten Seminare für Einsteiger und Fortgeschrittene im November und Dezember. Überall saßen sie mit langen Gesichtern und hatten teilweise Kurseinbrüche von 50 Prozent und mehr in den letzten Wochen und Monaten erlebt. Und was meinen Sie, wer daran Schuld war? Wieder die Anleger mit ihren Gewinnertheorien?

Sie erraten es sicherlich: Jetzt waren die Bösen die Bankberater und Analysten. Von VerANTWORTung der Anleger keine Spur. Jetzt waren es die anderen.

Schnellcheck Geldverantwortung

In diesem Zusammenhang möchte ich Ihnen einen einfachen 3-Minutentest empfehlen. Mit diesem Schnellcheck finden Sie heraus, ob Sie VerANTWORTung für Ihr Geld tragen, wenn Sie in Aktien, Investmentfonds oder sonstige Geldanlagen investieren. Schließlich können Sie auf Dauer finanziellen Reichtum und Wohlstand nur erreichen, wenn Sie ausreichende Geldkenntnisse haben und GeldverANTWORTung tragen. Notieren Sie sich im ersten Schritt bis zu sieben Anlageformen, in die Sie zur Zeit Geld investiert haben. Sie können also sieben einzelne Unternehmen aufschreiben, deren Aktien Sie gekauft haben oder einzelne Investmentfonds, Festgeld oder Lebensversicherungen. Nehmen Sie sich dafür für einige Minuten Zeit. Sie haben sich wahrscheinlich drei oder vier Anlageformen notiert, in der Sie derzeit investiert haben. Nun kommen wir zum angekündigten 3-Minutencheck: Suchen Sie sich dafür einen Partner. Dies kann jede Person sein, die sich soeben im Raum befindet und ein paar Minuten Zeit hat. Wenn kein Partner da ist, stellen Sie sich vor einen Spiegel und führen den Check mit Ihrem Spiegelbild durch. Wenn Sie beispielsweise vier Positionen wie »SAP-Aktien«, »Philipps-Aktien«, »Investmentfonds A« und »Lebensversicherung bei der ABC Versicherung« stehen haben, dann legen Sie wie folgt los: Halten Sie zu jeder der vier Geldanlagen jeweils 3 (!) Minuten einen Vortrag, warum Sie diese Geldentscheidung getroffen haben, was die Vor- und Nachteile sind, was für und gegen die Geldanlage spricht und warum Sie trotz der Nachteile diese Entscheidung getroffen haben.

Wenn Sie diese Übung bestehen, dann tragen Sie GeldverANTWORTung. Dann haben Sie eine Antwort darauf, wieso Sie Ihr Geld so oder so investiert haben. Wenn Sie jetzt zu den einzelnen Anlageformen nichts sagen können, bedeutet das, es fehlen Ihnen die Fakten, die wichtigsten Informationen. Es fehlt an GeldverANTWORTung. Ihre wichtigste Aufgabe ist es, eine Antwort auf die Frage zu haben, warum Sie etwas tun. Nur dann erfüllen Sie, ob im privaten oder im geschäftlichen Bereich, das Prinzip VerANTWORTung.

Selbstständigkeit & Verantwortung

Wer führt in Ihrem Leben?

Zurück zum persönlichen Bereich: Es ist sehr einfach, einen Schuldigen für Missgeschicke und Erfolglosigkeit im bisherigen Leben zu finden. Aber dieses Abschieben der Verantwortung bedeutet, dass man fremdbestimmt lebt. Kein Wunder, dass Menschen mit Angst vor Verantwortung arm und unglücklich sind. Wer ist schon glücklich und innerlich persönlich reich, wenn es alle sind, nur nicht man selbst, Macht über das eigene Leben haben? Hinzu kommt eine gefährliche Falle: Wenn Sie alle Ihre Unzulänglichkeiten immer wieder ins Feld führen, um damit vermeintlich elegant Verantwortung abzuschieben, verbleiben Ihnen diese Unzulänglichkeiten, ehe Sie sich versehen. Sie sind, was Sie glauben. Und – zack – beginnt der Teufelskreis. Lassen Sie sich überzeugen: Alle Menschen in Ihrer Umgebung, alle Ereignisse sind da, weil Sie sie angezogen haben. Es kommt ausschließlich darauf an, was Sie mit ihnen anfangen und da sind wir wieder bei Ihnen, bei Ihrer Verantwortung.

Fazit: Übernehmen Sie die Führung in Ihrem Leben. Sie, und niemand anders. Wie Sie das machen? Indem Sie Ihr bisheriges Verhalten radikal überdenken, und keine Ausreden mehr vorschieben. Indem Sie nichts mehr von anderen Menschen erwarten, sondern nur noch von sich selbst. Wenn Sie beginnen Macht und Verantwortung in Ihrem Leben zu übernehmen, beginnen Sie auch Ihren Alltag, Ihre Wirklichkeit selbst zu gestalten. Nach einiger Zeit werden Sie sich so sehr daran gewöhnt haben, Verantwortung zu übernehmen, dass Ihnen etwas anderes gar nicht mehr möglich ist.

Es macht Spaß und motiviert, mit Verantwortung die eigenen Schritte zu gehen und nicht auf andere zu reagieren. Das Leben in sich ist völlig gerecht und fair organisiert. Das Gesetz des Lebens will Ihnen nur eines signalisieren: Sie sind für das verantwortlich, was mit Ihnen geschieht. Geschieht mit Ihnen nichts und bewegen Sie sich nicht fort, dann sind einzig und allein Sie selbst schuld. Einer meiner Lieblingssprüche des Erfolgspsychologen K. Walter lautet:»Wenn Sie immer nur tun, was Sie bereits können, werden Sie immer bleiben, was Sie bereits heute sind.«

Wenn Sie bis heute anders in diesem Punkt gedacht haben, so stellen Sie Ihre Gedanken nun endgültig um. Übernehmen Sie Verantwortung für Ihr Leben, für Ihre Karriere, für Ihren Erfolg. Was auch immer Sie in der Vergangenheit erlebt haben, was auch immer Ihre Eltern Ihnen angetan oder Ihnen nicht mitgegeben haben, diese Umstände sind nicht für alles verantwortlich.

Die in zahlreichen Erfolgsbüchern immer wieder zu findende, wichtige *Botschaft an Sie lautet*: **»Wem Sie die Verantwortung geben, dem geben Sie auch die Macht.«** Das bedeutet: Immer, wenn Sie denken, ein anderer Mensch sei für Ihre Situation verantwortlich, dann schwächen Sie sich selbst, weil Sie diesem Menschen Macht über Ihr Leben geben. Doch solange Sie nicht selbst die Macht in Ihrem Leben sind, werden Sie keinen Erfolg haben. *Fazit*: Übernehmen Sie für alles, was mit Ihnen geschieht, die volle Verantwortung – ohne Wenn und Aber.

Beispiel:
Ich erinnere mich an einen Mitarbeiter, der nach zwei Jahren unser Unternehmen wieder verließ. Dieser Mitarbeiter, exzellent ausgebildet und hochintelligent, hatte nur einen Fehler: Er übernahm keine Verantwortung. Er präsentierte, wenn er vorgegebene Ziele nicht einhielt, eine Ausrede nach der anderen. In seinen Augen war er niemals selbst schuld, wenn er seine zahlreichen Projekte nicht mit Erfolg durchführte. Es lag an allen möglichen Umständen. Dieser Mitarbeiter (er)fand immer wieder neue Umstände, die Schuld an seinen Misserfolgen hatten. Mal war es die knappe Zeit, mal eine seiner schlechten Eigenschaften, die er dann reumütig (jedoch ohne etwas zu ändern) ins Feld führte, mal hatte er einen schlechten Tag und so weiter und so fort. Blablabla. Das Ergebnis war: Obwohl begabt und eine glänzende Karriere vor Augen, scheiterte er daran, Verantwortung und damit die Macht zu übernehmen.

Denken Sie ab heute stets an diese *wichtige Botschaft*: Sie, Sie alleine und niemand sonst bestimmen Ihr Schicksal.

Verantwortung und Liebe

Zum Thema Verantwortung möchte ich Ihnen noch einen weiteren Aspekt aufzeigen. Dieser ist eng verknüpft mit der Lektion »Liebe«. Denn Verantwortungsgefühl und Liebe gehören zusammen. Saint-Exupéry schreibt in seinem Buch »Der kleine Prinz«:

Selbstständigkeit & Verantwortung

»Du bist zeitlebens für das verantwortlich,
was du dir vertraut gemacht hast.«

Heutzutage ist für viele Menschen Verantwortung eine ungeliebte Pflicht, etwas von außen auf uns Eindringendes. Eine Situation, in der wir versuchen, die eigene Macht bequemlichkeitshalber an andere abzugeben. Verantwortung kann jedoch auch eine freiwillige, spaßbringende Sache sein. Verantwortung zu tragen bedeutet, auf die offenen oder versteckten Bedürfnisse eines anderen Menschen zu antworten. Erhalten Sie beispielsweise einen Auftrag, dann ist es das offene Bedürfnis des Auftraggebers, dass Sie diesen Auftrag bestmöglich erledigen. Vielleicht hat Ihr Auftraggeber sogar das versteckte, stillschweigende Bedürfnis, dass er etwas mehr bekommen möchte, als er verlangt hat. Verantwortung zu tragen bedeutet in diesem Beispiel wie in allen anderen Situationen, dass Sie alle vorangehenden Bedürfnisse bestmöglich erfüllen. In einer Liebesbeziehung ist es das offene Bedürfnis der Partner, diese Liebe zu spüren.

Möglicherweise wünscht sich auch Ihr Partner oder Ihre Partnerin, nicht nur »Liebe von der Stange«, sondern manchmal etwas mehr – eine kleine Überraschung, eine unerwartete Umarmung oder etwas Ähnliches. Viele Menschen fragen sich am Ende einer gescheiterten Beziehung, was sie denn falsch gemacht haben. Manche zucken mit den Schultern und sagen: »Aber ich habe doch gar nichts Böses getan.« Genau hier greifen Liebe und Verantwortung ineinander. Laotse bringt es auf den Punkt: »Sie sind nicht nur für das verantwortlich, was Sie tun, sondern auch für das, was Sie nicht tun.« Wenn Sie lieben, aber keine Verantwortung für die Liebe gegenüber Ihrem Partner übernehmen, dann liegt es ausschließlich an Ihnen, wenn Ihre Beziehung scheitert. Geben Sie Ihr Bestes – geben Sie noch mehr als Ihr Bestes! Sich verantwortlich fühlen, Verantwortung zu leben, bedeutet, sich vor keinen Antworten zu drücken. Verantwortung zu tragen bedeutet, mit Liebe Antworten zu geben.

Vor 15 Jahren fiel mir beim Stöbern in einer Schweizer Buchhandlung das Büchlein »Illusionen« von Richard Bach in die Hände. Darin fand ich zwei wunderbare und zum Thema Verantwortung hervorragend passende Gedichtpassagen:
»Lebe so, dass du dich niemals schämst, wenn etwas, das du tust oder sagst in der ganzen Welt verbreitet wird.«
und:

»Du wirst zeit deines Lebens von dem inneren, lernenden Wesen gelenkt, von dem verspielten geistigen Geschöpf, das dein wahres Selbst ist. Wende dich nicht ab von möglichen Ereignissen in der Zukunft, ehe du sicher bist, dass du nichts aus ihnen zu lernen hast. Du kannst es dir jederzeit anders überlegen, dir eine andere Zukunft aussuchen oder eine andere Vergangenheit.«

Die Botschaft an Sie lautet: Selbstständiges und verantwortungsbewusstes Handeln in allen Lebensbereichen. Tun Sie selbstständig mehr als andere und übernehmen Sie Verantwortung. Das bedeutet, Sie müssen die Antworten auf die Fragen nach Ihrem Tun und Lassen kennen. Es ist Ihre Aufgabe, es ist Ihre Pflicht, sich auf dem Weg zu dauerhaftem persönlichem und finanziellem Erfolg, um diese notwendigen Antworten zu kümmern. TUN Sie es!

Anmerkung für alle diejenigen, die sich beruflich selbstständig machen wollen:
Als junger Mensch konnte ich die Zurückhaltung mancher älterer Leute bei neuen Ideen nicht verstehen. Ich dachte, meine eigene Begeisterung müsste unmittelbar alle anderen anstecken. Wie viele junge Menschen habe ich inzwischen selbst kennen gelernt, die fasziniert von ihren Ideen, in schillernden Farben und voller Begeisterung, von neuen Projekten sprechen. Kommt dann der Moment der konsequenten und beharrlichen Umsetzung, bleibt kaum eine Idee, kaum ein Ideengeber übrig. Wenn Sie jung sind und Ideen haben, so signalisieren Sie einem potenziellen Kapitalgeber Ihre Konsequenz, lassen Sie ihn die Konsequenz und die Beharrlichkeit, mit der Sie Ihr Projekt verfolgen, spüren. Stellen Sie Ihre Idee zunächst sich selbst vor. Konnten Sie sich selbst überzeugen? Auch wenn es sich nur um kleine Projekte handelt, sollten Sie sich fragen, ob Sie bei Ihrer eigenen Vorstellung einen Millionenbetrag investieren würden. *Wichtig*: Vergessen Sie die schönen Worte und beweisen Sie sich durch Taten, wie konsequent Sie an Ihrer Idee und deren Entwicklung arbeiten. Weisen Sie schriftlich nach, dass Sie den Markt selbst geprüft und nicht irgendeine Meinung lediglich übernommen haben. Beweisen Sie sich selbst, dass die Idee nicht nur in Ihrer Fantasie gut ist, sondern auch am Markt gefragt ist. Wenn Sie diesen Weg gehen, ist es ausgeschlossen, dass Sie keinen Kapitalgeber finden, der Sie fördert. Und wenn doch, so mache ich Ihnen ein einmaliges Angebot:

Selbstständigkeit & Verantwortung

Überzeugen Sie mich von Ihrem Projekt. Schildern Sie mir Ihre Idee und Ihren Arbeitsplan auf höchstens drei Briefseiten und begründen Sie die Erfolgsaussichten. Lassen Sie Fakten sprechen und bringen Sie mir Beweise für die Konsequenz Ihrer Arbeit. Zeigen Sie mir Ihren Geschäftsplan mit Terminen für die nächsten drei Monate. Wenn Sie mich überzeugen, verspreche ich Ihnen ein persönliches Treffen. Überzeugen Sie mich auch dann noch, verspreche ich Ihnen, mich an Ihrem Projekt zu beteiligen und Ihr Projekt – egal wie hoch die Investition ist – zu finanzieren. Versuchen Sie jedoch nicht mit »Halbwissen« zu kommen. Erlauben Sie mir in diesem Fall, unseren Kontakt schnellstens zu beenden. Also: Ein fairer Deal für beide Seiten. Ein fairer Deal auch dann, wenn Sie meinen, ich hätte mit meinen Worten Ihre Träume zerstört und Ihre blühende Fantasie vernichtet. Glauben Sie mir: Wenn dem so ist, habe ich Ihnen höchstens Zeit gespart und Sie sind frei für neue Gedanken, die Sie wiederum genauso sorgfältig überprüfen sollten.

Lektion 12
Niederlagen & wirklicher Erfolg

Es ist nicht entscheidend, wie oft Sie hinfallen und Fehler machen. Einzig und allein entscheidend ist, dass Sie einmal mehr aufstehen und einen wirklichen Erfolg mehr erzielen.
K. Walter, amerikanischer Erfolgspsychologe

Niederlagen gehören für uns alle zum Leben dazu. Doch was bedeutet eigentlich Niederlage? – Lesen Sie dieses Wort einmal anders: NIEDER(EN)LAGE©. Dieses kleine Wortspiel macht klar, dass es sich bei einer NIEDER(EN)LAGE© darum handelt, dass Sie im wahrsten Sinne auf die Schnauze gefallen sind. Dass Sie sich in einer niederen Lage, also unten oder ganz weit unten befinden. Um sich aus einer NIEDER(EN)LAGE zu befreien gibt es nur einen einzigen Weg: SIE MÜSSEN AUFSTEHEN!!! – Ja, Sie haben richtig gehört. Sie müssen einfach nur aufstehen, und wenn Sie dann noch die folgende Gewinnerregel beachten, wird Sie niemand auf Ihrem Erfolgsweg aufhalten können:

SIE MÜSSEN EINMAL MEHR AUFSTEHEN
ALS SIE HINGEFALLEN SIND.

Diese Erfolgsregel mag noch so einfach und für den einen oder die andere lächerlich klingen, sie ist von grundlegender Bedeutung. Zum Beispiel wird sie auch im Pferdesport praktiziert: Wenn ein Pferd auf einem Hindernisparcours strauchelt oder gar stürzt, dann lautet die wichtigste Regel, das Pferd sofort noch einmal erfolgreich über das Hindernis zu führen. Auch hier ist es wichtig, dass zum Schluss ein Erfolg (AUFSTEHEN) gegeben ist. Ein Erfolgserlebnis (AUFSTEHEN) mehr als Misserfolge (NIEDERLAGEN).
Ich möchte Ihnen hierzu eine kurze Geschichte erzählen:

1985 kam es zu einem WM-Titelkampf. Die beiden Boxer waren Lee Roy Murphy (USA) und Chianda Mutti (Sambia). In der letzten Runde ging es noch einmal so richtig zur Sache, als plötzlich beide Boxer gleichzeitig zu Boden gingen. Lee Roy Murphy erhob sich als Erster, als Chianda Mutti noch am Boden lag. Der Sieger dieses WM-Titelkampfes hieß darauf Murphy. Ist das nicht ver-

rückt: Murphy wurde zum Sieger erklärt, weil er nur ein einziges Mal mehr aufgestanden ist, als er hinfiel.

SIE MÜSSEN EINMAL MEHR AUFSTEHEN ALS SIE HINGEFALLEN SIND.
Sie sehen an diesem Beispiel, dass diese Erfolgsregel tatsächlich grundlegend ist. Stellen Sie sich die Situation von Murphy und Mutti vor. Spielen Sie in Gedanken den Kampf durch und sehen Sie sich zu, wie Sie als Murphy sich zum Schluss noch einmal zum Aufstehen zwingen – und gewinnen. Sie gewinnen, weil Sie einmal, weil Sie ein einziges Mal mehr aufgestanden sind als – in diesem Fall – Ihr Gegner.

Auch wenn Sie immer wieder neue Niederlagen einstecken müssen, seien Sie sicher: So viele Niederschläge gibt es nicht, dass Sie nicht zuletzt stehen bleiben und siegen. Wenn Sie nach einer Niederlage auf Dauer zum Verlierer werden, liegt es daran, dass Sie nicht aufgestanden sind und die Zeit nach der Niederlage Sie im wahrsten Sinne überrollt hat. Der bekannte und sehr erfolgreiche Trainer **Brian Tracy** sagte einmal:»Es zählt nicht, wie tief du fällst, sondern wie hoch du zurückfederst.« Und von Thomas Alva Edison stammt der Satz:»Unsere größte Schwäche liegt im Aufgeben. Der sicherste Weg zum Erfolg ist immer, es noch einmal zu versuchen.«

Merken Sie sich: Erfolgreiche Menschen finden für jedes Problem eine Lösung. Erfolglose Menschen dagegen, da dürfen Sie sich sicher sein, finden zu jeder Lösung garantiert das nächste Problem.

Das Millionärsrezept

Ich habe lange darüber nachgedacht, wie ich es Ihnen schmackhaft machen kann, Niederlagen auf Ihrem künftigen Weg zu persönlichem und finanziellem Erfolg zu akzeptieren. Ich kam zum Ergebnis, Ihnen ein absolut garantiertes Erfolgsrezept zu verraten, mit dem Sie garantiert Millionär werden. Sind Sie bereit es zu hören?
WENN SIE 9999 MAL EIN NEIN GEHÖRT HABEN,
SIND SIE GARANTIERT MILLIONÄR
Dies bedeutet, dass Sie zu diesem Zeitpunkt gelernt haben werden, mit Niederlagen, Frust und Abweisung umzugehen. Und Sie werden für jede Niederlage einmal mehr gesiegt haben. Wenn Sie

Persönliche Erfolgsfaktoren

sich selbst also nicht schonen und Ihre Angst vor Niederlagen ablegen, werden Sie garantiert Millionär sein, wenn Sie 9 999 Mal ein Nein gehört haben und trotzdem weitermachten. Vor einiger Zeit sprach ich nach einem Intensivtraining bei einer schweizerischen Unternehmensberatung im Dienstleistungsbereich vor meinem Rückflug nach Deutschland noch mit dem Aufsichtsratsvorsitzenden dieser Schweizer Gesellschaft. Zum Ende unseres Gespräches fragte mich dieser erfolgreiche Mann, ob ich ihm noch ein Geheimnis, eine Gewinnerregel nennen könne, mit der er seine Mitarbeiter zu Höchstleistungen und neuen Erfolgen führen könne. Ich antwortete: »Gehen Sie morgen früh zu jedem Einzelnen Ihrer Mitarbeiter und sagen ihm, er solle seine **Fehlerquote verdoppeln.**« Ich erinnere mich noch genau, wie mich mein Gegenüber anstarrte, als wäre ich ein verrückter Guru, der sein Unternehmen ruinieren wollte. »Wenn Sie jemandem die Erlaubnis geben, seine Fehlerquote zu verdoppeln, werden seine Aktivitäten und damit auch seine Erfolge unweigerlich steigen. Lassen Sie Fehler zu! Mit den *Fehlern* steigt die Erfahrung, die *zunehmende Erfahrung* bringt *richtige Entscheidungen* und die zunehmend richtigen Entscheidungen bringen *Erfolg und Reichtum*. Wiederholen Sie die Schritte dieses Erfolgsgesetzes. Die vier Schritte lauten: 1. Fehler – 2. zunehmende Erfahrung – 3. richtige Entscheidungen – 4. Erfolg und Reichtum.

Beispiel:
Nehmen Sie sich ein Beispiel an dem amerikanischen Immobilienmilliardär *Donald Trump*, von einzelnen Journalisten auch liebevoll, und angesichts seines Lebenslaufes sicherlich zutreffend, das »Stehaufmännchen« von New York bezeichnet. Er verdiente Milliarden Dollar mit seinen Geschäften. Dann kam eine Zeit, in der er sein Vermögen, seine Milliarden Dollar wieder verlor. Er legte nämlich Anfang der 90er-Jahre einen der gepflegtesten Crashs der New Yorker Immobilienszene hin. Doch wichtig war: Er resignierte nicht, sondern fing wieder von vorne an. Er stand wieder auf und verdiente erneut viele Milliarden Dollar. **Selbst wenn Sie 100 Millionen verlieren würden, ist nicht der Verlust dieser 100 Millionen entscheidend. Entscheidend ist, ob Sie gleichzeitig 300 Millionen mit anderen Projekten im gleichen Zeitraum verdienen.** Lassen Sie sich von den großen Zahlen nicht abschrecken. Das Ganze gilt auch für alle anderen

Beträge. Wenn Sie 50 000 Euro verlieren ist das ebenso wenig entscheidend. Entscheidend ist vielmehr, ob Sie 150 000 Euro mit einem anderen Geschäft verdienen.

Denken Sie ab heute immer daran: Erfolg ist das Ergebnis richtiger Entscheidungen. Und richtige Entscheidungen sind das Ergebnis Ihrer persönlichen Erfahrung, Ihres Know-hows. Und wann haben Sie die wichtigsten Erfahrungen gesammelt? RICHTIG! Wenn Sie große oder auch kleinere Fehler gemacht haben. Erfahrungen sind zu einem großen Teil die Erkenntnisse aus falschen Entscheidungen. Thomas A. Edison sagte einmal:»Erfolg hat nur, wer etwas tut, während er auf den Erfolg wartet.« Und wenn Sie etwas tun, riskieren Sie Fehlentscheidungen. Betrachten Sie diese Fehlentscheidungen ab sofort als wichtige Vorstufe für Erfahrungen und damit als wichtigste Voraussetzung für Erfolg.

Die Botschaft an Sie lautet:»Geht nicht«,»Kann nicht« und so weiter – Sie kennen das schon – gibt es ab sofort nicht mehr. Ab heute sind für Sie zwischenzeitliche Misserfolge nichts weiter als ein kleiner Umweg auf dem Weg zu Ihrem persönlichen und finanziellen Erfolg.

TEIL II

ERFOLGSWISSEN & ERFOLGSSTRATEGIEN

Vorwort zu Teil II

In diesem Teil des Buches geht es um einfaches und gleichzeitig unglaublich wirkungsvolles Erfolgswissen sowie ebenso wirkungsvolle Erfolgsstrategien. Alles dreht sich ausschließlich um Ihren Erfolg. Diese folgenden Lektionen sind nichts für »Tu mir nichts, dann tue ich dir auch nichts«-Typen. Es geht darum, was Sie tun müssen, damit Sie sich selbst auf der Grundlage Ihrer Ressourcen zum Erfolg führen. Es geht um die mentale Fitness, die Sie auf diesem Weg brauchen. Es geht um die Kenntnis der alles entscheidenden Erfolgsregeln. Dieser Teil des vor Ihnen liegenden Buches geht weit über das hinaus, was andere Erfolgsbibeln Ihnen versprechen. Hier geht es eben nicht nur darum, dass Sie sich einfach Erfolg vorstellen und wünschen und schon kommt er zu Ihnen. Es ist eben nicht damit getan, einfach nur Ja zum Erfolg zu sagen. Ich habe hunderte von Menschen kennen gelernt, die alle Ja zum Erfolg sagten. Aber keiner von ihnen war erfolgreich. Hier geht es darum, dass Sie wissen, auf welches wirklich wichtige Erfolgswissen und auf welche wirklich wirkungsvollen Erfolgsstrategien Sie sich konzentrieren müssen.

Die Botschaft dieses Teils lautet: Wiederholen Sie Erfolg. Immer und immer wieder. Sooft Sie wollen und mit dem Ergebnis, dass Sie wollen. Wiederholen Sie die alles entscheidenden Erfolgsregeln und handeln Sie nach dem im Folgenden beschriebenen Grundsatz. Wenn Sie das tun, garantiere ich Ihnen: Sie werden bereits in kurzer Zeit entscheidende Veränderungen spüren. Sie werden manches von dem, was Sie heute noch umgibt, nicht mehr wiedererkennen oder gar ablehnen. Das ist der mögliche Preis für Erfolg. Das Ganze hat nichts mit einem schlechten Charakter oder gar unfairen Methoden zu tun. Es hat lediglich damit zu tun: Wenn Sie sich konsequent für persönlichen und finanziellen Erfolg entscheiden, wird es ohne Veränderungen nicht gehen.

Wenn Sie bei diesen Zeilen Furcht vor Veränderung bekommen, legen Sie das Buch zurück. Es ist garantiert das falsche Buch für Sie. Greifen Sie zu den dutzenden anderer Erfolgsbücher, die Ihnen ein Wohlgefühl vermitteln, aber nicht die entscheidenden Strategien für

Erfolg und Reichtum. Wenn Sie jedoch bereit sind für Veränderungen, wenn Sie Veränderungen in Ihrem Leben und in Ihrer Botschaft wirklich zulassen wollen, dann halten Sie das richtige Buch in den Händen. Sie werden damit, das garantiere ich Ihnen, Ihren persönlichen und finanziellen Erfolg potenzieren. Ich wünsche Ihnen und mir (als Autor, der dieses Buch geschrieben hat, damit Sie es vollständig lesen und anwenden), dass Sie durchhalten – und dass Sie HANDELN!

Das Prinzip der Gewinner, *die Botschaft der Gewinner lautet*:

HANDELN SIE JETZT!

Lektion 1
Versäumen Sie nicht Ihr Leben

Fragwürdig wie alles, was wir treiben, ist auch die Selbstkritik.
Ihre Wonne besteht darin, dass ich mich scheinbar über meine Mängel erhebe, indem ich sie ausspreche und ihnen dadurch das Entsetzliche nehme, dass mich zur Veränderung zwingen würde.
Max Frisch, Schweizer Schriftsteller

Haben Sie schon einmal darüber nachgedacht, wie sehr Sie sich jeden Tag wieder aufs Neue für sich und Ihr Leben entscheiden? Wie oft denken Sie überhaupt – Hand aufs Herz – über Ihr Leben nach? Über jede Minute, jede Stunde, jeden Tag und jede Woche, die vergeht? Wie viele Stunden beschäftigen Sie sich mit Ihrem Beruf, Ihren Hobbys und allem anderen und wie wenig denken Sie über Ihre Lebenszeit nach? *Dabei gilt*: Sich auf den Weg, den eigenen Lebensweg zum Erfolg zu machen, bedeutet, sich das Versprechen zu geben, niemals von dieser Erde zu gehen, ohne wirkliches Glück, wirkliche Verzückung, wirkliche Erfüllung gespürt zu haben. Vergessen Sie die Angst. Lassen Sie die Angst vor unbekannten Wegen nicht zu, stirbt sie einen sicheren Tod. Vergessen Sie die Angst und leben Sie! In den vielen Jahren meiner Tätigkeit als Coach habe ich keinen einzigen Menschen kennen gelernt, der es auf Dauer bereut hat, wenn er sich für einen Weg entschied, der Glück und Verzückung mit sich brachte. Im Gegenteil: Alle, wirklich alle bestätigen, dass es sich für einmal erlebtes wirkliches Glück, für einmal erlebte wirkliche Verzückung und für einmal erlebten wirklichen Flow lohnt, jegliche Anstrengungen auf sich zu nehmen. Denken Sie jeden Tag aufs Neue daran: *Sie haben nur dieses eine Leben*. Sie werden nur dieses eine Mal als der Mensch, der Sie heute sind, auf dieser Erde sein. Sie haben in Ihrer heutigen Form, als das Wesen, das Sie heute sind, nur dieses eine Leben. Kein Tag kehrt jemals zurück. Für keinen Reichtum dieser Erde können Sie Tage Ihres Lebens zurückkaufen.

»Je ne regrette rien«

Wenn Sie heute beispielsweise 35 Jahre jung sind, dann haben Sie in etwa die Hälfte Ihres Lebens gelebt. Die Frage ist: Haben Sie Ihr Leben wirklich gelebt? Hätten Sie vielleicht ein klein wenig mehr wagen können? Fast jeder von uns kennt das berühmte Lied von Edith Piaf »Je ne regrette rien«, was so viel bedeutet wie »Ich bereue nichts«. Ich habe viele ältere Freunde, mit denen ich immer wieder gerne und mit Begeisterung telefoniere, manchmal lange, manchmal kurze Gespräche führe. Einer dieser wichtigen Freunde ist Werner Busse. Ein zum Zeitpunkt der Erstellung dieses Manuskriptes 83 Jahre alter, knochentrockener, hin und wieder harter, jedoch unendlich herzlicher ehemaliger Unternehmer, dem ich manchen wertvollen Kommentar und auch manch andere Unterstützung in schwierigen Zeiten verdanke. Dieser geschätzte, lebenserfahrene Mensch bestätigte mir: Zu einem Zeitpunkt, den sich viele Menschen in jüngeren Jahren noch nicht vorstellen können, werden wir nur das bereuen, was wir nicht getan haben. Ganz, ganz selten werden wir bereuen, was wir getan haben.

Schenken Sie Freude

Sie und ich, wir beide wissen nicht, wann der Tod kommen wird, aber bis dahin ist es wichtig, dass wir beide leben. Dass Sie und ich wirklich leben und unser Leben genießen. Schenken Sie Freude. Sagen Sie Ihrer Partnerin oder Ihrem Partner endlich einmal, dass Sie sie bzw. ihn lieben. Wie lange ist es her, dass Sie das Gesicht Ihres Partners am Abend liebevoll betrachtet haben und ihrem Partner sagten »Ich liebe Dich«? Sie können ganz leicht herausfinden, ob es noch so etwas wie Nähe und Liebe in Ihrem Leben gibt: Sie brauchen sich nur die Frage zu beantworten, ob es in Ihrem Leben mindestens einen Menschen gibt – gleich ob jung oder alt –, von dem Sie wissen, wie dessen Haut riecht. Dessen Gesicht Sie genau kennen, weil Sie es berührten, und dessen Körper Sie kennen, weil Sie seine Haut noch jetzt spüren. Dann leben Sie.

Würden Sie sich nicht freuen, wenn Sie morgens, nachdem Ihr Partner womöglich schon das Haus verlassen hat, am Brotkasten einen kleinen Zettel finden, auf dem steht: »Es ist wunderschön, dass es dich gibt!« Solche kleinen Zettel kosten nichts, aber bringen viel. Lächeln Sie nicht darüber, sondern probieren Sie es aus. Die Wahrscheinlichkeit ist groß, dass Ihre Partnerin oder Ihr Partner beim ersten Zettel abends auf Sie zustürzt und besorgt fragt: »Was ist los? Bist du krank? Musst du sterben? Was wolltest du mir damit sagen«? So zumindest erging es einem befreundeten Ehepaar. Als er das erste Mal seit langen Jahren die Initiative ergriff und ihr morgens, bevor er zur Arbeit fuhr, einen Zettel hinterließ, rief seine Frau ganz aufgeregt auf seiner Arbeitsstelle an und fragte nach, ob alles in Ordnung sei mit ihm.

Wenn Sie Ihrer Beziehung neue Lebensfreude einhauchen wollen, versuchen Sie dies doch einmal mit »Zettel-Magie«. Es wirkt garantiert!

Lektion 2
Erfolgreich Ziele formulieren

Ausschlaggebend für den Erfolg ist ein Mosaik von Details. Gelebtes Detail, darauf kommt es an. Das überzeugt, das wird empfunden, genossen und weiterempfohlen.

Bernhard Paul, Circus Roncalli

»Ziele formulieren.« Wow! Auch das ist eine der einfachen Erfolgsregeln, die auf Dauer – so einfach sie klingt – sehr große Erfolge mit sich bringt. Formulieren Sie Ihre Ziele positiv. Nehmen wir zum Beispiel Gisbert, einen Freund von mir. Er ist Diplom-Ingenieur und findet seit Jahren nicht so recht seine eigene Positionierung. Er ist ein zuverlässiger Kerl, arbeitet konsequent und mit Disziplin, aber trotzdem, das verriet er mir selbst, fragt er sich oft, was er falsch macht und warum sich keine größeren Erfolge einstellen. Eines Tages bat er mich um Rat in dieser persönlichen Angelegenheit. Ich erinnere mich gut an das erste Gespräch. Er beklagte sich über seinen Chef, seinen Job, seine Kollegen. Immer wieder sagte er: »Das tue ich nicht wieder« oder »Das lasse ich nicht mehr zu« oder »Das ist nicht mein Ziel«. Daraus wurde deutlich: Gisbert war gefangen in seinen eigenen negativen Vorstellungen. Wer in dieser »... will nicht ...«-Falle steckt kann oftmals mit gut gemeinten Tipps wie »Was sind Ihre Ziele?« oder »Setzen Sie sich Ziele!« nichts anfangen. Die Vorstellungen solcher »gefangenen« Menschen kreisen nur um das, was sie alles nicht mehr wollen. Es gibt jedoch einen einfachen Trick, sich selbst aus solchen Situationen zu befreien: Fragen Sie sich oder die entsprechende Person:

»Was hättest du lieber?«

Mit dieser Frage werden die Gedanken noch nicht unmittelbar auf ein positives Ziel gelenkt, sondern es werden zunächst geistige Bilder geschaffen. In fast allen Fällen verbinden die Betroffenen, wenn sie intensiv über die Frage »Was hättest du lieber?« nachdenken, eigene Ziele mit den auf diese Fragen entstehenden Bildern und Gedanken. Plötzlich formen sich aus den schönen Vorstellungen dessen, was man lieber möchte, die eigenen Ziele. Die Erfolgskette lautet:

Negative Gedanken

Was hättest du lieber?

Positive Ziele

Bewegung und sich verändernde Quote

Erfolg

Das Hindernis-Experiment

Sollte ich Sie noch immer nicht überzeugt haben, dann bitte ich Sie, folgendes kleines Experiment durchzuführen. Nehmen Sie sich am Wochenende etwas Zeit und gehen Sie, vielleicht mit Ihrer Familie, mit Ihren Kindern, auf einen Minigolfplatz. Spielen Sie einen Parcours auf folgende Weise: Bei jedem Feld konzentrieren Sie sich auf die aufgebauten Hindernisse, fokussieren Sie diese, während Sie den Schläger zum Schlag vorbereiten. Denken Sie dabei: »Das will ich nicht treffen!« und »Ins Wasser will ich nicht zielen!« und versuchen Sie dann, den Golfball in die richtige Richtung zu schlagen. Diesen Versuch habe ich bereits mehrfach mit unverbesserlichen Pessimisten und »Ich will nicht mehr«-Denkern gemacht und ich prophezeie Ihnen, das wird richtig spannend. Sie werden nur wenige Bälle erfolgreich schlagen. Falls Sie Kinder haben, werden Sie sich wohl anhören müssen: »Papa/Mama, du bist aber heute unkonzentriert!« Tatsache jedoch ist, Sie sind überhaupt nicht unkonzentriert, Sie konzentrieren sich sogar sehr. Nur auf die falschen Dinge, das heißt darauf, was Sie alles nicht treffen wollen. Wenn Sie diese Aufgabe noch etwas mehr an die Praxis anlehnen wollen, dann denken Sie bei

Erfolgswissen & Erfolgsstrategien

jedem neuen Feld Ihres Minigolfspiels daran, was Sie beim letzten Feld falsch gemacht haben und sagen sich dann: »Ich will nicht mehr ins Wasser treffen.« Oder »Ich will nicht mehr über den Rand spielen.« Ich garantiere Ihnen: Dieses Minigolfspiel werden Sie Ihr Leben lang nicht vergessen. Die Personen, mit denen ich dieses Spiel durchführte, waren auf der Stelle von ihrem ewigen »Ich will nicht mehr«-Denken geheilt. Viele von ihnen fingen ab der Hälfte des Parcours befreit an zu lachen und sagten: »Jetzt weiß ich, was ich seit Jahren falsch mache. Das war deutlich.«

Das, liebe Leserin und lieber Leser, sind keine erfundenen Geschichten, um Ihnen lockere Erfolgsstorys zu erzählen. Es sind gelebte Fälle aus der Praxis. Konzentrieren Sie sich künftig auf das, was Sie wollen. Finden Sie Ihre Ziele. Ob privat oder im Beruf. Konzentrieren Sie sich auf diese Ziele, vermeiden Sie jede Form der Ablenkung und Sie können überhaupt nicht anderes als Erfolg haben.

Zum Schluss noch ein Experiment. Stellen Sie sich einen Hobbyschützen vor. Dieser will nach Möglichkeit ins Schwarze treffen. Dafür muss er das Schwarze anvisieren, sich auf dieses Ziel, also das Schwarze zu treffen, konzentrieren. War's das? Nein, denn wenn jetzt nichts passiert, hat unser Schütze in kurzer Zeit einen müden Arm, er beginnt zu wackeln und verfehlt sein Ziel. Das bedeutet: Er muss abdrücken. Er muss irgendwann sagen »Jetzt geht's los« oder in diesem Fall besser »Jetzt geht die Kugel los«. Sehen Sie sich als Schützen mit einem Erfolgsgewehr. Sie haben so viele Kugeln wie Sie benötigen im Lauf. So viele Kugeln, wie Sie klare Ziele anvisieren. Und wenn Sie Ihre Ziele oder ein Ziel nach dem anderen gefunden haben, dann entschließen Sie sich zu handeln. Drücken Sie ab oder besser: Legen Sie los. Er genügt nicht zu zielen und sich dann vorzustellen, wie schön es wäre, wenn die Kugel das Schwarze getroffen hätte. Dann ginge ein Wettbewerb nach dem anderen vorbei und unser Schütze würde immer noch auf den ersten richtigen Erfolg warten. Tun Sie es! Handeln Sie jetzt! Oder, um mit den Worten eines Trainingskollegen zu sprechen: »Wenn nicht jetzt, wann dann?« Haben Sie diesen Satz langsam und bewusst gelesen?

Wenn nicht jetzt, wann dann???

Sie wollen sich selbstständig machen? Dann sagen Sie sich: »Wenn nicht jetzt, wann dann?« Sie wollen privat alles verändern, weil Sie seit Jahren unglücklich sind? Dann fragen Sie sich: »Wenn nicht jetzt, wann dann?« Ihr Job nervt Sie, Sie haben sich Ihr Leben ganz anders vorgestellt und würden am liebsten etwas ganz anderes planen, dann sagen Sie sich: »Wenn nicht jetzt, wann dann?« Diese einfache Erfolgsfrage lässt sich hervorragend in nahezu allen Situationen anwenden.

Arbeiten Sie mit Zielbildern

Eine bekannte und durchaus wirkungsvolle Methode, Ziele zu verinnerlichen und dadurch in Folge leichter zu erreichen, ist es, sich die eigenen Ziele in Bildern vorzustellen. Dabei ist es wichtig, dass Sie mit hellen, bunten, leuchtenden Farben arbeiten. Wenn Sie also sagen oder denken »Ich will erfolgreich sein« und mit diesem Erfolg das Bild einer bezahlten, in einem herrlichen Park im Freien stehenden Villa verbinden, dann bringt es nur wenig, wenn Sie sich dieses Bild in dunklen Farben ausmalen, sagen wir ein graues Gemäuer inmitten eines trostlosen, durch den Herbst braun gefärbten Parkes mit zahlreichen Bäumen, die ihre kahlen Äste in den Himmel strecken.

Das Geheimnis, warum Sie Ihre Ziele schriftlich notieren müssen

Zu diesem Thema sollten Sie unbedingt das Kapitel »Commitment: Auf Gedeih und Verderb« in Robert Cialdinis Buch »Überzeugen im Handumdrehen« (vgl. »Meine persönliche Erfolgsbibliothek« Seite 200) lesen. Denn eines der Erfolgsgesetze lautet, dass es eine Magie der schriftlichen Handlungen gibt. Wenn Sie sich schriftlich festlegen, dann nehmen Sie sich die Möglichkeit zu sagen, dass Sie das, was Sie geschrieben haben, nicht gesagt hätten. So einfach es klingt, so wirkungsvoll ist das Prinzip, schriftliche Zielfestsetzungen für Ihren Weg zu persönlichem und finanziellem Erfolg zu nutzen.

Zu Beginn meines Einstiegs in die Versicherungsbranche verrieten uns die »alten Hasen« einen besonders simplen Trick, die Kundenrücktritte von unterzeichneten Versicherungsverträgen drastisch zu reduzieren. Die Methode bestand lediglich darin, den Kunden dazu zu bringen, entsprechende Anträge oder Verträge (zum Beispiel einen Antrag auf eine kapitalbildende Lebensversicherung) selbst auszufüllen. Ob Sie es glauben wollen oder nicht, die Methode funktioniert hervorragend. Von Anträgen oder Verträgen, die die Kunden selbst ausfüllten, trat so gut wie nie ein Kunde zurück. Der Unterschied in der Rücktrittsquote zu den Kunden, die lediglich ihre Unterschrift unter einen Antrag/Vertrag gesetzt hatten, war signifikant.

Ein anschauliches Beispiel für die Macht schriftlicher Commitments, also schriftlicher Zusagen und Versprechen, lieferten die Sozialpsychologen Morton Deutsch und Harold Gerad in einem von ihnen durchgeführten Experiment im Jahr 1955. Bei diesem Experiment ging es darum, Strecken zu schätzen. Die Studenten wurden in drei Gruppen eingeteilt. Gruppe 1 durfte die Strecken schätzen und musste sich die eigene Schätzung jeweils im Gedächtnis behalten. Gruppe 2 hatte die Pflicht, die eigenen Schätzungen der beobachteten Strecken schriftlich auf einer Tafel zu notieren und anschließend wieder wegzuwischen. Die dritte Gruppe wurde angehalten, die Schätzungen zu notieren und dann die jeweiligen Ergebnisse an die Versuchsleitung zu übergeben. Jetzt wird es spannend! Die beiden Wissenschaftler gaben den Studenten nun weitere Informationen, aus denen ersichtlich wurde, dass die ursprünglich geschätzten Strecken wohl falsch sein dürften. Dann hatte jede Gruppe Gelegenheit zu reagieren und die eigene Schätzung zu korrigieren. Das Ergebnis war: Die Gruppe, die sich die ersten Schätzungen lediglich im Gedächtnis behalten sollte, korrigierte diese am leichtesten. Die Gruppe, die die Schätzung erst notiert, dann wieder weggewischt hatte, war spürbar weniger bereit, neue Schätzungen abzugeben und damit eine Fehlschätzung einzugestehen. Die Sturheit der dritten Gruppe, die ihre schriftliche Schätzung in der ersten Runde abgeben musste, war jedoch nicht zu überbieten. Hier wurden die ersten Schätzungen regelrecht verteidigt.

Die Botschaft an Sie lautet: Notieren Sie Ihre Ziele schriftlich. Notieren Sie Erfolgsschritte und Erfolgshandlungen, die Sie durchführen wollen. Setzen Sie sich selbst Termine, bis wann Sie Handlungen durchgeführt haben wollen. Manchmal genügt es, die Dinge aufzuschreiben, noch einmal durchzulesen und dann wegzulegen. Wichtig ist dabei, dass Sie einmal notiert haben, was und wohin Sie wollen. Je klarer Sie schriftlich Ihr »Was«, »Wie« und »Wohin« formulieren, desto eher werden Sie selbst künftig Ihren Weg verteidigen. Desto weniger werden Sie sich von Ihrem »Was«, »Wie« und »Wohin« abbringen lassen.

Lektion 3

Vermeiden Sie VKs und VVs

Eines der wichtigsten Gewinnerprinzipien ist zu lernen, auf Konjunktive und Modalverben zu verzichten. »Ach du lieber Gott« höre ich Sie nun ausrufen. »Was will der Klöckner denn nun?« Von mir so genannte Verliererkonjunktive (VK), das sind:

- könnten
- müssten
- sollten

Von mir so genannte Verliererverben (VV) sind:

- können
- müssen
- sollen
- dürfen

Möglicherweise erinnern Sie sich nun an zahlreiche Situationen, in denen Sie selbst an tollen Projekten saßen. Ihre Pläne waren groß, Ihr Tatendrang in Gedanken ungestüm. Verliererkonjunktive machten die Runde. Sie und Ihre Kollegen sprachen von:

- … dann müssten wir mal …
- … wir sollten gemeinsam …
- … dann könnten wir auch endlich …

Wir alle kennen diese fruchtlosen und auf Dauer unendlich nervenden Gesprächsrunden. Sicherlich ist es hin und wieder wichtig, sozusagen im Konjunktiv herumzuspinnen. Das bringt Ideen und gegenbenenfalls Ziele. Doch in allen Gesprächsrunden, die ich bis heute erlebt habe, war die Keimzelle für Erfolg, dass die Gesprächsteilnehmer konkret wurden. Spannend wird es, wenn einer in der Runde die Führung übernimmt und konkrete Angaben verlangt. Im Folgenden einige Beispiele:

Verliererformulierung:
»...wir müssten mal einen Budgetplan aufstellen...«

Gewinnerprinzip:
»...also, Frank, du erstellst bis in sieben Tagen den Budgetplan, o.k. ...«

Verliererformulierung:
»...wir sollten uns dann mal zusammensetzen...«

Gewinnerformulierung:
»...also gut, dann treffen wir uns am kommenden Dienstag 19 Uhr...«

Verliererformulierung:
»...wir könnten dann auch mal die Firma X anrufen...«

Gewinnerprinzip:
»...o.k., kannst du, Dagmar, bis heute Mittag die Firma X anrufen und uns morgen im Meeting über den Stand der Dinge informieren...«

Fallen Ihnen weitere Beispiele ein? Kennen Sie die Situation, wenn einer aus der Runde plötzlich konkret zu werden droht? Hilfe, da wird einer konkret. Bloß schnell weg hier...

Auf diese Verliererformulierungen trifft man in der Praxis immer wieder in zahlreichen Variationen. Ich erinnere mich an einen großen Beratungsauftrag für zwei namhafte internationale Verlage. Bei beiden Aufträgen ging es darum, eine bessere Marketing-Kooperation zu allen in Frage kommenden Kooperationspartnern zu schmieden. Seit über einem Jahr lag in beiden Fällen diese Kooperationsschiene völlig brach. Im ersten gemeinsamen Meeting wurden mir die Besprechungsprotokolle der Sitzungen der letzten Monate vorgelegt. Ein kurzer Blick und es war offensichtlich, dass die Marketingabteilung alle möglichen Verliererformulierungen eingesetzt hatte. In den Besprechungsprotokollen gab es kaum Spuren konkreter Pläne. Lediglich Sätze wie »...zur besseren Positionierung der Verlagsobjekte müssten wöchentliche News versandt werden...« oder »...es sollte ein Markenteam gebildet werden. Das Markenteam müsste die Kooperation verantwortlich...« Meine Aufgabe in den nächsten Monaten bestand darin, mich in allen möglichen Sitzungen stets dann einzuklinken, wenn es schwammig wurde und zu keinen konkreten Vereinbarungen kam. Ich hatte die angenehme Aufgabe, die Handlungsschritte konkret mit festzulegen. Die »Hilfe, da wird einer konkret. Bloß schnell weg hier...«-Haltung war deutlich zu spüren, die anfängliche Ablehnung war sehr groß. Einzelne Führungskräfte waren skeptisch. Einige Monate später jedoch wurde immer klarer, dass wir plötzlich einen Schritt nach dem anderen abarbeiteten.

Die Motivationen, die zu Verliererformulierungen greifen lassen, sind häufig:
- Sich nicht festlegen wollen
- Angst vor Versagen
- Angst vor Verantwortung
- Mangelnde Disziplin

Vereinbaren Sie konkrete Handlungsschritte

Auch das Prinzip des »Konkret-Werdens« ist ein wichtiger Baustein im Rahmen der »Magie des Erfolges«. Wenn Sie Führungskraft sind oder Führungsverantwortung zu tragen beginnen, wenn Sie sich selbst auf Erfolg trainieren wollen, gehört es zu den wichtigsten Gewinnerprinzipien, dass Sie konkrete Gesprächsergebnisse erzielen. Auch wenn Sie keine Führungsverantwortung tragen, sondern gewissenhaft einer ausführenden Tätigkeit nachgehen, seien Sie ab heute konkret. Wenn Sie an Gesprächsrunden teilnehmen, die mit Verliererformulierungen ins Blablabla verfallen, haken Sie ein und äußern Sie ruhig einmal Sätze wie »... ich schlage vor, wir halten die letzten drei vereinbarten Punkte konkret fest. Frank, du machst..., ich werde... bis morgen erledigen und Marion, du besorgst uns bis Donnerstag... einverstanden?«. Es ist einfach und wirkt dennoch Wunder.

Wenn Sie in Besprechungen konkrete Handlungsschritte festlegen möchten, spüren Sie zuweilen vielleicht, wie sich Ihre Gesprächskollegen winden und keine Zusagen geben wollen. Dann sollte Ihnen Ihre Zeit zu schade sein und Sie machen sich besser wieder konkret an Ihre Arbeit. Möglicherweise machen Sie sich auch Feinde, weil in Ihrer Abteilung niemand konkretes Handeln wünscht. Dann sollten

Sie darüber nachdenken, ob es der richtige Job, die richtige Abteilung oder die richtige Firma für Sie ist.

Ein alter jedoch wahrer Spruch lautet »**Erfolg macht einsam**«. Wenn Sie erfolgreich sein wollen, wenn Sie für andere spürbar auf dem Weg zum Erfolg weiterkommen wollen, müssen Sie akzeptieren, dass so mancher sich von Ihnen abwendet, weil Sie plötzlich Erwartungen haben und zudem Ihre Pläne und Ziele konkret verwirklichen wollen. Ich komme später noch darauf zu sprechen, dass Sie sich auf Ihrem Weg zum Erfolg keine zusätzlichen Freunde suchen müssen.

Lektion 4
Setzen Sie Ihre Aktiva ein

Es gibt kein Problem, was nicht auch ein Geschenk in den Händen trägt. Erfolg hat, wer lernt, die Geschenke der Probleme zu sehen und zu nutzen.

K. Walter, amerikanischer Erfolgspsychologe

Die Begriffe Aktiva und Passiva kennen Sie wahrscheinlich. In einer Unternehmensbilanz bezeichnet die Seite der Passiva die Positionen der Mittelherkunft, die Seite der Aktiva die Positionen der Mittelverwertung, also das, was geschaffen wurde. Auf der Passivseite stehen also beispielsweise Kredite, auf der Aktivseite steht möglicherweise das Anlagevermögen eines Unternehmens. Sie können die beiden Begriffe Aktiva und Passiva jedoch auch sehr gut auf Ihr privates Leben übertragen. Wenn Ihre Eltern sich beispielsweise bemüht haben, Ihre Ausbildung, Ihre Lehre oder Ihr Studium zu finanzieren, dann ist das die Passivseite Ihrer persönlichen Bilanz. Es ist die Mittelherkunft. Mit diesen Mitteln (Ihrer Eltern oder auch von Ihnen selbst erarbeitet) haben Sie Aktiva geschaffen. Aktiva in Form von Zeugnissen, Diplomen, Ausbildungen, Fortbildungen. Sollten Sie auf Grund einer angeborenen Anlage ein Kommunikationstalent sein, dann ist dieses Talent ebenfalls eine der Positionen auf der Aktivseite Ihrer persönlichen Bilanz. Jetzt müssen Sie nur noch diese Aktiva einsetzen. »So einfach ist das ja nicht«, höre ich Sie sagen. »Der Arbeitsmarkt ist derzeit schlecht.« Oder »Mein Beruf ist nicht gefragt.« Oder Ähnliches wird mir erwidert, wenn ich Menschen dazu auffordere, ihre Aktiva (endlich) einzusetzen. Ja, ja, es liegt fast immer an den Umständen, jedoch nie an uns selbst. Ich weiß, ich weiß. Hierzu möchte ich Ihnen eine Geschichte erzählen.

Angenommen, Sie leben in einem Dorf in Indien. Eigentlich hat dieses Dorf, betrachtet man es realistisch, nur Nachteile: Zumindest drei wesentliche:

1. Zu viele Menschen
2. Felder, die voller kleiner und großer Steine sind
3. Jährliche Überschwemmungen durch Monsunregen

Erfolgswissen & Erfolgsstrategien

Jedes Jahr, nachdem die Bauern mühevoll kleine Feldstückchen bepflanzt haben, kommt der Monsunregen, spült die Saat wieder davon und wäscht den Boden zusätzlich aus. Die Menschen in diesem Dorf haben kein leichtes Leben. Nun wieder zu Ihnen. Sie haben zwar, wie alle Menschen in diesem Dorf, das Ziel, ausreichend Lebensmittel für alle zu produzieren, aber ist dieses Ziel umsetzbar? Was würden Sie angesichts dieser nicht unerheblichen Nachteile tun? Was wäre eine mögliche Lösung der Probleme? Gibt es überhaupt eine Lösung? Ich werde Ihnen nun erzählen, wie sich diese Geschichte tatsächlich zugetragen hat. Es ist nämlich eine wahre Geschichte.

Die Geschichte des kleinen Dorfes Nana in Indien.

Dieses Dorf hatte genau die drei oben genannten Probleme: Es gab zu viele Menschen, die Felder waren voller Steine und der Monsunregen ließ Jahr für Jahr die nahe gelegenen Flüsse endlos anschwellen. Die übers Ufer tretenden Fluten schwemmten Jahr für Jahr alles fort, was noch nicht tief genug auf dem kargen und durch die Trockenheit der vergangenen Monate steinharten Boden Wurzeln geschlagen hatte. Eines Tages kam der reiche Industrielle Raja Ram Gupta nach Nana. Er beschloss, diesem Dorf zu helfen. Seine wichtigste Frage an die Menschen war: »Was ist euer Vermögen? Welche Aktiva habt ihr, die wir einsetzen können?« Die Menschen in diesem Dorf sagten alle einstimmig: »Wir haben keine Aktiva. Wir haben nur Probleme.« Darauf entgegnete Raja Ram Gupta: »Denkt daran: Es gibt kein Problem, was nicht auch ein Geschenk für euch in den Händen trägt. Daher frage ich euch nochmals: Welche Aktiva habt ihr?« Und wiederum schüttelten die Menschen den Kopf und sagten: »Wir haben keine Aktiva. Wir haben nur Probleme.« Dann schlug Raja Ram Gupta den Menschen einen Plan vor, dem nach kurzem Zuhören alle Bewohner des Dorfes zustimmten. Und nun geschah Folgendes: Unter der Leitung von Raja Ram Gupta trugen die vielen Menschen (Aktiva) die vielen kleinen und großen Steine (Aktiva) zu den nahe gelegenen Flüssen und bauten Dämme. Als dann der Monsunregen (Aktiva) kam, stauten die Dämme das Wasser und hielten es für die vielen Monate der auf den Monsunregen folgenden Trockenheit zurück. Mit diesem Wasser wurden die Felder künftig künstlich in

Setzen Sie Ihre Aktiva ein

der Trockenzeit bewässert. Es dauerte nur wenige Jahre, bis die Umgebung des Dorfes blühte und die Bauern so viele Lebensmittel produzierten, dass alle Menschen satt wurden.

Diese Geschichte lehrt uns, dass es nur ganz selten Probleme gibt, die wirklich nicht zu lösen sind. Konzentrieren Sie sich auf Ihre Aktiva. Was sind Ihre persönlichen, aktiven Posten? Was sind Ihre Aktiva und wie können Sie diese einsetzen? Machen Sie sich eine Liste Ihrer Aktiva, also der Dinge, die Sie besitzen und einsetzen können. Das kann Ehrlichkeit, Vertrauen, Ausbildung, Kommunikationstalent, Rechentalent und vieles Weitere sein. *In jedem Fall gilt:* Bleiben Sie nicht auf Ihren Aktiva sitzen, sondern setzen Sie diese ein. Wenn Sie über Talente verfügen, dann haben Sie nicht nur das Recht, diese Talente zu nutzen, Sie haben sogar die Pflicht, Ihre Talente zu nutzen.

Die Botschaft, die Erfolgsbotschaft an Sie lautet: Sie haben die Pflicht, Ihre Talente zu nutzen. Ihre Talente und Aktiva wurden Ihnen im Laufe Ihres bisherigen Lebens geschenkt, damit Sie diese Talente und Aktiva für Ihr zukünftiges Leben nutzen! Also tun Sie es auch.

Diese Geschichte stammt aus dem fantastischen Buch »Ziel um Ziel« von Bruce Dillman, erschienen im Junfermann-Verlag (Näheres dazu finden Sie in »Meine Erfolgsbibliothek« auf S. 201).

Lektion 5
Was ist ein gutes Geschäft?

Das meiste Geld verlieren Sie bei schlechten Geschäften. Jetzt wäre es natürlich prima, man wüsste, was ein schlechtes Geschäft ist und könnte frühzeitig reagieren. Ich möchte Ihnen jetzt meinen Leitspruch für gute Geschäfte verraten. Dieser Leitspruch ist einfach, sodass Sie ihn leicht behalten können:

Ein Geschäft ist dann ein gutes Geschäft, wenn es dir danach besser geht als davor.

Ich weiß nicht mehr, wann ich selbst diesen Spruch zum ersten Mal gelesen habe und ich weiß auch nicht mehr, von wem er stammt. Wie auch immer, dem Autor und Urheber dieser Zeilen gebührt eine gehörige Portion Dank. Knapper und präziser lässt sich nicht zusammenfassen, was ein gutes Geschäft ist. Sie können diesen Spruch auf jede x-beliebige Situation übertragen, in der es um ein Geschäft geht.

Nehmen wir das simple Beispiel eines Autokaufs: Vergewissern Sie sich, dass es Ihnen nach dem Geschäft besser geht als davor. Wenn Sie den Wagen nicht kontrollieren und einfach so den Deal machen und der Wagen stellt sich als unzuverlässig heraus, dann haben Sie a) kein Geld mehr und b) immer noch keinen Wagen. Sie können diesen Leitsatz jedoch auch auf Bewerbungsgespräche und jede andere Entscheidungssituation anwenden.

Angenommen, ein Geschäftspartner meldet sich bei Ihnen mit einer grandiosen Idee. Statt über das für Sie damit gegebenenfalls – oder auch nicht – verbundene Geschäft nachzudenken, steigen Sie fasziniert auf die Idee und die Gedanken Ihres Gegenübers ein. Ehe Sie es sich versehen, haben Sie plötzlich ein Projekt durchzuführen, aber kein Geschäft gemacht.

Ein Geschäft durchzuführen ist etwas anderes, als ein Geschäft zu machen.

Konzentrieren Sie sich darauf, Geschäfte zu machen und gegebenenfalls das Geschäft zu einem Projekt zu machen. Fragen Sie sich bei jeder Idee zunächst: Was ist das Geschäft? Wo ist das Geschäft?

Wenn Sie auf kein mit der entsprechenden Idee verbundenes Geschäft stoßen, nehmen Sie Abstand davon. Die zwei grundlegenden Fragestellungen für Geschäftserfolg sind: **1. Klären Sie:** Was ist das Geschäft? **2. Klären Sie:** Geht es mir nach diesem Geschäft besser als davor? Erst dann beginnen Sie womöglich zu projektieren. Wenn Sie diese Reihenfolge nicht beachten und von einer Idee zur nächsten projektieren, ohne sich dabei nach dem Geschäft zu fragen, dann sind Sie – hart ausgedrückt – bald erledigt. Sie werden alles erreichen, aber garantiert keinen Geschäftserfolg. Denken Sie an diese Regel bei der nächsten Gelegenheit.

Beispiel:
Angenommen, Sie wollen als freie PR-Beraterin oder Journalistin die Pressearbeit für eine Firma auf freiberuflicher Ebene übernehmen. Bei Ihrem ersten Treffen sprachen Sie mit dem potenziellen Auftraggeber über zehn Stunden im Monat und 3000 Mark Honorar. Beim nächsten Gespräch beginnt dieser zu jammern. Er will Ihnen nur noch 1500 Mark bezahlen. Natürlich hat er tausend Ideen und Sie selbst wissen auch längst, wo und wie Sie mit erfolgreicher Arbeit für das Unternehmen beginnen könnten. Jetzt zwingen Sie sich jedoch, nicht an all das zu denken, was Sie tun könnten, sondern konzentrieren sich ausschließlich auf die Frage:»"Geht es mir nach diesem Geschäft besser als davor oder nicht?« Konzentrieren Sie sich ausschließlich auf diese Frage! Und dann, klack, klack, hören Sie wie der Groschen fällt und in Ihnen etwas deutlich spricht. Entweder sagt es:»"Ja, das ist ein guter Deal. Mir geht es danach immer noch besser als davor«, oder ES sagt:»"Bei diesem Deal geht es mir danach schlechter als davor.« Ist Letzteres der Fall, dann sagen Sie ab. Ist Ersteres der Fall, dann sagen Sie zu. Sehen Sie, Geschäfte zu machen ist ganz einfach. Sie müssen nur darauf achten, dass Sie kein Geschäft oder nur ganz, ganz wenige abschließen (bei diesen muss es dann einen anderweitigen Vorteil geben), bei denen es Ihnen danach nicht besser geht als davor.

Was ist aber, fragen Sie, wenn Sie zu den besten Geschäften irrtümlich Nein sagen. **Hier gilt:** Je konkreter Sie mit dem genannten Leitspruch arbeiten, desto mehr zählen für Sie Zahlen und Fakten. Statt auf Ideen, konzentrieren Sie sich auf Zahlen. Die Folge ist: Mit zunehmender Zeit bekommen Sie ein immer besseres Gefühl für wirklich gute Gelegenheiten. Die Gefahr, dass Ihnen auf Grund bohrender Nachfragen ein wirklich gutes Geschäft entgeht, ist geringer als das Risiko, bei einem sich im Nachhinein als schlecht herausstellenden Geschäft unkalkulierbare Verluste zu machen. Bei einem Nein zu einem guten Geschäft, entgeht Ihnen höchstens ein kalkulierbarer, Ihnen bekannter oder zumindest von Ihnen in den meisten Fällen einzuschätzender Betrag. Bei einem Ja zu einem schlechten Geschäft sind Sie womöglich ruiniert.

Auch wenn Sie künftig bei Ihnen angebotenen Geschäften mehr auf Zahlen und Fakten achten sollen, also darauf, was unterm Strich rauskommt, dann bedeutet das nicht, dass Sie endlos abwägen und zögern sollen. Ein perfektes Geschäft gibt es selten. Denken Sie daran: Ein gutes Geschäft zu beginnen ist besser, als auf der Suche nach dem vermeintlich perfekten Geschäft ewig zu zögern.

Lektion 6
Warum Sie sich für Veränderung entscheiden müssen

Sie haben richtig gelesen. Ich will Sie mit diesem Buch erstens ohnehin nicht in Ruhe lassen. Ich will Sie aufrütteln. Und ich will Ihnen auch verraten, warum »in Ruhe gelassen werden« nicht möglich ist, wenn Sie Erfolg haben wollen. Nehmen wir einmal an, Sie hätten 100 000 Euro und lassen diese 100 000 Euro »in Ruhe«. Also: Sie nehmen diese 10 000 Euro, legen sie zur Seite und tun einfach nichts. Was geschieht: Inflation und keine Zinsen. Das bedeutet: Dadurch, dass Sie Ihr Geld »in Ruhe« lassen, wird Ihr Geld weniger. Es passiert also nicht »nichts«, sondern es geht abwärts. Es bleibt nicht gleich, sondern verliert an Wert. Das bedeutet: Wer wirklich Erfolg haben will, muss als eines der wichtigsten Gesetze lernen, dass es keinen Zustand ohne Zu- oder Abnahme gibt. Es gibt keinen gleich bleibenden Zustand, denn selbst wenn Sie nicht handeln, geschieht etwas.

Ich selbst habe 13 Jahre gebraucht und in diesen 13 Jahren viele teure Fehler gemacht, bis ich dieses Erfolgsgesetz begriffen hatte. Dann wurde mir plötzlich bewusst, wieso der Spruch: »Wenn Sie immer nur tun, was Sie bereits können, bleiben Sie immer nur das, was Sie bereits sind« nicht stimmt. Denn: Wer immer nur tut, was er bereits kann (beispielsweise keine Zunahme an Wissen) verschlechtert sich auf Dauer, eben gerade weil er nichts tut.

Nehmen wir meinen Freund Michael. Michael hat mit mir studiert und ist dann zur Bank gegangen. Er ist also Bankkaufmann! Er wurde sogar Bankbetriebswirt! Doch dann war er zufrieden und lehnte sich zurück. Er »genoss« die Früchte seiner Arbeit, wie er mir gerne zu sagen pflegte. Und er lachte oft über mich, wenn er mitbekam, wie viel ich und mein Firmenteam in den schwierigen Anfangsjahren wieder tun mussten, um über die Runden zu kommen, um erfolgreich zu sein. Michael tat also über Jahre nichts mehr. Bis er eines Tages bemerkte, dass er von anderen im Unternehmen überholt wurde. Bis er feststellte, dass er seit Jahren auf der gleichen Position saß und sich nichts verbesserte. Jetzt begriff er, dass seine »Zufriedenheit« und sein »Nichts-Tun« zu einem Zustand der Abnahme geführt hatten. Im Verhältnis zu seinen Kollegen, die alle durch Fortbildungen oder anderweitige, besondere Leistungen aufgestiegen waren, saß Michael noch immer in seinem Büro und bearbeitete die gleichen Akten wie vor vielen Jahren.

Die Botschaft an Sie lautet: Wenn Sie immer nur das tun, was Sie schon können, bleiben Sie nicht der, der Sie schon sind. Im Gegenteil: Wenn Sie nichts tun, ist es auf Dauer gesehen – wie bei den 100 000 nicht angelegten Euro – ein Zustand von Abnahme. Auch wenn Sie selbst auf Erreichtem beharren und nichts mehr tun wollen, verändert sich die Welt um Sie herum. Verändern sich die Menschen. Entwickeln sich die anderen weiter. Obwohl Sie nichts tun, verschlechtert sich Ihre Situation. Das bedeutet: Entscheiden Sie sich erstens für Veränderung und nehmen Sie zweitens die Schritte Ihrer Veränderung selbst in die Hand. Sorgen Sie dafür, dass Sie sich in einem Zustand von Zunahme befinden. Dann sind Sie auf dem Weg zum Erfolg!

Lektion 7
Sie wollen mehr verdienen? – Kein Problem!

Sie haben richtig gelesen. Es ist kein Problem, wenn Sie mehr verdienen wollen. Sorgen Sie für die entsprechende Quote, für die entsprechende Statistik, legen Sie Ihre Zahlen vor und verlangen Sie mehr Geld. Können Sie also nachweisen, dass Ihre Akquisequote zunimmt und die Beschwerdequote in Ihrem Team abnimmt, dann bedeutet das: Sie haben Erfolg. Verkaufen Sie diesen Erfolg Ihrem Chef oder Ihrer Chefin. Vereinbaren Sie einen Termin, bereiten Sie sich entsprechend vor und präsentieren Sie Ihre Zahlen.

Steigern Sie Ihre Quote

»Klappern gehört zum Handwerk« ist eine alte Redensart. Wenn Sie Ihr Handwerk, Ihren Job beherrschen, was sich immer, ob wir das wollen oder nicht, auch in Quoten ausdrücken lässt, dann »klappern« Sie mit Ihren Zahlen. Der Spruch »Klappern gehört zum Handwerk« stammt aus früheren Zeiten, in denen Hufschmiede mit dem Klappern ihrer Werkzeuge auf sich aufmerksam machten. Die eine oder den anderen von Ihnen höre ich jetzt ausrufen: »Aber man kann doch nicht alles in Statistiken und Zahlen messen.« Nach einem meiner Seminare kam ein Teilnehmer auf mich zu und meinte: »Ich bin Diplom-Psychologe. Meinen Erfolg kann man nicht in Zahlen messen.« Eine andere Teilnehmerin sagte: »Wie soll ich als Sekretärin, die einfach nur Telefondienst macht, eine steigende Quote aufweisen?« Als wir uns ein wenig länger unterhielten, kamen wir auf viele Beispiele für mögliche, steigende Quoten. So nahm sich die Sekretärin vor, dass die Anzahl der Anrufe, die sie ohne zu hinterfragen an ihren Chef durchstellte, abnehmen sollte. Sie nahm sich vor, mit dieser Aufgabe anzufangen.

Ihr Ziel war in diesem Fall eine sinkende Quote. Und sie nahm sich viel vor: Sie wollte diese Quote auf Null bringen. Es war spannend für mich zu erleben, wie sich Marion, so hieß die Sekretärin, plötzlich veränderte. Sie nahm fast eine Kampfeshaltung an und sagte mit fester Stimme: »Denen werde ich's zeigen.« Dadurch, dass wir eine Quote für sie gefunden hatten, die sie beeinflussen konnte, sprühte sie plötzlich vor Begeisterung. Ihre Augen leuchteten und man hatte das sichere Gefühl, dass künftige Anrufer, die sie zu überlisten versucht, keinerlei Chance haben würden. Allein der Entschluss, sich einer messbaren Quote zu stellen, führte dazu, dass Marion die nächsten Telefonate – wie sie mir einige Wochen später freudestrahlend berichtete – auf eine verstärkt selbstbewusste Art führt. Diese wahre Geschichte hat sogar ein tolles Ende: Ungefähr drei Monate nachdem Marion den felsenfesten Entschluss gefasst hatte, diese Quote auf Null zu bringen, kam ihr Chef eines Tages zu ihr und meinte: »Marion, was ist eigentlich seit einigen Wochen los? Ich wurde noch nie so wenig gestört und konnte mich noch nie so gut auf die wirklich wichtigen Dinge und Anrufe konzentrieren. Manchmal wirkt es so, als gäbe es nur noch wichtige Anrufe. Was ist los?« Marion lächelte und erzählte ihm von dem Entschluss, den sie einige Monate zuvor gefasst hatte. Sie erzählte ihm, wie sie sich vorgenommen hatte, die »Durchstellquote der unnötigen Anrufe« auf Null zu bringen. Ihr Chef hörte aufmerksam zu und meinte zum Schluss: »Wissen Sie, Sie haben mir mit Sicherheit einige tausend Mark gespart und einige zusätzliche tausend Mark mit dieser Arbeit gebracht. Jetzt wird mir bewusst, wieso ich in den letzten Monaten besser als früher akquiriert habe. Sie haben mir den Rücken freigehalten und dadurch konnte ich mich besser auf neue Geschäfte und wirklich Wichtiges konzentrieren. Ich möchte mich dafür bedanken und außerdem zahle ich Ihnen ab dem nächsten Monat mehr Gehalt. Lassen Sie sich überraschen.« Etwa ein halbes Jahr nach diesem Gespräch mit ihrem Chef erzählte mir Marion, die zu einer meiner treuen Seminarfans gehört, nach einem Rechentraining von ihrer Gehaltserhöhung. Ihr Chef hatte, ohne noch ein Wort zu verlieren, ihr Gehalt um rund 15 Prozent erhöht. Marion strahlte übers ganze Gesicht, als sie mir dies erzählte und meinte: »Bernd, das war Klasse von Ihnen. Ich habe Ihnen das mit Ihren Quoten ja wirklich nicht geglaubt. Aber heute weiß ich selbst: Wir müssen uns solchen Quoten stellen. Vor allem habe ich gelernt, dass es ja zwei Formen von Quoten gibt. Statistiken, die steigen sollen und Statistiken, die fallen sollen. Und ich habe mir bereits die nächsten zwei Quoten ausgesucht, die ich verbessern will.«

Sie wollen mehr verdienen?

Finden Sie eine messbare Quote

Warum erzähle ich Ihnen diese Geschichte so ausführlich? Ich will Sie überzeugen. Ich will Sie davon überzeugen, dass es auch in Ihrem Alltag messbare Quoten gibt. In den letzten Jahren habe ich viele Menschen unterschiedlichen Alters kennen gelernt, die sich mit Händen und Füßen dagegen wehrten, wenn es darum ging, sich oder den eigenen Erfolg messen zu lassen. »Nein, das kann man nicht messen, was ich tue. Ich habe viele und wichtige Aufgaben, aber messen, das geht nicht.« Oder »Also, ich weiß schon, was ich hier in diesem Unternehmen bewege, aber das kann man nicht alles messen.« Diese Personen haben Recht. Man kann nicht alles (!) messen. Aber bestimmt gibt es bei jeder Tätigkeit ein oder zwei Aspekte, die sich mit Quoten messen lassen! Vielleicht sträuben sich manche Menschen so stark gegen Messbarkeitskriterien, weil es sich herausstellen könnte, dass es außer der Behauptung »Ich erledige viele und wichtige Aufgaben« nichts gibt.

Beispiel:
Vor einigen Jahren hatte ich einen Mitarbeiter der besonderen Art. Er war sehr intelligent und sehr gut ausgebildet. Er war der typische Mann für alle Fälle. Die Sache hatte einen Haken: Man konnte schlecht messen und erfassen, was er eigentlich tat und ob sich seine Arbeit wirklich lohnte. Eines Tages, nach etwas 14 Monaten gemeinsamen Arbeitens, nahm ich ihn zur Seite und sagte: »Ab morgen werde ich mir Monat für Monat Ihre Tagesablage ansehen. Ich möchte einfach nur wissen, ob wir in Ihrem Bereich in Sachen Kundenkontakte und Kundenakquise eine steigende Quote haben.« Der Gedanke, dass seine Aktivitäten (erstmals) gemessen würden, löste bei diesem Mitarbeiter eine Art Erstarrungszustand aus. Zuerst erklärte er mir, dass (aha!!) man seine Arbeit nicht »so« messen könne. Er wäre ja in ganz viele Projekte involviert. Darauf entgegnete ich: »Es wäre aber doch grundsätzlich möglich, die Anzahl Ihrer Kundenkontakte zu steigern, was man wiederum an Ihren Schreiben ablesen konnte. Oder?!« Er bestätigte mir dies, kam jedoch sofort mit dem Einwand, dass er sich jetzt sehr stark unter Druck gesetzt fühlte. Das Spiel ging noch einige Zeit so weiter. Egal, was ich auch sagte, er wehrte sich mit aller Kraft dagegen, dass nur ein kleiner Teil seiner

Leistungen gemessen werden sollte. Es ist jedoch absolut wichtig, sich selbst und Mitarbeiter mit der Forderung nach steigenden oder fallenden Quoten zu fordern. Ich wiederhole: Es ist absolut wichtig, um erfolgreich zu sein. Fordern Sie Ihre Mitarbeiter, fordern Sie sich selbst. Verwechseln Sie Fordern aber nie mit Druck. Wer zerdrückt wird, kann zu Recht sagen: »Ich kann überhaupt nicht mehr!« Fordern Sie messbare Leistungen und haben Sie den Mut, Ihr eigenes Verhalten, Ihre eigenen Aktivitäten, wenn sie einem Ziel dienen, zu messen.

Noch eine einfaches Beispiel, um Ihnen das Quotensystem zu verdeutlichen. Nehmen wir die Zahl der gelesenen Bücher pro Jahr. In diesem Fall spreche ich von Büchern, die sich mit den Themen Erfolg, Reichtum, Selbstbewusstsein usw. beschäftigen. Also keine Fachbücher. Wenn Sie zum Beispiel Ingenieur sind, lesen Sie nicht nur Bücher, die Ihren Beruf betreffen, lesen Sie ganz bewusst Erfolgsbücher, Bücher rund um das Thema Erfolgspsychologie, Zielsetzung etc. Nehmen Sie sich vor, diese Quote für Ihr ganz persönliches Vorwärtskommen über die nächsten, sagen wir sieben Jahre zu steigern. Im ersten Jahr lesen Sie ein Buch, im zweiten zwei usw. Jedes Jahr verdoppeln Sie die Zahl der gelesenen Bücher und sorgen damit in einem persönlichen Bereich für eine steigende Quote. Schätzen Sie diese Zahl, bevor Sie zu rechnen beginnen. Ich möchte Ihnen zeigen, was eine steigende Quote bei einer so kleinen Ausgangszahl bedeutet. Schätzen Sie jetzt die Zahl der Bücher, die Sie nach dem 7. Jahr gelesen haben werden. – Es sind 1, 2, 4, 8, 16, 32, 64 Bücher! Wenn jedes Buch sagen wir 200 Seiten umfasst, lesen Sie im siebten Jahr bereits 64 mal 200 Seiten, also zusammen 12 800 Seiten. Auf diesen finden Sie bestimmt ein oder zwei Gedanken, die Ihr Leben, Ihre Ziele, Ihre Wünsche und Ihre ganze Persönlichkeit verändern können…

Die Quote als Basis für Lohnverhandlungen

Im Folgenden noch ein kleiner Ausflug in den Bereich Lohnverhandlungen. Jedem von Ihnen empfehle ich, Lohnverhandlungen und Gehaltsgespräche mit der Frage nach Quoten zu verbinden. Stellen Sie sich vor, Willi K., seit Jahren Mitarbeiter in Ihrer Firma, kommt in Ihr Büro und sagt: »Chefin, ich glaube ich sollte mehr verdienen. Irgendwie habe ich nun über sechs Jahre das gleiche Gehalt.« Sie beginnen ein ernstes Mitarbeitergespräch, in dem beide Parteien

Sie wollen mehr verdienen?

ihren Standpunkt vertreten. So redet man dann Stunde um Stunde und zum Schluss kommt meist nichts dabei heraus. Dabei ist es so einfach zu konkreten Ergebnissen zu kommen: Sie könnten als Chefin oder Chef zu Willi K. beispielsweise sagen: »Das ist eine gute Idee. Ich bezahle gerne für meine guten Leute viel Geld. Gibt es in Ihrem Bereich positive Quoten? Also Quoten, die steigen sollten und gestiegen sind und solche, die fallen sollten oder gefallen sind? Nennen Sie mir doch ein oder zwei Beispiele und wir sehen weiter. Einverstanden?« Willi K. wird wahrscheinlich staunen. Er hat ja alles erwartet. Stundenlange Diskussionen, in denen Sie alles oder vieles anders sehen als er. Was er nicht erwartet hat, ist, dass Sie ihm gerne mehr Geld bezahlen. Und was er überhaupt nicht erwartet hat, ist, dass er nach »Quoten« gefragt wird. Lassen Sie sich von Willi K., der natürlich stellvertretend für jede andere Mitarbeiterin, jeden anderen Mitarbeiter steht, überzeugen. Bitte beachten Sie das Wort »Überzeugen« oder besser »Über-Zeugen«. Überzeugen bedeutet nichts anderes, als dass Sie »über Zeugen« erfahren wollen, wie gut die Arbeit von Willi K. ist. Willi K. auf der anderen Seite wird Ihnen gegenüber betonen, dass er Sie schließlich nicht zu mehr Lohn oder Gehalt überreden will, sondern Sie überzeugen möchte, dass er mehr Lohn oder Gehalt verdient hat. Also soll er »Zeugen« seiner Leistung nennen und über diese Zeugen darstellen, wieso seine Lohn- oder Gehaltserhöhung verdient ist. Diese Zeugen können zum Beispiel andere Mitarbeiter sein, die bereits seit Monaten betonen, wie toll es ist, in der Abteilung von Willi K. zu arbeiten. Dies würde bedeuten, dass er eine steigende Mitarbeitermotivation als steigende Quote nennen kann. Es kann sich jedoch auch um »stumme Zeugen« handeln, beispielsweise, wenn die Beschwerdequote in Willi K.'s Abteilung seit Jahren am Sinken ist und sich nahezu auf Null zu bewegt. Das spricht für eine tolle Qualität seiner Arbeit und gegebenenfalls der seines Teams. Es gilt: Schauen Sie als Chefin oder Chef, als Abteilungsleiterin oder Abteilungsleiter bei Lohn- oder Gehaltsgesprächen einfach nach, welche Quoten der Mitarbeiter vorweisen kann. Auf der anderen Seite gilt natürlich für Sie als Mitarbeiterin oder Mitarbeiter: Überzeugen Sie mit nachweisbaren Quotensteigerungen bzw. -senkungen, dann kann eine Gehaltserhöhung kaum abgeschlagen werden. In vielen Fällen werden Ihre Mitarbeiter bei solchen Fragen nach Quoten erschrecken. »Huch, der will es aber plötzlich ganz genau wissen.« Oder »Hoppla, jetzt fühlt die mir aber auf den Zahn« sind die typischen Gedanken vieler Menschen, wenn sie zu ihrer Arbeitsleistung gefragt werden.

Ich selbst habe über ein Jahrzehnt gebraucht, um die Methode der Quoten als Erfolgsmaßstab zu erkennen und konsequent anzuwenden. Als ich anfing, nach der Quotenmethode zu arbeiten und zu führen, habe ich mich von einigen Mitarbeitern trennen müssen. Einige haben sich auch von mir getrennt. Trotzdem liefen meine Unternehmungen erfolgreicher als jemals zuvor. Wenn Sie als Unternehmer, als leitender Angestellter oder engagierter Mitarbeiter sich selbst und Ihr Unternehmen zum Erfolg bringen wollen, dann ist es nicht Ihre Aufgabe, alle Mitarbeiter bzw. Kollegen mit Samthandschuhen anzufassen und all deren Probleme zu verstehen. Sicherlich sollten Sie als Führungskraft menschliches Einfühlungsvermögen besitzen, um Ihr Team auch in schwierigen Situationen emotional führen zu können. Doch woran Sie niemals Zweifel lassen dürfen ist, dass Sie keine sich verschlechternden Quoten akzeptieren. Ich wiederhole: Akzeptieren Sie keine gleich bleibenden Quoten. Geben Sie diese Botschaft unmissverständlich an Ihre Mitarbeiter und Kollegen weiter. Je deutlicher Sie diese Botschaft zu Beginn jeder Zusammenarbeit vermitteln, desto mehr helfen Sie den Menschen in Ihrer Umgebung. Wir können diese Lehre auch noch anders auf den Punkt bringen: Ein guter Mitarbeiter bzw. Kollege ist jemand, nach dessen Einstellung es dem Unternehmen, der Unternehmung besser geht als zuvor. Das bedeutet: Wenn der Neue im Bereich der ihm übertragenen Aufgaben dafür sorgt, dass die Quoten nicht gleich bleiben, sondern sich auf Dauer verbessern. Wenden Sie diese Prinzipien bei jedem Mitarbeiter, jedem Kollegen an. Lassen Sie keine Ausnahmen zu. Selbst, wenn Sie Freiberufler sind und nur alleine arbeiten, sollten Sie diese Prinzipien ohne Ausnahmen anwenden. Ich weiß, das alles klingt etwas dogmatisch und fast zu einfach. Ich bitte Sie jedoch: Wenden Sie diese Prinzipien an und urteilen Sie im Anschluss, ob sie funktionieren oder nicht. Ich versichere Ihnen bereits jetzt: Wenn Sie einmal damit anfangen, sich mit sich verändernden, positiv entwickelnden Quoten zu beschäftigen, werden Sie nicht mehr damit aufhören. Sie werden zwar plötzlich härter und konsequenter erscheinen, unterm Strich jedoch haben Sie einfach mehr Erfolg. Das Prinzip Gewinnen lautet auch hier: Tun Sie es! Handeln Sie nach diesen Prinzipien, verfeinern Sie die eine oder andere Methode, aber wenden Sie sie in jedem Fall an. Sie werden Erfolg haben.

Lektion 8
Finden Sie Ihre Kernkompetenz oder ändern Sie Ihr Geschäft

Es ist noch nicht allzu lange her, da führte ich für rund 40 Handwerksbetriebe ein Erfolgscoaching durch. Vor mir saßen 40 gespannte Teilnehmer, die zu Beginn dachten, sie dürften nun einen Tag relax zuhören und anschließend würde ihnen der Erfolg von alleine zufliegen. Was diese Teilnehmer nicht erwarteten, war, dass wir einen großen Teil des Tages damit verbrachten, Kernkompetenzen und Kernbotschaften zu finden. Unter anderem waren bei diesem Coaching zwei Inhaberinnen und ein Inhaber von Einrichtungshäusern anwesend. Als es darum ging, Kernbotschaften zu finden, zwingende Gründe, wieso Kunden in die Geschäfte der einzelnen Teilnehmer gehen sollten, formulierte die Inhaberin eines der Einrichtungshäuser die Botschaft »Wenn Sie schöne Möbel haben wollen und Qualität in der Beratung suchen, dann kommen Sie ins Einrichtungshaus XX«. Ich ließ die übrigen Teilnehmer abstimmen, ob diese Kernbotschaft überzeugend wirkt. Große Begeisterung kam nicht auf. Dann konfrontierte ich die Teilnehmerin mit Folgendem: »Wissen Sie, meine Schwester hat einen hervorragenden Geschmack und kennt sich zudem mit Möbeln bestens aus. Wieso soll ich also Ihnen als Einrichtungshaus Geld in den Rachen werfen, wenn meine eigene Schwester unser Zuhause mindestens genauso geschmackvoll einrichten kann? Sie wollen doch unterm Strich auch nur Geld verdienen, stimmt's? Außerdem gibt es hier im Raum noch zwei Wettbewerber neben Ihnen, die genau das Gleiche behaupten!« Die Teilnehmerin wurde unsicher, stammelte irgendetwas von »Ja, aber ...« und setzte sich. Ich forderte sie – nun wieder freundlich – auf, einen zweiten Versuch zu starten. Auch dieser zweite Versuch misslang. Dann setzten wir uns zusammen und besprachen in der Gruppe eine Kommunikationsstrategie für diese Inhaberin des Einrichtungshauses. Nach einiger Zeit gemeinsamen Nachdenkens rief die Dame plötzlich: »Ich hab's!« Und sie formulierte wie folgt: »Vorsicht bei Ihrer Wohnungseinrichtung! Die falschen Farben, kombiniert mit den falschen Stoffen und der falschen Beleuchtung, führen zu Unwohlsein bis hin zu Depressionen. Wenn

Erfolgswissen & Erfolgsstrategien

Sie wissen wollen, wie Sie garantiert zu einer ›Gute-Laune-Wohnung‹ kommen, wenden Sie sich an mich. Ich verrate Ihnen die kleinen Geheimnisse und Tricks, wie Sie die Wirkung jeder Wohnung und jedes Büros vervielfachen.« Kaum hatte sie sich gesetzt, fragten bereits andere Teilnehmer, und besonders Teilnehmerinnen, interessiert nach: »Geht das wirklich? Können die richtigen Kombinationen im Büro eine bessere Stimmung bringen? Ist das nicht alles sehr, sehr teuer?« – ZACK – So schnell war die Inhaberin dieses Einrichtungshauses Mittelpunkt des Interesses. In der anschließenden Pause kam sie, nachdem sie noch einige Fragen der übrigen Teilnehmer beantwortet hatte, auf mich zu und meinte: »Ich danke Ihnen. Sie haben exakt meinen wunden Punkt getroffen. Ich wusste selbst nicht mehr, wieso man auf mich zukommen und sich von mir beraten lassen soll. Dabei ist es so einfach. Diesen Tritt hatte ich wirklich dringend nötig. Jetzt weiß ich wieder, was ich eigentlich kann, was ich vor allem auf Grund meiner langjährigen Ausbildung und speziellen Erfahrung besser kann als Ihre Schwester und wie ich mich um einiges besser verkaufen kann! Ich muss mich nur daran gewöhnen, die richtige Botschaft loszuwerden.«

Formulieren Sie Ihre Kernbotschaft

Dieses Beispiel können Sie auf Ihre ganz persönliche Situation anwenden. Finden Sie Ihre Kernkompetenz. Versuchen Sie den Satz zu ergänzen: »Ich bin wichtig, weil ich ... kann.« Oder »Unser Unternehmen ist wichtig, weil wir ... können.« Insbesondere für all diejenigen, die bereits ein kleines oder größeres Unternehmen führen oder sich mit dem Gedanken beschäftigen, aus einer Idee ein Unternehmen zu machen, ist es wichtig, diese Kernkompetenz zu finden. Formulieren Sie Ihre Kernkompetenz und Ihre Kernbotschaft. Was unterscheidet Sie von anderen? Auf welchem Gebiet sind Sie besonders gut? Warum sind Sie besser als andere? Wenn Sie auf diese und ähnliche Fragen befriedigende Antworten haben, möchte ich Ihnen gratulieren. Sie und/oder Ihr Unternehmen müssen sich keine Sorgen um finanzielle Erfolge machen. Sie werden garantiert Erfolg haben. Erfolg kann bei Ihnen, wenn Sie klare Antworten haben, nur eine Frage der Zeit und eine Frage der richtigen Kommunikation sein. Wenn Sie dagegen bei diesen Fragen

Finden Sie Ihre Kernkompetenz

merken, wie Sie unsicher werden und mühevoll nach Antworten suchen, ist es höchste Zeit, etwas zu ändern. Dann hängen Sie womöglich einem Traum, einer Idee, einer unternehmerischen Vision nach, aber Sie werden mit großer Wahrscheinlichkeit keinen Erfolg haben.

Lektion 9

Das Erfolgsprinzip »Loslassen«

Was? Sie sollen finanziell erfolgreich sein, indem Sie loslassen? Was loslassen? Ihr Geld! Warum? Alles ist Energie. Alles, auch Geld. Halten Sie also etwas fest, dann hindern Sie die Energie daran zu fließen. Wenn Sie etwas festhalten, kann sich dieses Etwas nicht bewegen. Dinge, die sich nicht bewegen, bezeichnen wir gewöhnlich als tote Dinge. Halten Sie krampfhaft an Ihrem Geld fest, so gewinnen Sie nicht das Geringste hinzu, sondern verlieren so lange, bis nichts mehr da ist. Sie glauben das nicht? Sie schwören auf Beharren und stabile Zustände? Dann verrate ich Ihnen: Beharren hat nicht das Geringste mit einem stabilen Zustand zu tun. Wenn Sie immer nur an dem festhalten, was Sie haben und beispielsweise Geld nicht loslassen, nicht investieren können, dann verlieren Sie. Es gibt in diesem Universum kein Gesetz, dass Sie auf Dauer gewinnen lässt, wenn Sie beharren und nicht loslassen. Im Gegenteil: Alles was sich nicht weiterentwickelt, stirbt. Es gibt keinen Zustand, den Sie durch bloßes Nichtstun, durch Beharren auf einem stabilen Niveau halten können. Das gilt für Ihren persönlichen wie finanziellen Erfolg. Wenn Sie Schwierigkeiten beim Loslassen haben, dann machen Sie sich dieses ewige Prinzip bewusst. Es gibt nichts, was in diesem Universum gleich bleibt. Auch wenn Sie es sich noch so sehr wünschen, es gibt diesen Zustand nicht. Das trifft auf Geld ganz besonders zu.

Ein einfaches Gedankenspiel:

Nehmen wir an, Sie besitzen 100 000 Euro und halten diese 100 000 Euro nun fest, ganz, ganz fest. Sie lassen diese 100 000 Euro nie wieder los. Sie sichern sich diesen Zustand der 100 000 Euro, um zu beweisen, dass »Nicht loslassen« funktioniert. Was passiert? Der Zustand Ihrer 100 000 Euro verschlechtert sich. Die 100 000 Euro in Ihrer Hand schrumpfen zusammen, obwohl Sie nichts weiter tun als »Nicht loslassen«. Geld ist nichts anderes als in Papier gedrucktes Vertrauen und unterliegt seit jeher der Inflation. In zehn Jahren sind Ihre 100 000 Euro noch gerade 74 000 Euro wert, in 20 Jahren noch etwa die Hälfte, nämlich 50 000 Euro, und in 50 Jahren noch 20 000 Euro. Was können Sie also tun? Die einzige Möglichkeit, diesem sich verschlechternden Zustand entgegenzuwirken ist, *loszulassen!*

Das Erfolgsprinzip »Loslassen«

Die Botschaft an Sie lautet: Sie halten keinen Zustand aufrecht, indem Sie verharren. Sie erhalten einen Zustand nur, indem Sie für einen stetigen Zuwachs sorgen.

Würden Sie beispielsweise die 100 000 Euro vorsichtig und langsam loslassen und konservativ in Sparbriefe Ihrer Bank investieren, dann wären aus den 100 000 Euro nach 50 Jahren immerhin rund 1,1 Millionen Euro an Vermögen geworden. Wenn Sie den Betrag noch ein wenig mehr loslassen und mit höherer Rendite investieren (Sie brauchen dann mehr Mut zum Loslassen), könnten es sogar 9 Millionen Euro oder, bei besonders erfolgreichen Fonds, sogar über 100 Millionen Euro sein. Das alles ist weder Zauberei noch Magie, es ist einfach Rechnerei. Es ist das Prinzip LOSLASSEN.

Wenn Sie ein Unternehmen führen, gilt das Gleiche: Halten Sie zu lange an bestehenden Strukturen fest und hindern die Energie in Ihrem Unternehmen daran zu fließen, so wird Ihr Unternehmen langsam sterben. Wir, Sie und ich und alle anderen müssen uns an den Gedanken gewöhnen, dass Leben fließende Energie ist. Ein hierzu passender Spruch eines langjährigen Geschäftspartners und Vertriebsprofis ist: »Innovation, Imitation, Erosion.« Das ist ein Gesetz der Zukunft. Wir leben von Innovationen. Unternehmen leben davon, weil sie immer wieder etwas Neues entwickeln. Von Altem loslassen und mit etwas Neuem beginnen müssen. Durch die Technik ist unser Leben sehr schnell geworden. Wir alle werden gezwungen, das Prinzip LOSLASSEN zu erlernen, weil wir nicht mehr in der Lage sind, für uns Dinge zu konservieren, das heißt, festzuhalten in der Hoffnung, sie würden sich nicht ändern. Innovation, Imitation, Erosion. Das bedeutet ständige Veränderung, ständiges Loslassen, ständige Aktion, ständiger Energiefluss. Wir stehen damit vor einer der größten Herausforderungen seit Existenz der Menschheit. Jede Minute, die wir zu lange mit dem Bewahren beschäftigt sind, ist eine verlorene Minute. René Egli beschreibt in seinem Buch »Die Formel für Reichtum« das LOLA-Prinzip, ein Buch mit hundert Seiten, die es in sich haben. (Mehr zu diesem Titel finden Sie in »Meine persönliche Erfolgsbibliothek« auf Seite 201). Egli nennt folgendes einprägsames und sehr wichtiges Beispiel:

Zwei Menschen verfügen jeweils über einen Betrag von 100 000 Schweizer Franken. Beiden bleibt freigestellt, was sie mit dem Geld anfangen. Sie sollen es lediglich fruchtbringend anlegen. Egli stellt die Frage, wer von beiden nach einem Jahr über das größere Vermögen verfügt. Die Antwortet lautet: Derjenige, der dem Leben vertraut und loslassen kann, wird gewinnen. Derjenige, der sein Geld festhält und damit Energie blockt, blockiert auch seine Entwicklung und die fruchtbare Vermehrung seines Geldes.

Ich gehe jede Wette mit Ihnen ein, dass Sie keinen Menschen kennen, der ein Leben lang an seinem Geld und seinen Besitztümern festgehalten hat, der nicht loslassen konnte und dennoch großen Erfolg hatte. Im Gegenteil: Alle erfolgreichen Menschen haben gelernt loszulassen. Das betrifft falsche Freunde und Geschäftspartner (vgl. »Dream-Team«, Seite 161, das betrifft den falschen Job, die falsche Firma. Das betrifft Ihr Geld und ein festes Gehalt. Was wollen Menschen erreichen, deren Vision noch nicht einmal über den nächsten Gehaltsscheck hinausgeht? Damit meine ich nicht, Sie sollen unbesonnen hohe und nicht kalkulierbare Risiken eingehen. Ich meine hier überlegtes, jedoch entschiedenes Loslassen von einengenden Normen, schlechten Gewohnheiten oder der falschen Umgebung.

Dieses Prinzip des Loslassens ist immer wieder eine der wichtigsten Punkte in meinen Trainingsstunden mit meinen Mandanten. Da gibt es den erfolgreichen Unternehmer, der vor vier Jahren einen guten Freund zum Steuerberater gewählt hat und nun diesen vermeintlich guten Freund nicht loslassen will, weil dieser – trotz zahlreicher Fehler – doch immer so nett war und nett ist. Und schon kassiert dieser erfolgreiche Unternehmer die nächste Schlappe vor dem Finanzgericht, weil sein Freund und Steuerberater einmal mehr eine Fehlberatung geleistet hat. Da gibt es fünf erfolgreiche Unternehmer im Bereich der Chip-Herstellung, die vor drei Jahren gemeinsam gestartet sind. Einer der fünf Gründer tanzt regelmäßig aus der Reihe, arbeitet nur unzuverlässig und leistet sich einen Entwicklungsflop nach dem anderen. Aber die übrigen vier Freunde können nicht loslassen. Dazu passend eine kleine Übung.

Loslass-Übung:
Wenn Sie einmal Miteigentümer einer Firma werden oder es vielleicht bereits sind, dann sollten Sie und alle übrigen Miteigentümer sich vorstellen, dass diese Firma eine eigenständige Person ist. Alle Ihre Entscheidungen betreffen das Wohl und Wehe dieser »Person«.

Das Erfolgsprinzip »Loslassen«

Es zählen nur die »persönlichen« Belange Ihrer Firma. Wenn Sie sich die Firma als Person vorstellen, wird Ihnen schnell klar, dass Sie von Mitarbeitern oder Machenschaften loslassen müssen, die dieser Person, dieser Firma, Schaden zufügen.

Das Prinzip des Loslassens gekonnt anzuwenden, ist eines der interessantesten Geheimnisse erfolgreicher Menschen.

Die Botschaft an Sie lautet: Lassen Sie los von falschen Freunden, schlechten Jobs, negativen Umständen. Tun Sie es nicht, werden Sie – das ist zwangsläufig die Folge von Nicht-Loslassen oder besser FESTHALTEN – in fünf, in zehn oder in 15 Jahren noch immer dort sein, wo Sie heute sind, noch immer der sein, der Sie heute sind. Wobei sich insgesamt Ihr Zustand verschlechtert. Denken Sie an die 100 000 Euro in Ihrer Hand. Der Zustand dieser 100 000 Euro bleibt über die Jahre nicht gleich, er verschlechtert sich, obwohl Sie nichts Negatives tun. Das Gleiche gilt für Ihre Persönlichkeit: Wenn Sie nichts tun, stets nur an Bewährtem krampfhaft festhalten, dann findet kein Zuwachs, keine Weiterentwicklung statt, sondern es geht bergab.

Ich möchte Ihnen an dieser Stelle erzählen, wie in Afrika Affen gefangen werden. Es ist eine wahre Geschichte.

Die Geschichte des Affenfangs*

Wer schon einmal in Afrika war, hat dort vielleicht in dem einen oder anderen Dorf beobachten können, auf welch interessante Weise die Menschen dort Affen fangen. Das große Geheimnis dieses Affenfangs ist die Gier der Affen nach Reis. Dieses Verrücktsein nach Reis machen sich die Menschen zu Nutze. Der Trick funktioniert folgendermaßen: Die Menschen nehmen Kokosnüsse und sägen in jede ein kleines Loch. Jedes Loch ist exakt so groß, dass mit Mühe und Not eine Affenhand hindurchpasst, solange diese schmal und gestreckt in das Loch geschoben wird. Danach füllen die Dorfbewohner Reis in jede Kokosnuss. Anschließend legen sie die Kokosnüsse um das Dorf herum aus, worauf jede mit einem Seil an einer Hütte, einem Pfahl oder sonst wo fest angebunden wird. Wenn dann die Affen, die ja verrückt nach Reis sind, kommen, sich neugierig die Kokosnüsse betrachten und dann

---

* Abgewandelt nach Arthur Lassen in »Geld ist eine Vision«.

feststellen, dass Reis darin enthalten ist, geschieht Folgendes: Sie strecken die Hand durch die schmale Öffnung. Dann packen sie in der Kokosnuss so viel Reis wie möglich, schließen die Hand zu einer Faust und versuchen, diese mit dem Reis wieder herauszuziehen. Das funktioniert nicht mehr, weil die Öffnung für die Faust zu klein ist. Jetzt haben die Affen zwei Möglichkeiten: Sie lassen von dem unmöglichen Versuch ab, die zur Faust geballte Hand mit Reis aus der Kokosnuss herauszuziehen, um ihre Freiheit zu behalten. Oder sie lassen einfach nicht mehr los und sind so auf leichte Weise von den Dorfbewohnern zu fangen. Was tun die Affen? Die Gier nach Reis, die Verrücktheit danach und das Festhalten an ihrer Beute sind ihnen wichtiger als die Freiheit. Obwohl sie spätestens wenn sich die Jäger nähern, spüren, dass sie gewissermaßen in Lebensgefahr sind, beziehungsweise, dass sie jetzt gleich ihrer Freiheit beraubt werden, lassen sie nicht los. Obwohl sie sich mit Leichtigkeit selbst aus der Falle befreien könnten (LOSLASSEN), lassen sie sich fangen.

Diese Geschichte bestätigt: Um Erfolg zu haben, um wirklich erfolgreich zu sein, müssen Sie LOSLASSEN lernen. Sonst halten Sie an falschen Projekten, falschen Freunden, Freunden, die Sie niemals weiterbringen, falschen Ideen oder falschen Visionen fest.

Die Botschaft an Sie lautet: Überlegen Sie sich jetzt, unmittelbar nach dem Lesen dieser Lektion, welche Dinge oder auch Personen Sie besser loslassen sollten und TUN SIE ES! Überlegen Sie sorgfältig und dann lassen Sie los. Auf Geld, auf finanziellen Erfolg übertragen, bedeutet diese Geschichte: Machen Sie die Hände auf. Halten Sie Ihr Geld nicht fest, investieren Sie es.

Das Geldspiel

Ich möchte Ihnen hierzu eine Geschichte erzählen, die sich beim Geldspiel in einem Geldseminar ereignete. Geldspiel, das bedeutet, meine Seminarteilnehmer sollen mittels einer kleinen Übung lernen, Geld zu nehmen und Geld zu geben. Bei der Variante »Geld nehmen«, müssen die Teilnehmer ihre Hand mit Geldstücken ausstrecken und sich Geld x-beliebig von anderen nehmen lassen. In einem dieser Seminare erlebte ich, wie ein Teilnehmer bei dieser Übung immer und immer wieder die Hand zur Faust ballte. Er konnte sich nicht überwinden, sein Geld auch nur einmal loszulassen. Andere Teilnehmer beschwerten sich sogar über ihn, aber er konnte nicht anders. Er ballte seine Hand mit Geld zu einer Faust.

Was Sie über die Psychologie des Loslassens wissen sollten

Von Leonardo da Vinci stammt der Ausspruch: »Sich zu widersetzen ist am Anfang immer leichter als am Ende.« Mit den psychologischen Prinzipien des Loslassens beschäftigten sich 1968 auch die beiden Wissenschaftler E. R. Knox und J. A. Inkster. Einer ihrer im »Journal of Personality and Psychology« wiedergegebenen Aufsätze trug die Überschrift »Postdecisional dissonance at post time«. In dieser Arbeit ging es unter anderem um die Erkenntnis, wie Menschen bei Pferdewetten reagieren. Knox und Inkster fanden durch ihre Studie unter anderem heraus, dass unmittelbar nach einem getätigten Wetteinsatz die Zuversicht im Hinblick auf die Siegeschancen des Pferdes, auf das ein Spieler gesetzt hatte, signifikant stiegen. Dahinter steht das Prinzip der zunehmenden Selbstverpflichtung in Folge von getroffenen Entscheidungen. Wir bemühen uns, sobald wir eine Entscheidung getroffen haben, konsequent zu erscheinen. Deswegen beurteilen Spieler plötzlich das Pferd besser, auf das sie gesetzt haben, ebenso wie Börsianer, die eine bestimmte Aktie gekauft haben, die Zukunftsaussichten dieser plötzlich konsequent verteidigen. Das Ganze ist ein sich selbst verstärkendes System: Je mehr Sie Ihre getroffenen Geldentscheidungen in diesem Fall (Pferdewette oder Aktie) konsequent verteidigen, desto mehr fühlen Sie sich, ob berechtigt oder nicht, dem von Ihnen eingebrachten Engagement verpflichtet und desto mehr werden Sie Ihr Engagement verteidigen. Ihren persönlichen wie finanziellen Erfolg erheblich gefährdend ist es, wenn Sie in Situationen geraten, in denen Sie sich lieber etwas vormachen (um konsequent zu erscheinen), als einen dringend erforderlichen Bruch (im Bereich Aktieninvestitionen beispielsweise einen dringend erforderlichen Verkauf einzelner Aktien) zu akzeptieren.

Das Konsistenzprinzip

Psychologen nennen das Streben nach gezeigter Konsequenz auch das »Konsistenzprinzip.« Dieses Konsistenzprinzip gilt als eines der stärksten psychologischen Motive. Sie kennen dieses psychologische Prinzip mit Sicherheit von der Redensart »Wer A sagt, muss auch B sagen«. Haben Sie diesen Satz nicht häufig in Ihrer Kindheit und auch später immer wieder gehört? »Wer A sagt, muss auch B sagen«, diese vermeintliche Konsequenz machen sich viele Finanzdienstleistungsunternehmen zu Nutze. Dann nämlich, wenn gewisse Finanzberater Sie mit einem auswendig gelernten Verkaufsleitfaden (der geschickt das Konsistenzprinzip berücksichtigt) zum Abschluss einer bestimmten Geldanlage überreden wollen. Dies ist als so genannte »Ja-Technik« bekannt und wurde von mir in meinem Buch »Vorsicht Versicherungen« und »Systematisch reich« beschrieben. Es geht darum, wie Finanzberater, die offensichtlich nicht seriös überzeugen können, Ihnen im Rahmen eines Beratungsgespräches (das letztlich ein geschicktes Verkaufsgespräch ist) immer wieder Bestätigungen abverlangen. So wiederholt der Berater ständig Sätze wie »Das ist also eine super Sache, richtig!« oder »So können Sie also Steuern sparen, einverstanden!« Und Sie bestätigen, weil Sie es nicht besser wissen können, jede dieser vermeintlichen Fragen mit einem »Ja«. Dann folgt ein Ja aufs Nächste und so haben Sie, bevor der Finanzberater den Antrag zum jeweiligen Finanzprodukt zur Unterzeichnung auf den Tisch legt, x-mal ein klares »Ja« ausgesprochen. Jetzt schlägt das Konsistenzprinzip mit voller Macht zu. Wenn Sie nun zu der anstehenden Unterzeichnung des Antragsvertrages NEIN sagen würden, sind Sie – diese Überlegungen laufen unbewusst ab – nicht konsequent. Oder um mit anderen Worten zu sprechen: Sie hätten dann ständig A gesagt (Ja) und würden nun kein B (Ja zur Vertragsunterzeichnung sagen). Ob Sie es glauben oder nicht, Ihr Bestreben, konsequent sein zu wollen, konsistent zu erscheinen, ist stärker, als Sie vermuten. Es ist eine der wirkungsvollsten Waffen, um Einfluss auf die Entscheidungen anderer Menschen zu nehmen.

Die Botschaft an Sie lautet: Nicht loslassen oder an einmal getroffenen Entscheidungen – im finanziellen wie im privaten Bereich – festhalten zu wollen, diese Entscheidungen zu verteidigen, ist oder kann eine psychologische Falle werden. Achten Sie darauf, insbesondere bei Geldentscheidungen, dass niemand Sie mit der Macht des Konsistenzprinzips zu Ihrem Nachteil beeinflusst.

Hierzu möchte ich Ihnen noch einen einfachen, jedoch sehr, sehr wirkungsvollen Trick verraten: Wenn Ihr Magen, wenn Ihr Gefühl Ihnen signalisiert, dass in einem Gespräch, in einer Verhandlung, in der es um Ihren persönlichen und finanziellen Erfolg geht, die Gegenseite auf geschickte Weise dieses Konsistenzprinzip einsetzt, dann kontern Sie offensiv. Starten Sie einen spürbaren Gegenangriff. Das bedeutet: Sagen Sie Dinge wie »Hören Sie, ich weiß genau, was Sie nun vorhaben. Sie wollen mich Schritt für Schritt dazu verleiten, konsequent zu sein und letztlich erreichen Sie dadurch den Geschäftsabschluss, den Sie beabsichtigen...« oder »Hören Sie, Ihre Versuche, mich nach dem Motto ›Wer A sagt muss auch B sagen‹ schwach zu reden, werden Ihnen nichts nützen«.

Die Botschaft an Sie lautet: Wenn Ihr Magen, wenn Ihr Gefühl rebelliert, weil ein Gegenüber offensichtlich das Konsistenzprinzip zu seinem Vorteil nutzen will, bringen Sie das Prinzip selbst zur Sprache und durchkreuzen Sie die Strategie.

Wenn Sie nun bei dieser Lektion feststellen, dass es in Ihrem Leben Bereiche gibt, wo Sie unsicher sind, ob Sie nicht zu Ihrem Nachteil bereits nach dem Konsistenzprinzip gehandelt und konsequent eine falsche Richtung, eine falsche Sache verfolgt haben, dann stellen Sie sich die Frage: »Was würde ich heute tun, nachdem ich weiß, was ich weiß?« Es geht also darum, was Sie tun würden (in Gedanken), wenn jetzt noch einmal der Tag der Entscheidung da wäre. *Wichtig:* Versuchen Sie weniger zu überlegen, sondern mehr zu erspüren. Die Erfahrung zeigt: Meist ist die erste Gefühlsregung die treffende. Ihr Herz signalisiert Ihnen sehr schnell die richtige Antwort auf die gestellte Frage. Wenn Sie nun spüren, dass Sie heute völlig anders entscheiden würden, HANDELN Sie!

Trennen Sie Freundschaft und Geschäft

Loslassen zu können, scheint nicht nur im finanziellen Bereich eine der schwierigsten Aufgaben auf dem Weg zum Erfolg zu sein. Es geht auch darum, zwischen Freundschaft und Geschäft trennen zu können. Es ist verwunderlich, wenn wir auch noch solange in Passivität verharren, gibt es doch kaum einen Menschen, der, wenn er einmal eine Sache oder einen Menschen losgelassen hat, dies wirklich bereut. Im Gegenteil: Die meisten wissen im Nachhinein, dass sie eher (viel) zu spät losgelassen haben als zu früh. Beispiele dafür, wie Menschen aus »Freundschaft« aneinander festhalten, gibt es zahlreiche! Da ist die einst sprühende Bürogemeinschaft zwischen verschiedenen Firmen, die nicht mehr so recht harmoniert, aber keiner handelt und lässt los. Da gibt es innerhalb eines Unternehmens zwei führende Köpfe, die eigentlich überhaupt nicht zusammenpassen, aber niemand zieht Konsequenzen. Da gibt es seit Jahren einen ungeliebten Geschäftspartner, aber man arbeitet aus Gewohnheit immer noch mit ihm zusammen. Geldanleger, die einmal betrogen worden sind, kennen das fatale Prinzip des Nicht-Loslassens ebenso wie die oben beschriebenen Aktionäre, die eine Aktie gekauft haben und diese trotz seit dem Kauf sinkender Kurse nicht verkaufen. Oder im privaten Bereich: Man spürt seit langer Zeit, dass der Partner wirklich nicht zu einem passt, aber loslassen – NEIN!

Bei manchen Menschen, die nicht loslassen können, ist es – neben der psychologischen Macht des Konsistenzprinzips – die Furcht vor dem Sturz in die Bodenlosigkeit. Vor dieser Situation stehen häufig Personen des öffentlichen Lebens, insbesondere Politiker. Erinnern Sie sich an den Abschied von Helmut Kohl aus der Politik? Er wollte noch einmal Kanzler werden, er wollte noch nicht loslassen. Bis es zu spät war und der Abstieg begann. Ein anderes Beispiel ist Martina Navratilowa, die berühmte Tennisspielerin. 1994 nahm sie voller Emotionen ihren Abschied. Im Jahr 2000 meldete sie sich plötzlich zurück. Oder nehmen wir einen von Deutschlands bekanntesten Fußballern: Lothar Matthäus. Über ihn schüttete die Süddeutsche Zeitung in ihrem »Streiflicht« vom 7. Juni 2000 ihren Hohn aus. In diesem Artikel wurde vermutet, Lothar würde so lange »... für Deutschland spielen, bis er seinem Sohn Loris (jetzt 8) das Nationaltrikot überstreifen kann«. Zum Schluss noch ein Beispiel aus der Politik, das zeigt, dass es Unsummen an Geld kosten kann, wenn das Prinzip des Loslassens als Erfolgsprinzip verletzt wird: Das Projekt des Transrapid-Zuges wurde trotz ständig steigender Kosten und immer fragwürdigerem Nutzen nicht aufgegeben.

Festhalten aus Angst vor dem Unbekannten

Zurück zum Berufs- und Geschäftsleben und was Sie dagegen tun können, wenn Sie zu denen gehören, die sich zu sehr an Bestehendem festklammern. Sie hatten ein hohes Ziel, ein fantastisches Projekt, das aber seit längerem nur Verluste einfährt. So gut Beharrlichkeit, Ausdauer und Loyalität sind, in gewissen Situationen stellen diese Werte eine Gefahr dar. Zugegeben, es ist nicht immer einfach, zu entscheiden, ob nun das Erfolgsprinzip »Gib nie, nie auf!« oder »Lasse los!« das richtige ist. Das kann in der jeweiligen Situation nur der Betroffene entscheiden. Tatsache jedoch ist: Die meisten erfolglosen Projekte, sei es im privaten oder im beruflichen Bereich, wurden nach Auskunft der Beteiligten zu spät abgebrochen. Der Grund hierfür ist, dass wir nicht nur konsequent erscheinen wollen, sondern auch gern von Vertrautem umgeben sein möchten und vor Unbekanntem eher Unsicherheit oder Angst verspüren. Die Kündigung bei einem Arbeitgeber und die dann beginnende Suche nach einer neuen Arbeitsstelle bringen Unsicherheit, möglicherweise sogar Gefühle der Verlassenheit. Die einzige Möglichkeit, diese unangenehmen, unerwünschten und quälenden Gefühle zu vermeiden ist: WEITERMACHEN, nicht loslassen. Irgendwann muss sich der Geschäftsfreund doch mal als zuverlässiger Partner erweisen, irgendwann muss doch mal der Lebenspartner zur Besinnung kommen und ein ganz anderer werden, irgendwann... und so weiter und so weiter. Dazu kommt: Je geringer die Stabilität in der sonstigen Lebensumgebung, desto schwieriger wird es, etwas Vertrautes loszulassen. Also beruhigen wir uns lieber, bleiben unseren ursprünglichen Vorhaben treu, statt sie einmal kritisch in Frage zu stellen.

Ich erzähle Ihnen nun die Geschichte eines jungen Menschen, der gemeinsam mit einem Freund eine Firma gründete: Nach den ersten beiden Jahren zeichnet sich ab, dass der eine dynamisch Geschäfte akquiriert und erfolgreich sein will, der andere sich eher passiv und zurückhaltend verhält. Der eine stellt sich täglich neuen Herausforderungen, der andere drückt sich vor umfangreichen Projekten, schwierigen Aufgaben und großen Geschäften. Stattdessen sucht er sich lieber Beschäftigungen, die ihn von seinen geschäftlichen Aufgaben ablenken. Angenommen, Sie wären der dynamische Teil dieser Partnerschaft. Sie sehen das Ergebnis Ihrer Aktivitäten, Sie spüren die Schwäche und passive Art des anderen. Wann würden Sie Konsequenzen ziehen, wenn Ihnen diese Situation das erste Mal so richtig bewusst wird? Zu bedenken ist noch, dass Sie Ihren Partner mit rund 100 000 Euro abfinden müssten. Wie lange brauchen Sie, um diesen Missstand offen und direkt anzusprechen und eine Entscheidung Ihres Partners zu verlangen. Sechs Monate? Ein Jahr? Zwei Jahre? Länger? Wie auch immer Sie entscheiden, ich möchte Ihnen verraten, wie ich entschieden habe. Es handelte sich nämlich um eine meiner ersten Firmen. Ich habe durchgehalten, festgehalten. »Es könnte ja doch noch...«, »Er könnte ja doch noch...«. Und so vergingen insgesamt fünf Jahre bis zur endgültigen Trennung von diesem Partner. Ich habe mir später einmal die Mühe gemacht und zusammengerechnet, wie teuer mich jedes Jahr wegen mangelnder Akquise meines ehemaligen Partners gekommen war. Das Ergebnis: Jedes Jahr waren es rund 400 000 Euro entgangener Gewinn. Das waren zwei Millionen in der gesamten Zeit dieser »Partnerschaft«. Dagegen wirkten die 100 000 Euro Abfindung erschreckend gering. Und ich versichere Ihnen: Rückblickend bereue ich am meisten diese späte Entscheidung. Dieses späte Loslassen war teurer als alle Fehler und Dummheiten der ganzen Jahre gemeinsamer Partnerschaft zusammen.

Die Botschaft an Sie lautet: Wenn Sie zu Beginn einer negativen Entwicklung festhalten und nicht loslassen, um spätere Reue zu vermeiden, erhöhen Sie mit zunehmender Dauer des Festhaltens garantiert auch Ihre spätere Reue. Sie können nur etwas Neues erfahren, Neues zulassen oder neue Chancen wahrnehmen, wenn Sie lernen, Altes loszulassen.

Ich möchte an Sie einen Rat weitergeben, den ich von einem alten Freund erhielt, als ich selbst einmal nicht loslassen konnte. Er sagte zu mir: »*Dein Festhalten ist der Ausdruck davon, dass du keinen Abschied zulassen kannst. Das wiederum ist letztendlich die Angst vor einem vergänglichen Leben. Aber, mein Freund, denke stets daran: Wenn du nicht schnellstmöglich Loslassen lernst, vergeht dein Leben ebenso. Es hat dann nur einen weiteren Nachteil: Es wird weniger intensiv.*«

Lange dachte ich damals über diesen Ratschlag nach. Denken auch Sie künftig daran, wenn Sie feststellen, dass Sie seit Jahren in eine Richtung gehen, die kein Fortkommen und keine Entwicklung verspricht. Wenn Sie in diese Richtung immer weiter und weiter gehen, dann wird Ihr Leben nicht weniger vergänglich, aber es wird in jedem Fall weniger intensiv, als es sein könnte, wenn Sie Loslassen lernen.

Für Sie gilt: Egal, in welcher Situation Sie Angst vor dem Loslassen verspüren, fragen Sie nicht: »Was kann eigentlich geschehen?« Wenn Sie sich von einem Geschäftspartner nicht trennen können, obwohl es wirklich nicht miteinander funktioniert, stellen Sie sich einmal in Ruhe Ihr Leben – wirklich nur Ihr Leben – ohne diesen Geschäftspartner vor. Machen Sie sich unabhängig. Machen Sie sich frei von Personen, Projekten oder Dingen, die Sie festhalten.

Zum Schluss dieser Lektion möchte ich Ihnen noch zwei passende Zitate zum Thema Loslassen mit auf den Weg geben. Sie stammen von Jack Welch, dem legendären Unternehmergenie von General Electric. Robert Slater verfasste eine hervorragende Biografie über Jack Welch, aus der diese entnommen sind:

»*Stellen Sie sich dem, was heute Realität ist*«

oder – was mir am besten gefällt –

»*Sehen Sie, meine Karriere fängt im nächsten Jahr wieder neu an. Was ich bisher gemacht habe, zählt nicht mehr. Ist bedeutungslos. Auf den Neubeginn kommt es an.*«

Bodos Loslass-Test

Bodo ist einer meiner Geschäftspartner. Nach einer für ihn persönlich wie beruflich im Hinblick auf Erfolg sehr schwierigen Zeit sagte er zu mir, als wir gemeinsam unterwegs zu einem Seminar im Auto saßen:

»*Die ehrlichste Methode um festzustellen, ob du nicht viel lieber Altes und Bewährtes loslassen würdest, ist, dich selbst zu fragen, wie du handeln würdest, wenn es jemanden gäbe, der dir garantiert, dass du nach dem Loslassen etwas Besseres findest.*«

Bodo Wardin trifft mit diesem kleinen Test genau auf den Punkt.

Die Botschaft an Sie lautet: Wenn Sie nur deswegen nicht loslassen, weil es keine sichere, garantierte, bessere Alternative gibt, dann ist Ihr jetziges Leben, dann sind Ihre jetzigen Entscheidungen eine Farce. Dann verraten Sie sich selbst.

Würden Sie gerne Partner Ihres Lebensgefährten sein, wenn Sie wüssten, dass diese Lebensgefährtin/dieser Lebensgefährte nur mit Ihnen zusammen ist, weil sich im Moment keine bessere Alternative findet? Wenn Sie ein Unternehmen oder eine Abteilung führen, wie weit werden Sie mit Mitarbeitern kommen, die nur deswegen bei Ihnen arbeiten, weil es keine bessere Alternative gibt? Ich verrate es Ihnen: Nicht besonders weit. Wenn Sie also bei der Annahme, es gäbe eine Garantie auf einen besseren Job, einen besseren Partner und so weiter, innerlich laut HURRAAAA rufen und plötzlich loslassen können, dann sollten Sie einmal gründlich über Ihre derzeitigen Lebensumstände nachdenken. Wenn Sie sich jedoch trotz der Vorstellung, es gäbe eine garantierte, bessere Alternative, innerlich felsenfest bestätigen können, »Nein, ich möchte das weitermachen, was ich heute mache« oder »Nein, ich möchte mit diesem Menschen und nur mit diesem Menschen leben, mit dem ich heute lebe und den ich heute liebe«, dann können Sie sicher sein, dass LOSLASSEN zurzeit nicht Ihre wichtigste Aufgabe ist. Wenden Sie sich getrost anderen Dingen zu, an denen es zu arbeiten gilt.

Lektion 10
Der Umgang mit den Problemen anderer

Mache niemals ein Problem eines anderen zu deinem eigenen.

Folgendes Beispiel wird Ihnen die Bedeutung dieser Erfolgsregel verdeutlichen: Nehmen wir an, Sie führen ein kleines Team in Ihrer Firma. Eines Tages verteilen Sie an Susi die Aufgabe, sie möge bitte Auftrag A ausführen, da Sie am nächsten Tag gegen 8:30 Uhr ein Meeting mit dem Vorstand haben. Der Auftrag soll noch am selben Tag erledigt werden und Ihnen sollen die Unterlagen zu dem Vorgang vorliegen, wenn Sie am nächsten Morgen um 7 Uhr in die Firma kommen. Dann ziehen Sie sich zurück. Susi K. bittet ihrerseits aus verschiedenen Gründen – auch wenn es nicht sein müsste – ihren Kollegen Walter um Unterstützung. Walter sagt ihr zu, am Nachmittag zu helfen. Am kommenden Morgen sind Sie um 7 Uhr im Büro und finden NICHTS vor. Um 7:30 Uhr hetzt Susi ins Büro und sagt: »Es tut mir Leid, Walter wollte mir am Nachmittag helfen, aber er kam dann nicht.« *Wichtig:* Susi hätte die Aufgabe auch alleine bewältigen können, was eben zwei Stunden länger gedauert hätte. Was ist Ihr Kommentar? – Bevor ich darauf zu sprechen komme, erinnern Sie sich bitte an Situationen Ihres persönlichen Arbeitsumfeldes. Wann gab es ähnliche Situationen? Die einzige Chance, solche erfolgsverhindernden Mechanismen zu stoppen, ist, sie von Beginn an abzublocken. Die einzige richtige Antwort wäre: »Susi, Sie haben ein Problem mit Walters Zuverlässigkeit. Ich habe mit Walter in dieser Angelegenheit nichts zu tun. Sie hatten von mir Ihren Auftrag, und warum etwas nicht geschehen ist, interessiert mich nicht. Dass es nicht geschehen ist, ist schlimm genug. Verstehen Sie?«

Die Botschaft an Sie lautet: Machen Sie ein Problem eines anderen nicht zu Ihrem eigenen. Entschuldigen Sie die Probleme anderer auch nicht.

Diese Regel wird umso wichtiger, je höher Sie in der Firmenhierarchie steigen. Je höher Sie steigen, desto mehr Menschen haben Sie in der Regel unter sich, die Sie nicht entschuldigen dürfen. Sie werden dann in Ihrer Organisation Köpfe haben, und diese Köpfe haben weitere Mitarbeiter. Sie wenden sich an Ihre Köpfe und das war's.

Hat ein führender Kopf Ihrer Organisation ein Problem mit einem oder mehreren Mitarbeitern, dann ist das in erster Linie sein Problem. Sie dürfen trotzdem von Ihrem »Kopf« in der Organisation volle Leistung erwarten. Selbstverständlich gibt es Ausnahmen und auch Führungsprobleme, bei denen Sie persönlich benötigt werden. Aber lassen Sie sich nicht vor den »Problemkarren« spannen. Dieser »Problemkarren« überrollt Sie sonst. Diese Lektion ist deswegen so wichtig, weil wir alle Härte erst lernen müssen.

Die wichtige und entscheidende Botschaft an Sie lautet: Erfolgreiche Menschen machen niemals (außer im persönlichen Bereich) die Probleme anderer Menschen zu ihren eigenen. Haben Sie erst einmal Probleme anderer zu Ihren eigenen gemacht, bekommen Sie diese so schnell nicht mehr los. Ganz plötzlich stecken Sie tief drin. Dabei hätten Sie alles vermeiden können mit einem klaren »Das ist Ihr Problem«. Wer Ihnen das als Bekannter oder Geschäftspartner übel nimmt (das heißt, wenn Sie es in einer gegebenen Situation ablehnen, dessen Probleme zu Ihren zu machen), den sollten Sie mit Vorsicht genießen. Dieser Jemand, der offensichtlich erwartet, dass Sie an seinen Problemen teilhaben, gefährdet schnell Ihren Erfolg, sobald Sie ein unvorsichtiges Entgegenkommen zeigen.

Grenzen Sie sich ab

Beginnen Sie ab sofort, diese Lektion in die Praxis umzusetzen. Sie werden sich wahrscheinlich zu Beginn mit der klaren Abgrenzung »Tut mir Leid, das ist Ihr Problem« nicht wohl fühlen. Aber ich verspreche Ihnen, es wird Ihnen von Mal zu Mal leichter fallen, da es sich positiv auf Ihren Geschäftserfolg auswirkt. Außerdem werden Sie zunehmend aufmerksamer für diese Methodik und können feststellen, wie viele andere (nicht selten sehr erfolgreiche) Menschen exakt nach dieser Vorgehensweise handeln.

Die Botschaft an Sie lautet: Es ist nicht Ihre Aufgabe, mit Ihrer Zeit und Energie Probleme anderer zu lösen. Also helfen Sie in der Weise, dass Sie künftig mit einem klaren NEIN antworten, wenn Dritte Probleme an Sie herantragen und auf Sie abwälzen wollen.

Lektion 11
Die richtigen Dinge richtig tun

Wahnsinn ist, wenn jemand immer nach der gleichen Strategie handelt, aber immer bessere Ergebnisse erwartet.
Alexander Wagandt

»Pah«, höre ich Sie nun sagen, »das ist ein Erfolgsgeheimnis?« Keineswegs habe ich vor, Sie mit ungenauen Formulierungen alleine zu lassen. Tatsache jedoch ist, dass sich dieses Erfolgsgeheimnis nicht genauer formulieren lässt, da es zu jeder Zeit neue Umstände und neue Chancen gibt. Nehmen wir als Beispiel Fred Smith, den Gründer von Federal Express. Mehr als drei Millionen Sendungen täglich bewegte Federal Express 1999. Über 140 000 Angestellte in 210 Ländern müssen über 600 Flugzeuge und über 40 000 Fahrzeuge koordinieren und steuern. Das Erfolgsgeheimnis von Fred Smith: Er tat das Richtige richtig. Das Richtige war, auf den Versand von Briefen, Paketen und Waren zu setzen. Das Richtige richtig tun, bedeutete im Fall von Federal Express, seinen Kunden zusätzlich jede Information über ihre Ware, ihren Auftrag liefern zu können. Kunden werden über Liefertermine auf dem Laufenden gehalten. Pünktlichkeit ist das, was Smith zusätzlich zum Richtigen richtig machte. Am Rande bemerkt: Smith bekam keineswegs nur unterstützende Komplimente als er Federal Express gründete. Im Gegenteil: Noch vor seiner Firmengründung hielt er an der Yale University ein Referat mit einem besonderen Thema. Es ging um die unternehmerische Möglichkeit, ein Unternehmen zu gründen, dessen Dienstleistung es war, Briefe und Pakete und Waren an jeden Ort der Welt zu bringen – über Nacht, versteht sich. Den Dozenten schien Smith's Idee kaum zu interessieren und keineswegs zu überzeugen. Smith bekam die Note »mangelhaft«. Und was machte er? Smith blieb seiner Vision treu. Er tat, was er für richtig hielt und tat es mit Konsequenz.

Gehen Sie neue Wege, aber bleiben Sie realistisch

Vielleicht erinnern Sie sich jetzt an Stationen Ihres eigenen Lebens, an denen Sie anderen Menschen von einer Idee erzählten oder möglicherweise wie Smith in einem Referat an einer Hochschule ein Projekt vorstellten. Manche von Ihnen haben vielleicht auch ein »Mangelhaft« kassiert – und der Beurteilung geglaubt. Wie viele haben in solchen Situationen an einer Idee festgehalten? Beispiele wie das von Smith und Federal Express gibt es zahlreiche. Das Richtige richtig zu tun, bedeutet oft, neue Wege zu gehen oder gehen zu müssen. Ideen umzusetzen, an die sonst niemand glaubt, außer Sie selbst. Sie müssen mit Hohn, teils Spott und mit Sicherheit mit Widerspruch rechnen. Um das Richtige richtig zu tun, bedarf es einer wichtigen Voraussetzung: Sie müssen realistisch über Ihre Ideen nachdenken und dürfen sich nicht selbst belügen. Wenn Sie eine Idee haben, die Ihnen als die richtige Idee erscheint, beurteilen Sie schonungslos die Wirklichkeit und kommen Sie zu einem ehrlichen Schluss, ob Ihre Idee Erfolg haben kann. Wenn Ihre Antwort ein entschiedenes Ja ist, legen Sie los und lassen Sie sich nicht beirren.

Carolyn und der Unbekannte

Ich möchte Ihnen noch ein weiteres Beispiel schildern. Es ist die wahre Geschichte der Designerin Carolyn Davidson. Eines Tages im Jahr 1971, als die damalige Studentin der Portland State University verzweifelt überlegte, wie sie wohl ihren Ölmalkurs bezahlen sollte, griff das Schicksal ein. Sie war gerade schlecht drauf und sagte zu einer neben ihr sitzenden Freundin in etwa:»Ich kann mir diesen verdammten Kurs nicht leisten.« Dies hörte eine der umstehenden Personen und kam auf Carolyn zu. Der Unbekannte fragte sie spontan, ob sie Interesse an einem seriösen Nebenjob hätte. Carolyn sagte zu. Phil, so hieß der Unbekannte, gab ihr eine Aufgabe, für die er dringend eine Lösung benötigte. Er hatte soeben eine neue Sohle für Sportschuhe entwickelt und brauchte eiligst ein Logo. Carolyn machte sich an die Arbeit und fertigte einen Entwurf nach dem anderen an. Nichts schien ihr gut genug. Bis sie dann auf der Suche nach einem Logo für Sieger auf die Flügel des Zeus stieß. Das war es, was sie gesucht hatte.

Die richtigen Dinge richtig tun

Die Flügel des Siegers. Als Phil anrief, um sie dringend zur Abgabe des Logos zu ermahnen, nahm Carolyn ihre Entwürfe. Sie vertraute ihrer Idee. Sie hätte zwar gerne weitere Entwürfe angefertigt, doch ihr Gefühl signalisierte ihr, dass ihr Flügel-Logo durchaus in Ordnung sei. Sie fuhr zu dem Termin. Mit Phil warteten vier weitere Personen, die ihre Entwürfe beurteilen sollten. Das Ergebnis: Alle vier fällten vernichtende Urteile. Bis auf Phil. Dieser hatte kaum noch Zeit für neue Designentwürfe und so ganz unzufrieden war er auch nicht. Carolyns Geschichte, in der sie ihrer Idee vertraute, obwohl diese zunächst niedergemacht wurde, hat natürlich ein Happy End. Im Jahr 1983 meldete sich Phil wieder und lud sie zum Lunch ein. Als sie zum Termin am vereinbarten Ort erschien, war sie der Stargast einer großen Party. Der Erfolgsparty der Firma Nike. Das Zeichen von Nike war mittlerweile zu einer Weltmarke geworden. Das Nike-Logo steht heute für die Menschen in der ganzen Welt für Sieg.

Ein schöner Satz in diesem Zusammenhang stammt von Ace Greenberg, der 1999 mit 72 Jahren noch Chef des Investmentbanking- und Brokerunternehmens Bear Stearns war. Er wurde im Januar 2000 im »managermagazin« zitiert mit: »Machen Sie, was Sie persönlich für richtig halten.« Diese Einstellung, zu tun, was Sie für richtig halten, verlangt eine gewisse Bereitschaft und mentale Kraft, mit einem offenen und nicht bereits für alle Jahre genauestens geplanten Lebensweg umzugehen.

Vielleicht fragen Sie sich an dieser Stelle, ob »das Richtige richtig zu tun«, nicht einfach eine Glückssache ist! Hierauf möchte ich mit einem Zitat antworten: »Glück ist, wenn der Wille zum Erfolg, die konsequente Arbeit an einer Idee, kombiniert mit der unspezifischen Vorbereitung und schlussendlich der Zufall zusammentreffen.« Dass Sie den Mut haben müssen, offen in die Zukunft zu sehen und auch einmal eine vermeintlich sichere Position aufzugeben, bestätigte der Vice Chairman Europe von Spencer Stuart, Hermann Sendele, indem er sagte: »Keiner der befragten Topmanager hat seine Karriere von Anfang an über sämtliche Stationen durchgeplant.« Sendele musste es wissen, immerhin hat er eine große Studie anfertigen lassen, in der Forscher von Gallup beauftragt wurden, die Erfolgsfaktoren der wirklich Erfolgreichen herauszufinden. Die Ergebnisse wurden später veröffentlicht in dem Buch »Lessons from the Top« von Thomas J. Neff & James M. Citrin, erschienen bei Doubleday, New York. Ein wirklich empfehlenswertes Buch.

Lektion 12

»Durchführen« und »Mit Erfolg durchführen«

Wenn Sie diese Überschrift lesen, dann werden Sie vermutlich den Kopf schütteln und sich denken:»Was soll daran wohl so neu sein? Ich führe meine Aufgaben konsequent durch.« Und genau hierum geht es in dieser kurzen Erfolgslektion. Es geht um den kleinen Unterschied, um die alles entscheidende Frage, ob Sie lediglich Dinge durchführen oder ob Sie Dinge mit Erfolg durchführen.
Es ist etwas völlig anderes, ob ein Mitarbeiter zu Ihnen kommt und sagt:»Alles in Ordnung. Ich habe die Reparatur der Maschine durchgeführt« oder ob er sagt,»Alles in Ordnung, ich habe die Reparatur der Maschine mit Erfolg durchgeführt«. Den zweiten Mitarbeiter werden Sie mehr schätzen als den ersten. Sie werden zwangsläufig den zweiten Mitarbeiter auch mehr wahrnehmen. Und genauso, wie es in diesem Beispiel für Sie etwas anderes ist, wenn Ihr Mitarbeiter meldet »mit Erfolg durchgeführt«, genauso ist es für Ihren Chef etwas anderes, wenn Sie mit diesem Satz Ihre Pojekte beenden. Wenn Sie keinen Chef über sich haben, also einer selbstständigen Arbeit nachgehen, dann nehmen Sie sich selbst in die Pflicht. Geben Sie sich nicht mehr damit zufrieden zu sagen:»Ich habe… durchgeführt«, sondern beenden Sie jede Ihrer Tätigkeiten nur noch dann, wenn Sie zu Recht sagen können:»Ich habe die Tätigkeit mit Erfolg durchgeführt!« Wenn Sie beginnen, mit diesem psychologischen Trick zu arbeiten, werden Sie feststellen, wie viel sich innerhalb kurzer Zeit verändert. Sie werden als Selbstständiger feststellen, dass Sie zufriedener und motivierter sind. Sie werden als Mitarbeiter oder Mitarbeiterin erfahren, wie sich Ihr Chef oder Ihre Chefin immer vertrauensvoller auf Sie verlässt. Sie werden plötzlich zu einer immer wichtigeren Person. Seien Sie sich stets bewusst: Menschen, die Ihre Arbeiten mit Erfolgsmeldungen beenden, sind selten. Wenn es Ihnen gelingt, zu diesen seltenen Menschen zu gehören, gehört der Erfolg Ihnen. Vergessen Sie ab dem heutigen Tag nie wieder, dass »durchgeführt« etwas völlig anderes ist und viel weniger bedeutet, als »mit Erfolg durchgeführt«.

Lektion 13

Wiederholen Sie Erfolgshandlungen

Diese Regel ist zugegeben simpel, wird jedoch von den meisten immer wieder verletzt oder besser gesagt, nicht beachtet. Um erfolgreich zu sein, müssen Sie stets die Handlungen wiederholen, die bereits in der Vergangenheit zu Erfolgen geführt haben. Wiederholen Sie Erfolgshandlungen und unterlassen Sie alles, was zu Misserfolgen geführt hat. Ich empfehle Ihnen, über Ihre Erfolge und Misserfolge »Buch zu führen«. Kaufen Sie sich ein einfaches Notizheft und unterteilen Sie dieses in eine Sparte »ERFOLGSHANDLUNGEN« und eine Sparte »MISSERFOLGSHANDLUNGEN«. Tragen Sie ab sofort in jede Rubrik die entsprechenden Handlungen ein. Wenn Sie also beispielsweise beginnen, Ihre Kunden alle zwei Wochen mit wichtigen Informationen anzuschreiben, dann tragen Sie auf den Erfolgsseiten ein »Regelmäßige Kundenanschreiben«. Wenn Sie feststellen, dass Sie bei zu schnell unterschriebenen Verträgen immer wieder auf die Nase fallen und unterm Strich Verluste machen, schreiben Sie auf die Seiten der Misserfolgshandlungen »Verträge zu schnell und ohne Kontrolle durch Rechtsanwalt unterzeichnet«. Tragen Sie in diesem Fall nicht auf den Erfolgsseiten ein »Verträge durch Rechtsanwalt unterzeichnen *lassen*«. Das ist keine Tatsache, sondern eine Absicht. *Wichtig:* Notieren Sie Tatsachen! Notieren Sie Ihre tatsächlichen Handlungen! Es gibt bis heute keine bessere Methode, sich zu ändern, als sich negative Umstände, Tatsachen oder was auch immer schriftlich bewusst zu machen. Glauben Sie mir: Es sind zwei völlig unterschiedliche Dinge, ob Sie nur daran denken »Verträge schnell und ohne Kontrolle durch Rechtsanwalt unterzeichnet« oder ob Sie diese Misserfolgshandlung aufschreiben.

Nehmen wir ein anderes Beispiel: Unter meinen Seminarteilnehmerinnen befand sich einmal eine Ärztin, die eigentlich recht vermögend war. Eigentlich, denn trotz eines auf dem Papier stehenden großen Vermögens von über 5 Millionen herrschte bei ihr das finanzielle Chaos. Neben über einem Dutzend Lebensversicherungen mit einer Jahresprämie von über 300 000 Mark hatte sie zahlreiche weitere Geldanlagen. Alles wild durcheinander gemischt. Als ich sie kennen lernte, war meine erste Frage an sie, was ihre größte Schwäche im Umgang mit Geld sei. Erfolg hatte sie ja schließlich, aber nicht das Geld, das sie verdiente. Sie antwortete, ihre größte Schwäche sei, ohne genaue Überprüfung und ohne sich die notwendige Zeit zum Nachdenken zu nehmen, schnelle Geldentscheidungen zu fällen. Ich gab ihr den Tipp mit dem persönlichen Erfolgs-Misserfolgs-Büchlein und sie kaufte sich dieses noch am gleichen Tag in der Seminarpause. Ihr erster Eintrag auf den Misserfolgsseiten lautete: »Habe zu schnell und ohne Kenntnis, nur weil ich Ruhe haben wollte, zu einzelnen Geldanlagen Ja gesagt«. Dann erinnerte sie sich an zwei gut getroffene Entscheidungen im Investmentfondsbereich und trug auf den Erfolgsseiten ein »Geldverträge erst unterzeichnet, nachdem ich alle Fragen gestellt, alles verstanden und zwei Gegenangebote eingeholt habe«.

Ich traf sie etwa ein halbes Jahr nach unserem ersten Zusammentreffen wieder und siehe da: Ihre finanzielle Situation hatte sich erheblich verändert. Ihr kleines Büchlein hatte sie immer dabei und stolz erzählte sie mir, wie von Monat zu Monat die Einträge auf den Misserfolgsseiten abnehmen und die Einträge auf den Erfolgsseiten zunehmen würden. Diese Ärztin ist kein Einzelfall. Ich betreute allein in den Jahren 1998 bis 2000 etwa sechs Fälle ähnlichen Ausmaßes.

Die Botschaft an Sie lautet: Kaufen Sie sich dieses ganz persönliche Notizbuch für Ihre Erfolge und Misserfolge und beginnen Sie spätestens morgen mit den ersten Eintragungen. Je früher im Leben man sich dieses Büchlein anlegt, umso besser. Wenn Sie Kinder haben, dann machen Sie diesen schmackhaft – spätestens mit 20 Jahren – ein solches ganz persönliches Erfolgsbuch zu führen. *Achtung:* Wenn Sie diesen Tipp nicht sofort umsetzen, ist es wahrscheinlich, dass Sie ihn niemals umsetzen. Tun Sie es gleich! Sobald nämlich dieses Büchlein auf Ihrem Schreibtisch liegt, werden Sie beginnen, bei den nächsten Erfolgen oder Misserfolgen Eintragungen vorzunehmen. Oder das Buch erinnert Sie plötzlich an eine teure Misserfolgshandlung in der Vergangenheit, dann tragen Sie diese Handlung ein und vermeiden so in ähnlichen künftigen Situationen Verluste.

Das Erfolgsgeheimnis dieser Lektion ist – wie die meisten – einfach, aber sehr, sehr wirkungsvoll: Wiederholen Sie, wenn Sie sich Ihre Erfolgshandlungen bewusst gemacht haben, diese Handlungen. Sie brauchen nichts weiter zu tun, als Erfolgshandlungen zu wieder-

Wiederholen Sie Erfolgshandlungen

holen und Misserfolgshandlungen bleiben zu lassen. Sich wiederholende Erfolgshandlungen sorgen für steigende Quoten und das wiederum bedeutet am Ende ERFOLG. Persönlicher und finanzieller Erfolg.

Zum Ende dieser Lektion, möchte ich Ihnen den Anstoß geben, Ihre Erfolgshandlungen zu finden, sich Ihre Erfolgshandlungen bewusst zu machen. Notieren Sie im Folgenden, mindestens fünf Handlungen, die Ihnen Erfolg bescherten. Wenn Sie mühsam nach solchen Erfolgshandlungen im Gedächtnis kramen müssen, dann ist dies der beste Beweis dafür, wie wenig Sie bislang daran gedacht haben, sich Handlungen, die Erfolg brachten, zu merken und einfach zu wiederholen. Versuchen Sie daher in jedem Fall alle (!) fünf Zeilen mit jeweils einer Erfolgshandlung auszufüllen. Geben Sie nicht auf. Bis heute habe ich in meinen Seminaren keinen Teilnehmer kennen gelernt, der nach einiger Überlegung nicht auf fünf Erfolgshandlungen kam.

1. _____

2. _____

3. _____

4. _____

5. _____

Vielen Dank! Diese kleine Übung ist sehr wichtig. Mit diesen fünf Erfolgshandlungen zeigen Sie sich selbst, dass es bislang bereits mehrere Situationen gab, in denen Sie richtig gut waren. Sie taten das Richtige und Sie hatten Erfolg. Das Einzige, was Sie jetzt tun müssen, ist, sich immer und immer wieder diese Erfolgshandlungen ins Gedächtnis zu rufen und sie möglichst häufig zu wiederholen.

Lektion 14

Machen Sie aus Erfolg eine Gewohnheit

Bevor ich Ihnen zum Thema Erfolg und Gewohnheit noch einiges verrate, möchte ich Ihnen an dieser Stelle mein Lieblingsgedicht zum Thema Gewohnheit wiedergeben. Der Urheber dieses Gedichtes ist leider unbekannt. Mir selbst fiel es vor einiger Zeit in einer Zürcher Buchhandlung in die Hände. Es hat mich in wichtigen Situationen stets daran erinnert, dass Erfolg auf Dauer nur hat, wer konsequent und mit Disziplin mehr tut als nötig – und das immer! Bei so manchem Satz werden Ihnen wahrscheinlich spontan einzelne Bilder einfallen, Situationen, an die Sie sich erinnern. Lesen und (er)leben Sie diesen Text:

Ich bin dein ständiger Begleiter. Ich bin deine größte Hilfe oder schwerste Last.

Ich werde dich unweigerlich vorwärts drängen, immer und immer wieder – oder ich werde dich solange niederdrücken, bis du endgültig versagst.

Ich unterstehe keinem anderen Kommando als deinem. Ich kenne nur dich als meinen Herrn und du sagst mir, wie du mich einsetzen willst. Deinem Kommando folge ich ganz und gar.

Die Hälfte dessen, was du tust und bewegst, kannst du ebenso gut mir übertragen. Und wenn du es mir überträgst, wirst du feststellen, dass du dich auf mich verlassen kannst. Ich werde alles schnell und erfolgreich erledigen.

Ich bin leicht zu lenken und zu führen. Das Einzige, was ich brauche, ist deine Verlässlichkeit und eine feste Hand.

Zeige mir die Dinge, die du getan haben willst, ganz genau. Ich verspreche dir, ich brauche nur wenige Lektionen und dann werde ich deine gewünschten Handlungen automatisch ausführen und dich entlasten.

Ich bin der Diener aller erfolgreichen und reichen Menschen – und aller Versager und Nichtsnutze ebenso.

Die, die erfolgreich und reich wurden, habe erst ich richtig und auf Dauer erfolgreich gemacht. Die, die versagten und für die ein Misserfolg dem nächsten folgt, habe ich zu Versagern gemacht.

Ich bin keineswegs ein Automat, aber ich arbeite mit der Präzision

eines Automaten und verbinde diese mit der Intelligenz des Menschen.
Ich bin nicht teuer, du kannst mich nicht von der Steuer absetzen. Und doch bin ich unbezahlbar.
Ich bin einfach da und selbst dann, wenn du nichts mit mir zu tun haben willst, weil ich dir zu anstrengend bin, werde ich an deiner Seite bleiben. Selbst dann führe ich dich zum Erfolg oder zum Versagen.
Du kannst mich laufen lassen zu deinem Vorteil wie zu deinem Nachteil. Mir ist beides gleich und ich warte nicht auf deine Entscheidung. Ich laufe bereits mit dir. Du kannst jedoch jederzeit die Richtung entscheiden.
Sei niemals zu nachsichtig mit mir. Höre niemals auf, dich um mich zu kümmern. Zu lange unbeobachtet und nicht geführt, werde ich dich unweigerlich zerstören.
Nimm mich, forme und fordere mich, sei streng mit mir und gib mir meine Richtung vor. Ich verspreche dir, als Dank den Erfolg dir zu Füßen zu legen.
Wer ich bin? Haben Sie's erraten. Mann nennt mich GEWOHNHEIT*.
Mit bestem Dank an Anonymus!

Beschreibt dieses Gedicht nicht wundervoll die Magie der Gewohnheit? Eine Sache, eine positive Eigenschaft, ein positives Verhalten zur Gewohnheit zu machen ist eines der wichtigsten Erfolgsprinzipien. Ein Beispiel:

Menschen, die zu mir kommen und reich werden wollen, frage ich meist zu Beginn unseres Gespräches, wie viel sie regelmäßig sparen und investieren. Nicht selten sagt man mir dann: »Zum Sparen habe ich keine Zeit« oder »Ich habe zu wenig Geld, um richtig sparen zu können«. Mit einigen dieser Teilnehmer vereinbare ich dann Folgendes: Ab sofort sparen Sie jeden Monat so viel Geld wie möglich. Das bedeutet: Sobald der Gehaltsscheck kommt oder das Gehalt per Überweisung auf dem Konto eingegangen ist, wird ein möglichst hoher Betrag regelmäßig ab- und auf ein zweites, neu einzurichtendes Konto umgebucht. Selbst diejenigen, die zu Beginn dieser kleinen Übung dachten, ihnen würde nun Geld für die alltäglichen Ausgaben

---

* Sollten Sie durch Zufall wissen, wer diesen Text verfasst hat, schreiben Sie es mir bitte, sodass ich den Autor bei der nächsten Auflage dieses Buches nennen kann.

fehlen, stellten fest, dass sie trotz des Sparens noch genug Geld hatten. Einige Monate später passiert immer wieder etwas Faszinierendes: Diese Menschen, die zuvor niemals oder viel zu wenig gespart haben, wollen nicht mehr aufhören. Sie haben plötzlich Spaß am Sparen. Manche wollen freiwillig noch mehr sparen als wir vereinbart haben. Das Geheimnis: Jetzt, erst jetzt wird Sparen zur Gewohnheit.

Das Gleiche gilt für Erfolg, für Erfolgshandlungen: Wenn Sie die in den einzelnen Lektionen dieses Buches beschriebenen Regeln und Erfolgsmethoden nur lesen, wird sich in Ihrem Leben nichts ändern. Wenn Sie jedoch die in diesem Buch beschriebenen Gesetzmäßigkeiten immer und immer wieder von Neuem anwenden, werden Sie diese zur Gewohnheit machen. Sie werden dann aus Gewohnheit erfolgreich handeln.

In meinen Seminaren fordere ich diejenigen, die an der Macht der Gewohnheit zweifeln, hin und wieder zu zwei kleinen Übungen auf. Diese Übungen können auch Sie durchführen, wenn Sie noch an der Macht und der Magie der Gewohnheit zweifeln sollten. *Übung 1*: Ziehen Sie ein Jackett oder eine Jacke an und achten Sie darauf, mit welchem Arm Sie zuerst in das Jackett oder die Jacke schlüpfen. Jetzt ziehen Sie die Jacke wieder aus, halten Sie sie mit einer Hand fest und versuchen Sie dann möglichst schnell andersherum, also mit dem anderen Arm als üblich, das Jackett oder die Jacke anzuziehen. Manche von Ihnen werden sich regelrecht verrenken, bevor es gelingt. *Übung 2*: Die einzige Bedingung: Sie müssen Schnürschuhe tragen. O. K.? Dann lösen Sie einmal den Schnürknoten an einem Ihrer Schuhe. Jetzt binden Sie ganz langsam eine neue Schleife. Achten Sie darauf, welcher Finger zuerst welche Schleife fasst. Nehmen Sie den linken oder den rechten Daumen, um die erste Schleife zu formen? Wichtig dabei ist, dass Sie langsam, ganz langsam, ohne zu überlegen, Ihre Schnürsenkel binden.

Möglicherweise wiederholen Sie dieses Procedere noch ein zweites Mal. Dann ziehen Sie den Knoten wieder auf und binden diesen einmal – möglichst schnell – exakt in der umgekehrten Reihenfolge. Also: Waren es im gewöhnlichen Rhythmus die Finger der linken Hand, die die einzelnen Enden der Schnüre ergriffen, nehmen Sie jetzt die rechte Hand. Formten Sie eben mit dem Daumen der linken Hand die erste Schleife, tun Sie es jetzt mit dem Daumen der rechten Hand. Und so weiter... In meinem Seminaren ist an dieser Stelle meist für einige Minuten Gelächter der Probanden und der übrigen Teilnehmer angesagt. Bei manchen Probanden funktioniert es nur ganz langsam, bei anderen gar nicht. Der Grund ist die Macht der Gewohnheit. Nur das, was Sie immer wiederholen, verankert sich in Ihrem Bewusstsein und wird zur Gewohnheit.

Zum Abschluss noch ein Beispiel einer sehr erfolgreichen Frau für die Macht und Magie der Gewohnheit, entnommen aus dem empfehlenswerten Buch »Die Magie der Erfolgreichen«, erschienen im Junfermann-Verlag. In diesem Buch geht es um die Erfolgsgeheimnisse zwölf prominenter und sehr erfolgreicher Menschen. Mit dabei: Claudia Schiffer, die, laut den Autoren Wolf W. Lasko und Frank Fenzel ein Agent der Pariser Fotoagentur »Metropolitan« als Siebzehnjährige in einer Diskothek entdeckte und die später zu einem Megastar der Modeszene wurde. Eines ihrer zahlreichen Projekte, so Lasko und Fenzel, war ein Fitnessvideo. Hierzu wird Claudia Schiffer in »Die Magie der Erfolgreichen« wie folgt zitiert:

»Ein Jahr habe ich täglich sehr hart für die Video-Aufnahmen geübt... Ich habe dabei zehn bis vierzehn Stunden Gymnastik gemacht – pro Tag. Manche Übungen musste ich hunderte Male wiederholen. Das war sehr anstrengend.«

Die Botschaft an Sie lautet: Strengen Sie sich an! Wiederholen Sie neue Verhaltensweisen. Wiederholen Sie, wenn möglich, neue Verhaltensweisen auch einige hunderte Male im Laufe beispielsweise eines Monats. Strengen Sie sich an, wiederholen Sie neue Verhaltensweisen, schaffen Sie so neue Gewohnheiten und ersetzen Sie damit alte, erfolgsverhindernde Gewohnheiten. Sie müssen etwas tun, während Sie auf den Erfolg warten. Sie müssen die wichtigen Dinge richtig tun und das immer wieder. Wenn Sie so handeln, wird Sie die Macht und die Magie der Gewohnheit auf Ihrem Weg zu persönlichem und finanziellem Erfolg erheblich nach vorne bringen.

Lektion 15
Erfolg & Kontrolle

Kontrolle & Glauben
Kontrolle hat mit Wissen zu tun. Wissen entscheidet in vielen Fällen über Erfolg und Misserfolg. Wenn Sie wissen, können Sie kontrollieren. Wenn Sie glauben, verlassen Sie sich auf etwas Ungewisses. Wie oft hat jeder von uns nach einem Missgeschick schon den Satz gesagt: »Aber ich habe doch gedacht,...« oder »Aber ich habe doch geglaubt, dass...«. Fragen Sie sich in wichtigen Situationen, ob Sie etwas wissen oder ob Sie etwas glauben (zu wissen). Ist es eindeutig das Wissen um etwas, können Sie entscheiden. Glauben Sie dagegen etwas zu wissen, wobei das Glauben größer ist als das Wissen, unternehmen Sie nichts. Lassen Sie sich zu keiner Entscheidung drängen, weder von Vorgesetzten, Freunden noch sonstigen Personen. Man erwartet möglicherweise, dass Sie handeln, obwohl Sie selbst überhaupt kein ausreichendes Wissen für eine Entscheidung haben. Lernen Sie in solchen Situationen ganz klar Stellung zu beziehen, und sagen Sie: »Es tut mir Leid, ich kann zum jetzigen Zeitpunkt nicht entscheiden. Es gibt noch einige Dinge zu klären und dann treffe ich eine Entscheidung. Ich melde mich morgen. Einverstanden!« Sagen Sie das nicht fragend, sagen Sie das mit Bestimmtheit. (Deshalb habe ich diesen Satz mit einem Ausrufezeichen geschrieben). Dann machen Sie Ihre Hausaufgaben und kümmern sich darum, das Ihnen noch fehlende Wissen für eine Entscheidung zu bekommen. Nutzen Sie die Gelegenheit nicht, um nun alles auf die berühmte »lange Bank« zu schieben. Sorgen Sie dafür, dass Sie aus Glauben Wissen machen.

Damit Sie ein Gespür für die Bestimmtheit in Ihrer Stimme bekommen, bitte ich Sie folgende kleine Übung ernsthaft auszuführen: Nehmen wir noch einmal den Satz
> *Es tut mir Leid, ich kann mich zum jetzigen Zeitpunkt nicht entscheiden. Es gibt noch einige Dinge zu klären und dann treffe ich eine Entscheidung. Ich melde mich morgen. Einverstanden!*

Sprechen Sie nun die Sätze einmal in einer eher fragenden, unsicheren Variante und dann ein zweites Mal in einer sicheren, selbstbewussten und bestätigenden Variante. – Haben Sie es ernsthaft versucht? Bei der zweiten Variante können Sie Ihre Bestätigung verstärken und Ihrer Ernsthaftigkeit Ausdruck verleihen, indem Sie, während Sie das Wort »Einverstanden« aussprechen, mit Ihrem Kopf deutlich bestätigend nicken. Üben Sie diesen Satz. Prägen Sie sich diesen Satz und vor allem den bestätigenden, selbstsicheren Schluss ein. Wenden Sie diesen Satz und diese Methode künftig an, wenn Sie vor Entscheidungen gestellt werden, ohne über ausreichendes Wissen zu verfügen. Das Ganze berührt keineswegs die Gewinnerregel »Tue es jetzt!«. Denn sobald Sie über ausreichendes Wissen verfügen, sollten Sie keine Sekunde länger zögern und handeln.

Kontrolle & Nichtkontrolle
Menschen, die von Kontrolle besessen sind, bringen Missstimmung. Jeder von uns erinnert sich wahrscheinlich an eine Person aus der Kindheit, die einen ständig kontrollierte. »Putz dir die Nase«, »Mach dir die Schuhe zu…«, »Das macht man doch nicht…«, »Darf man das…«. Und wir alle wissen, dass diese alles kontrollierenden Tanten und Onkel nicht zu unseren »Lieblingsmenschen« zählten. Diese ständige Kontrolle schränkte unsere Bewegungsfreiheit ein. Diese ständige Kontrolle oder die Begegnung mit einzelnen Menschen, die immer alles kontrollieren wollten, machte uns rebellisch und ließ uns Kontrolle als etwas grundsätzlich Negatives empfinden. Vielleicht ging es Ihnen bei diesem Lektionsthema genauso. Sie lehnten oder lehnen diese Lektion möglicherweise ab: »Pahh, Kontrolle. So ein Unsinn.« Glauben Sie mir, es ist nicht die Kontrolle, die Sie stört. Es sind die unangenehmen Erinnerungen, die in Ihnen wach werden. Sinnvolle Kontrolle haben Sie, Hand auf's Herz, höchstens als fördernd im Gedächtnis. Es sind die zahlreichen Kontrollerlebnisse, bei denen Nichtkontrolle durchaus angebracht gewesen wäre, die Sie immer noch stören. Es ist völlig richtig und für den persönlichen Erfolg einer Aufgabe, eines Projektes wichtig, auch Nichtkontrolle zuzulassen. Allerdings sollten Sie auch Nichtkontrolle bewusst zulassen. Sie sollten wissen, wann aus Ihrer Sicht Nichtkontrolle angebracht ist. *Auch hier gilt:* Sie tragen Verantwortung. Also VerANWORTung und können eine Antwort auf die Frage geben, wieso Sie in der einen Sache Kontrolle ausüben und in der anderen Sache nicht.

Nehmen wir zuerst ein Beispiel aus meiner Beraterpraxis, das veranschaulicht, was sinnvolle Kontrolle bewirken kann.

Vor Jahren trainierte ich einen Verlag, der Spezialpublikationen

Erfolg & Kontrolle

für Schulen und Weiterbildungsinstitute erstellte. Wenn die Spezialpublikationen gedruckt waren, warteten die für den Vertrieb zuständigen Mitarbeiter auf die Bestellungen der Schule. Da Schulen und Schulleiter natürlich nichts anderes zu tun haben, als Bestellungen bei diesem Verlag abzugeben, können Sie sich ausrechnen, wie es um den Erfolg des Verlages bestellt war. Die Verlagsleiterin, eine nette, ältere Dame, wandte sich an mich und bat um Rat. Nach einem längeren Gespräch, in dem sie unter anderem äußerte, »Ich glaube, meine Mitarbeiter tun ihr Bestes«, kamen wir zu dem völlig simplen Ergebnis, dass sie künftig klare Ziele setzen und dann das Einhalten dieser Ziele kontrollieren müsse. Bei der dann folgenden Mitarbeiterversammlung, es war Ende November, wurde ich als externer Gast vorgestellt. Als die Verlagsleiterin den Vertriebsleuten ihre Ziele für das erste Quartal des nächsten Jahres vorstellte und gleichzeitig anmerkte, dass am Ende dieses ersten Quartals das Einhalten der Ziele kontrolliert würde, konnte ich beobachten, wie einige der Vertriebsleute mit einem plötzlich hochroten Gesicht um Fassung rangen, aber dennoch eifrig dem Vorschlag der Verlagsleiterin zustimmten. Als ich mich am Ende dieser Veranstaltung von der Verlagsleiterin verabschiedete, betonte ich nochmals: »Denken Sie daran: Kontrollieren Sie. Geben Sie in diesem Punkt Ihren Leuten das klare Gefühl der Kontrolle.« Dann hörten wir uns drei Monate nicht mehr. Anfang März rief mich die Verlagsleiterin stolz an, um mir zu erzählen, dass der Abverkauf ihrer Spezialpublikationen so gut wäre wie seit Jahren nicht mehr.

Zum Schluss noch ein Beispiel aus dem Sport, das wunderbar zeigt, wann Kontrolle und wann Nichtkontrolle angesagt sind. Ein guter Freund von mir ist seit Jahren leitend in einem Formel-1-Rennstall beschäftigt. Als wir uns eines Tages über das Thema Kontrolle oder Nichtkontrolle unterhielten, kamen wir auch darauf zu sprechen, wie ein Rennfahrer arbeitet. Ein Rennfahrer, der alles, wirklich alles kontrollieren wolle, müsste sich so sehr auf die Kontrolle aller möglichen auf ihn einwirkenden Einflüsse konzentrieren, dass er garantiert in der nächsten scharfen Kurve ins Kiesbett fahren würde. Ein Rennfahrer muss seinen Wagen unter Kontrolle halten, er kann jedoch längst nicht alles kontrollieren, was ihn beeinflussen könnte. Ein solcher Formel-1-Pilot ist also das beste Beispiel, dass Sie sich selbst für Kontrolle in dem einen Bereich und Nichtkontrolle in dem anderen Bereich entscheiden müssen.

Fazit: Unterscheiden Sie zwischen Situationen, in denen Kontrolle oder in denen Nichtkontrolle angebracht ist. In vielen beruflichen Angelegenheiten überwiegen Situationen, in denen Sie Kontrolle ausüben müssen. Wenn Sie sich bewusst und aus sinnvollen Gründen für Kontrolle entschieden haben, dann führen Sie diese auch durch.

Kontrolle & Eigenkontrolle
Dieser letzte Punkt in Zusammenhang mit Kontrolle ist mir besonders wichtig. Es handelt sich um einen entscheidenden Teil Ihrer Selbstverantwortung als Voraussetzung für dauerhaften Erfolg. Es handelt sich um die Fähigkeit, Kontrolle der eigenen Arbeit zuzulassen. Aus eigener Erfahrung darf ich Ihnen sagen: Es ist eine lehrreiche Erfahrung, wenn Ihre eigene, beste Mitarbeiterin zu Ihnen kommt und Ihnen sagt, was Sie zurzeit ihres Erachtens nach falsch machen. Die einen reagieren auf diese »Kontrolle« mit wütenden Ausbrüchen und weisen ihren Mitarbeitern die Tür. Die Cleveren jedoch wissen, dass es zum dauerhaften Erfolg dazugehört, beim Verrichten der eigenen Tätigkeiten Kontrolle zuzulassen, und bedanken sich bei den Mitarbeitern oder Freunden und Bekannten, die berechtigte Kritik üben, für die Unterstützung. Innerhalb von nur vier Jahren habe ich in der Vergangenheit sechs verschiedene Firmenchefs scheitern sehen, weil sie nicht zugelassen haben, dass andere ihre eigene Arbeit kontrollierten. Unternehmensführer, die sich als nahezu fehlerlos betrachten, sich unkontrollierbar an der Spitze sehen und nichts anderes als ihre Meinung zulassen, werden mit nahezu sicherer Gewissheit scheitern. Das Scheitern ist in solchen Fällen nur eine Frage der Zeit. Schulen Sie, wenn Sie wirklich auf Dauer Erfolg haben wollen, die Fähigkeit, Ihre eigene Arbeit durch andere kontrollieren zu lassen. Achten Sie darauf, dass es in Ihrer Umgebung Menschen gibt, die Ihre Arbeit kontrollieren können und Ihnen regelmäßig ein ungeschminktes Feedback geben. Freuen Sie sich über Mitarbeiter, die Sie und Ihre Tätigkeiten genau beobachten und auf der Basis von Wissen Kritik üben. Der Grund, wieso sich derart viele Unternehmensführer gegen Kontrolle durch andere wehren, ist, dass diese Kontrolle so manchen Unternehmertraum zerstören könnte.

Wirklich erfolgreiche Unternehmensführer lassen *Kontrollkommunikation* zu, das heißt, dass sie Kontrolle aussenden, aber auch allen anderen signalisieren, dass sie bereit sind, Kontrolle zu empfangen. Wenn Sie bereits Inhaber oder Inhaberin eines eigenen Unternehmens sind, dann stellen Sie sich dieser Kontrolle durch Dritte und nehmen Sie diese Kontrolle ernst! Je größer das Maß dieser Eigenkontrolle, desto wahrscheinlicher ist es, dass Ihre Unternehmensträume Realität bleiben oder Realität werden. Haben Sie keine Angst davor, dass Kontrolle Dritter so manchen Unternehmenstraum zerstört, weil Ihnen vor Augen geführt wird, dass die Realität beispielsweise eines ausgedachten Projektes eine andere ist, als Sie gehofft haben. Sie sehen, Intelligenz, Aktivität und konsequentes Handeln sind nicht alleine die Schlüssel zum Erfolg. Ich persönlich kenne genügend intelligente, aktive und konsequent handelnde Menschen, die Millionen in den Sand gesetzt haben. Sie setzten diese Millionen in den Sand, weil sie das Prinzip der Eigenkontrolle verletzt haben. Sie haben diese Millionen in den Sand gesetzt, weil sie nicht die Fähigkeit hatten, durch Kontrolle und dadurch ans Licht gebrachte Wahrheiten Realitäten zu erkennen.

Die Botschaft an Sie lautet: Seien Sie ehrlich zu sich selbst. Üben Sie ausreichend Eigenkontrolle und lassen Sie diese auch durch Dritte zu. Gehen Sie nicht »mit dem Kopf durch die Wand«, sondern öffnen Sie »Außenansichten« die Tür.

Kontrolle & lebenslange Kontrollschulden©
Zum Schluss dieser wichtigen Lektion möchte ich Ihnen noch etwas über die von mir so genannten Kontrollschulden erzählen. Was sind Kontrollschulden? Das sind Schulden, die Sie für vergangene Handlungen und Aktionen abbezahlen müssen, bei denen Sie in wichtigen Dingen keine oder keine ausreichende Kontrolle ausgeübt haben. Sie werden gleich feststellen, dass Kontrollschulden ein ganzes Leben lang Ihre Pläne zerstören können. Sie werden auch feststellen, dass Sie bei Kontrollschulden am besten einmal mit allen Verbindlichkeiten aufräumen, um ab dann kontrolliert in eine viel erfolgreichere Zukunft zu starten.

Folgendes Beispiel:
Nehmen wir an, Sie gründen Ihr eigenes Unternehmen. Im ersten Jahr handeln Sie einfach drauflos. Sie haben zwar dieses Buch gelesen, doch von Kontrolle wollen Sie nichts wissen. Die besten Unternehmer handeln schließlich aus dem Bauch heraus. Was kann schon geschehen? Wenn Sie in diesem ersten Jahr nicht oder nicht ausreichend von

Beginn an kontrollieren, dann werden Sie – zum Teil erhebliche und teure – Fehler machen. Sie werden einige Fehlentscheidungen treffen oder wichtige Entscheidungen unterlassen, was bei wirksamer Kontrolle (Fremd- und Eigenkontrolle) nicht geschehen wäre. Im zweiten Jahr starten Sie zwar auch mit Erfolgen, doch jetzt treffen Sie die Kontrollschulden aus dem ersten Jahr. Also all das, was Ihnen aus den Projekten des ersten Jahres Ärger bereitet, weil Sie zu wenig kontrolliert, Verträge zu leichtsinnig abgezeichnet oder sich unterm Strich auf nur wenig lukrative Aufträge eingelassen haben. Das zweite Jahr ist also eine Mischung aus Erfolgen und Misserfolgen (Ihre Kontrollschulden). Wenn Sie jetzt aufwachen und das Ruder herumreißen, können Sie es noch schaffen. Das bedeutet jedoch doppelte Anstrengung für Sie: Sie müssen einerseits neue Erfolge als Voraussetzung für das Weiterbestehen Ihres Unternehmens herbeiführen, andererseits kostet Sie das Abarbeiten Ihrer Kontrollschulden eine Menge Energie. Besonders schlimm wird es, wenn Sie durch die hohe Beanspruchung bei den neuen Geschäften des zweiten Jahres wiederum mangelnde Kontrolle ausüben. Damit häufen Sie Kontrollschulden aus dem zweiten für das dritte Jahr auf. Wenn Sie dann noch Kontrollschulden des ersten Jahres nicht hundertprozentig abgearbeitet haben, stehen Sie im dritten Jahr vor dem ernüchternden Jahresarbeitspensum: Erfolge herbeiführen + liegen gebliebene Kontrollschulden des ersten Jahres abbauen + Kontrollschulden des zweiten Jahres abbauen. Sie können sich selbst ausmalen, wo dieses Spiel hinführt. Mangelnde Kontrolle führt zu zunehmenden Kontrollschulden und wenn Sie nicht energisch eingreifen, ist es nur eine Frage der Zeit, bis die Bewältigung der Kontrollschulden Ihre Kraft derart in Anspruch nimmt, dass nur noch wenig Energie übrig ist, um neue Geschäftserfolge herbeizuführen. Das Ergebnis ist der schleichende Konkurs.

Die Botschaft an Sie lautet:
1. Selbst den besten und fähigsten Leuten gelingt es nicht, Fehler zu vermeiden. Nur wer nichts tut, kann keine Fehler machen. Wenn Sie Fehler gemacht haben, wenn mangelnde Kontrolle zu unangenehmen Situationen und zu Kontrollschulden geführt hat, dann haben Sie immer noch die Chance, diese Kontrollschulden schnell und gezielt abzuarbeiten. Bringen Sie in solchen Fällen Ihr Unternehmen mit aller Konsequenz in Ordnung. In keinem Fall dürfen Kontrollschulden liegen bleiben, sonst wird es gefährlich.

Erfolg & Kontrolle

2. Suchen Sie sich einen Coach. Selbst wenn Sie ein Coach in Ihrer Gründungsphase oder in einer anderen Phase Ihres Unternehmens einige zehntausend Mark im Jahr kostet, ist das allemal günstiger, als teure Fehlentscheidungen zu bezahlen und lebenslang in der Kontrollfalle zu sitzen. Viele meiner Unternehmensfreunde haben – obwohl ihr Unternehmen hervorragend floriert – seit Jahren einen Coach, der ihnen immer wieder die Realität vor Augen führt. Suchen Sie sich einen externen Coach. Einen, bei dem Sie sich darauf verlassen können, dass er erstens seit Jahren erfolgreich tätig ist und dass er zweitens im Zweifel auf Ihren Auftrag verzichten kann. Ein Coach, der davon abhängt, dass Sie sein größter Kunde sind und der infolge dessen kaum auf Sie verzichten will, ist kein Coach. Suchen Sie sich einen Coach, der integer, authentisch und ehrlich ist. Er sollte eine einwandfreie Vergangenheit und bislang umgesetzt haben, was er selbst predigt. Denken Sie daran: Der Begriff »Coach« ist nicht geschützt. Jeder kann sich ohne jegliche Ausbildung »Coach« nennen. Üben Sie hier ebenfalls VerANWORTung und Kontrolle. Besorgen Sie sich das WISSEN zu diesem Coach. Erst wenn Sie genug wissen, entscheiden Sie sich. Treffen Sie keine Entscheidung, nur weil der betreffende Coach Sie glauben lässt, er sei ein großer Guru. Hinterfragen Sie das Know-how des Coaches und kümmern Sie sich darum, dass Sie wissen, dass er gut ist. *In jedem Fall gilt:* Leisten Sie sich einen Coach.

Lektion 16

Erfolg, Konflikte & »Nicht-nett-Sein«

Ich selbst habe über zehn Jahre gebraucht um zu verstehen, dass Konflikte eine klasse Sache sind und keineswegs etwas, das es immer zu vermeiden gilt. Bestimmt erinnern Sie sich an eine Auseinandersetzung, die Sie mit verursacht haben, und daran wie Sie sich dabei fühlten. Wichtig ist die Erklärung des Phänomens, wieso wir lieber langfristig negative Folgen in Kauf nehmen als uns kurz, heftig und mit einem klaren Ergebnis mit einem anderen zu einem bestehenden Problem auseinander zu setzen. Der Hintergrund ist: Es gibt zwei maßgebende Motive für menschliches Handeln: Entweder wir tun etwas, um Negatives zu vermeiden oder um etwas Positives, Schönes zu erhalten. Wenn wir wählen könnten, dann würden wir nur positive Erlebnisse wählen und alle negativen Erlebnisse und Erfahrungen ausschließen. Das Wichtigste jedoch ist:

Unangenehme Gefühle zu vermeiden, ist für uns alle ein akuteres Bedürfnis als Gutes zu gewinnen. Das heißt: Die meisten Menschen geben nicht automatisch alles, um Gutes zu erreichen, aber sie tun fast alles, um negative Folgen zu vermeiden.

Wie sehr diese Grundregeln zutreffen, können Sie selbst an vielen Beispielen im Alltag beobachten. Nehmen wir einmal an, Sie haben einen faulen Mitarbeiter in Ihrer Abteilung. Wann wird dieser Mensch bereit sein, mehr zu arbeiten? Wenn Sie ihm (trotz seiner offensichtlichen Faulheit) mehr Geld bieten, oder wenn Sie ihm unmissverständlich sagen, dass morgen sein letzter Arbeitstag sein wird, falls sich nichts ändert. Was geschieht? Dieser Mensch wird am nächsten Tag wahrscheinlich arbeiten wie lange nicht mehr. Denken Sie beim nächsten Mal daran, wenn Sie sich wegen unangenehmer, kurzfristiger Gefühle vor einer Auseinandersetzung drücken, die unbedingt erforderlich wäre, damit Sie langfristig Ihren Erfolg nicht gefährden.

Die Botschaft an Sie lautet: Schalten Sie alle emotionalen Handlungen aus, die Ihren Erfolg gefährden. In Kenntnis dessen, dass auch Sie auf Grund des uns eigenen, emotionalen Verhaltens grundsätzlich die Vermeidung negativer kurzfristiger Ereignisse dem Sicheren langfristiger Erfolge vorziehen, stürzen Sie sich künftig erst recht in anstehende Auseinandersetzungen.

Erst im Laufe der Jahre wurde mir bewusst: Konflikte und Auseinandersetzungen sind Teil eines (erfolgreichen) Lebens. Machen Sie sich nicht selbstständig, wenn Sie nicht bereit sind, Konflikte und Auseinandersetzungen zu ertragen. Konflikte und Kämpfe gehören dazu. Es gibt Menschen, die auf Grund ihres Naturells Konflikten stets ausweichen möchten. Dieser Menschentyp kann auf Dauer in der Selbstständigkeit keinen Erfolg haben.

Die Botschaft lautet also nochmals: Konflikte und Auseinandersetzungen gehören zum wirklichen Erfolg dazu. Es gibt keinen wirklichen Erfolg, ohne sich mit Konflikten und Auseinandersetzungen beschäftigen zu müssen.

Nettsein und Gefressenwerden

Kinder balgen sich auf der Straße, Unternehmen kämpfen um Marktführerschaft. Wenn Sie wirklich Erfolg haben wollen, wenn Sie erfolgreich sein wollen, dann vergessen Sie die Einstellung der Idealisten à la »Mann kann doch auch nett zueinander sein«. Wenn Sie zu nett sind, werden Sie auf Dauer gefressen. So einfach ist das.

Die Botschaft an Sie lautet: Vergessen Sie ein erfolgreiches Leben, in dem Sie auch Geld machen wollen, wenn Sie stets nur nett sind.

Es gibt dutzende von Managementbüchern, in denen immer wieder betont wird, wie wichtig die soziale Komponente für dauerhaften Erfolg sei. Ich behaupte: Bücher mit dieser Botschaft und diesem Fazit sind Unsinn! Ich möchte dies mit einigen Beispielen belegen: Wir erinnern uns alle an die viel gepriesene Euphorie des Neuen Marktes, der Wachstumsbörsen in Amerika und Deutschland, bis Mitte des Jahres 2000 eine abrupte Baisse einsetzte. Zu spät wurden sich zahlreiche frisch gebackene Unternehmensführer bewusst, dass es nicht damit getan ist, dass, wie in einer großen Wohngemeinschaft, alle nett zueinander sind. Ich erinnere mich an ein Gespräch mit einem solchen frisch gebackenen Unternehmensvorstand im Herbst 2000. Dieser meinte:»Was gehen mir diese endlosen Wirhabenunsallesolieb- und Wirfindenunsallesotoll-Gespräche auf die Nerven. Es ist höchste Zeit, dass mit harter Hand Strukturen gelegt und eingehalten werden.« Drei Wochen später meldete dieses Unternehmen

Konkurs an. Es war kein Geld mehr da. Auch, wenn Sie einen Blick in die Geschichte werfen, finden Sie kaum Beispiele von »lieben, netten, erfolgreichen« Unternehmensführern. Im Gegenteil: Unternehmen, aus denen etwas wurde, standen Menschen vor, die wussten, was sie wollten und die keinen Zweifel gegenüber ihren Mitarbeitern daran ließen, dass gefeiert wird, wenn die Ziele erreicht sind. Und nicht früher. Durchforsten Sie Literatur und Biografien, Sie werden selten oder überhaupt nicht auf charmante, nette und allzeit kommunikative Führungspersönlichkeiten stoßen. Daimler beispielsweise konnte höchst jähzornig werden, Porsche war, wie man sich erzählt, sehr eitel und eingebildet, Nixdorf wird als der eher herrische Typ beschrieben und Bosch als penibler, schimpfender Sparfuchs. Wolfram Weiner erzählt in seinem bemerkenswerten Buch »Kapitäne des Kapitals« (siehe auch »Meine persönliche Erfolgsbibliothek« Seite 204) folgende Geschichte über Bosch:

»Robert Bosch bückt sich als stattlicher, reicher Herr in seiner Fabrik, hebt eine Büroklammer auf und schimpft dabei seinen Angestellten an: ›Was dappsch du auf meim Geld rum, des han i ja zahlt‹.«

Bitte verwechseln Sie bei alledem nicht: Nicht-nett-Sein ist etwas anderes als Aggressiv-Sein. *In jedem Fall gilt:* Konflikte sind nichts Schlechtes. Im Gegenteil: Konflikte sind normal. Es gibt keine Geschäfte, in denen sich zwei Parteien treffen, immer verstehen, sich gegenseitig auf die Schulter klopfen und Tag für Tag nur betonen, wie toll die jeweils andere Seite ist.

2 Grundmotive menschlichen Handelns

Und noch einmal zurück zu »Negatives vermeiden und Positives erreichen« oder besser »in der Hoffnung, Positives zu erreichen«: In jedem anstehenden Konflikt, in jeder anstehenden Auseinandersetzung geht es auch um Ihre Macht. Seien Sie sich stets bewusst, dass Ihr Gegenüber auch von diesen beiden Grundmotivationen getrieben wird. Ihr Gegenüber will Negatives und negative Gefühle vermeiden und positive Gefühle, Positives erreichen. Dann fühlt Ihr Gegenüber sich wohl. Für Sie bedeutet das: Üben Sie Ihre Fähigkeit, länger als Ihr Gegenüber unangenehme Situationen zu ertragen. Nichts anderes ist die Schweigetechnik, die ich an anderer Stelle in diesem Buch beschreibe.

Erfolg, Konflikte & »Nicht-nett-Sein«

Die Botschaft an Sie lautet: TUN SIE EINFACH NICHTS! In der nächsten unangenehmen Situation vertreten Sie Ihren Standpunkt, verschärfen womöglich, beispielsweise in einem Mitarbeitergespräch, die Situation und dann schweigen Sie. Sie tun einfach nichts.
Abschließend ein Beispiel dazu: Sie telefonieren mit einem potenziellen Geschäftspartner. Er hatte Ihnen vor einiger Zeit die schriftliche Zusage zu einem Geschäftsabschluss gegeben. Jetzt erklärt er Ihnen, wieso er das Geschäft dennoch nicht durchführen kann. Er bittet Sie um eine Lösung. Nun haben Sie zwei Möglichkeiten:

Möglichkeit A: Sie reagieren entsprechend Ihrer Grundmotivationen »Negatives vermeiden, Positives erreichen«, machen sich selbst glücklich und sagen sich in Gedanken, »Streiten will ich mich ja jetzt auch nicht. Wer weiß, was alles noch an Geschäften folgt« und so weiter, und so weiter...

Oder Sie reagieren nach

Möglichkeit B und sagen am Telefon: »Ich verstehe, was Sie sagen, aber bieten Sie mir bitte eine Möglichkeit, die mich zufrieden stellt und mit der ich leben kann...« Dann schweigen Sie. Wow, wird das unangenehm.
Jetzt haben wir die oben erwähnte Situation: Es verliert, wer zuerst das Schweigen bricht. Nehmen Sie die in solchen Situationen unangenehmen Gefühle in Kauf. Schweigen Sie in jedem Fall und versuchen Sie nicht, den Konflikt nur deswegen niederzulegen, weil Ihnen unbewusst Ihre Motivation »VERMEIDE NEGATIVES, VERMEIDE UNANGENEHMES« einen Streich spielt.
Hinweis: Alle diese Gesetzmäßigkeiten sind der jeweiligen Situation untergeordnet. Einem langjährigen Geschäftspartner, dem Sie bereits große Umsätze verdanken, sollten Sie ruhig einmal nachgeben. Aber selbst dann nicht impulsiv beim ersten Gedanken, lassen Sie sich etwas Zeit, bis Sie Ihr Entgegenkommen äußern.
Ich möchte Ihnen zum Schluss dieser Lektion Tom Siebel vorstellen. Seine Erfolgsgeschichte ist ein Beispiel dafür, dass es nicht darum geht, nett zu sein, sondern Ergebnisse zu erzielen.

Die Geschichte des nicht netten, jedoch erfolgreichen Tom Siebel

Ich möchte zum Schluss dieser Lektion die Geschichte von Tom Siebel erzählen, über den das »managermagazin« in seiner Oktoberausgabe des Jahres 2000 berichtete. Zu diesem Zeitpunkt war Siebel Chief Executive Officer (CEO) von Siebel Systems. Er führt seine Firma mit gnadenloser Härte und manchmal sicherlich rüdem Ton. Die Erfolgsstory seines Unternehmens gibt ihm jedoch Recht. Eine typische Situation für alle, die mit Tom Siebel zu tun haben, ist zum Beispiel: Ein Mitarbeiter hat eine Präsentation in einer wichtigen Sache vorbereitet. Die Präsentation läuft, plötzlich kommt der vortragende Mitarbeiter nach der Zwischenfrage eines Zuhörers ins Stocken. Tom Siebel sieht auf die Uhr. Nach zwei Minuten springt er auf und beendet die Sitzung. Das Spiel für den Mitarbeiter, der präsentieren sollte, ist gelaufen. Siebel merkt man an, dass er eine Militärakademie besuchte. Den erlernten Drill gibt er weiter und steht zu dieser Methode des Führens. Siebel will nur eines: Erfolg. Keine Freunde. Und die Praxis bestätigt ihn: Siebel ist supererfolgreich. Seine Firma zählt im Oktober 2000 zu einem der schnellst wachsenden Softwareunternehmen in den USA. Sie ist die Messlatte für Zufriedenheit. Die Kunden lieben den Service und die Zuverlässigkeit. Das ist es, was für Siebel zählt. Allein von 1995, dem Start des Unternehmens mit dem ersten Produkt, bis zum Jahr 2000 verdoppelte sich der Umsatz von Jahr zu Jahr. Im Jahr 2000 waren es knapp 1,6 Milliarden Dollar. Im »managermagazin« schreibt die Autorin Eva Müller im Oktober 2000: »Selten sind sich die Experten so einig wie bei der Beurteilung der Siebel Aktie. Von 19 Analysten legen 15 sie den Anlegern dringend ans Herz. Die restlichen vier Finanzgurus sagen einfach nur: Kaufen.« Im zweiten Vierteljahr 2000 erwirtschaftete Siebel im Vergleich zum bekannten Konkurrenten SAP eine doppelt so hohe Umsatzrendite. Wird Tom Siebel nach den Erfolgsfaktoren seines Unternehmens gefragt, antwortet er regelmäßig mit drei Begriffen »Professionalität, Perfektion, Qualität«. Etwas anderes lässt der Mann, den mancher Mitarbeiter in Anlehnung an die Softwarebranche wegen seiner Härte angeblich auch »e-Hole« nennen soll, nicht zu. Methodisch arbeitet er Tag für Tag, Woche für Woche und Monat für Monat im Jahr ab. Er plant, setzt klare und anspruchsvolle Ziele und tut das, was ich in diesem Buch als eines der wichtigsten Erfolgsprinzipien ausführlich beschreibe, er kontrolliert! Kontrolle der Tätigkeitsberichte der Mitarbeiter ist für Siebel das A und O. Ausnahmen gibt es nicht. Siebel kümmert sich dabei um jedes Detail. Das »managermagazin« schreibt in seiner oben genannten Ausgabe: »Weniger als 100 Prozent sind für den drahtigen Mittvierziger nicht akzeptabel, das gilt für jedes Detail. Keine Einzelheit ist unbedeutend genug, um nicht genau geregelt zu sein.« Dann folgen Beispiele, was dies im Falle von Siebel Systems in der Praxis bedeutet: »So steht fest, dass in jeder der 97 Siebel-Niederlassungen in 28 Ländern der Teppich taubenblau und das Mobiliar aus honigfarbenem Ahornholz sein muss. Als Wandschmuck sind nur Werbebilder der Kunden oder geschliffene Glasplatten mit deren Logos erlaubt... Pizza am Computer, Cola-Dosen unterm Schreibtisch – verboten! Poster oder Comics an den Wänden der Büro-Quader – bloß nicht!« Selbst die Kleiderordnung hält Siebel unter Kontrolle, wie es ansonsten nur im klassischen Bankgewerbe der Fall ist: »Die Kleiderordnung für alle Mitarbeiter mit Kundenkontakt lautet: Anzug und Krawatte für die Herren, Kostüm oder Hosenanzug für die Damen.« Damit ist für Siebel jederzeit gewährleistet, dass sich die professionelle Arbeit auch im Erscheinungsbild einer jeden Mitarbeiterin, eines jeden Mitarbeiters ausdrückt. – Wenn Sie nun als Leser denken: »Wer wird schon so verrückt sein, in einem so geführten Unternehmen arbeiten zu wollen«, dann irren Sie gewaltig. Laut dem »managermagazin« »drängen sich geradezu« hochkarätige Technologie-Manager, um für Siebel arbeiten zu dürfen. Hierfür gibt es einen ganz einfachen Grund: Das beste Parfüm ist der Erfolg. Erfolg ist anziehend. Am Rande: Wer nun denkt, »Oh, ein Mensch wie Tom Siebel möchte ich niemals sein«. »Wie muss dieser Mann nur privat sein?« »Seine arme Familie!«, der irrt ebenfalls. Privat, so ist nachzulesen, ist Siebel ein toller Vater, der lässig und begeistert mit seiner Tochter herumtollt. Eben ein ganz normaler Mensch – der gelernt hat, Geschäfte zu machen und sein Geschäft im Sinne seiner selbst gesetzten Ziele zu führen, anstatt jedermanns Freund zu sein.

Not everybody's Darling

Noch einmal für all diejenigen, die noch immer auf die weiche Tour Geschäftserfolg erreichen wollen: Solange ein Unternehmen, ein Projekt ohnehin gut läuft, werden Sie natürlich auch auf die weiche

Tour Erfolge verzeichnen. Diese Weichheit wird spätestens dann gefährlich, wenn Ihre Unternehmung ins Schlingern gerät. Dann werden Sie feststellen, dass eine gewisse Härte ganz gut tut. Doch nun werden Sie ein anderes Problem haben: Ihre Mitmenschen kennen Sie nur als weichen, netten Menschen. Plötzlich werden Sie hart und rüde. Darauf reagieren Mitarbeiter und Partner mit Ablehnung, und das Schicksal nimmt seinen Lauf: Ein Misserfolg jagt den Nächsten.

Denken Sie ab heute daran: Ihre Aufgabe ist es nicht, jedermanns Freund zu sein. Um Erfolg zu haben, müssen Sie Ihr Geschäft beherrschen. Und das beherrschen Sie auf Dauer nur, wenn klar ist, wie die Rollen verteilt sind. Vergleichen Sie die Führung Ihres Unternehmens, des von Ihnen verantworteten Bereiches oder Ihrer Arbeit einmal mit dem Führungsstil von Tom Siebel.

Die Botschaft an Sie lautet: Wenn Sie Erfolg haben wollen, wenn Sie wirklich persönlichen und finanziellen Erfolg haben wollen, müssen Sie Geschäfte machen. Es geht um Business, um Geschäfte. Nicht darum, dass Sie in Ihrem Unternehmen, in Ihrer beruflichen Umgebung nur Freunde haben. Ihre Aufgabe auf dem Weg zum Erfolg ist es, Geschäfte zu machen.

Lektion 17
Setzen Sie auf Dream-Teams

> *The first method for estimating the intelligence of a ruler is to look at the men he has around him.*
> Niccolo Machiavelli

Hinweis:
Diese Lektion widme ich Daniel S. Pena. Der Mulitmillionär mit nachweislichem Super-Erfolg gab mir mit seinem fantastischen Buch »Your First 100 Million« wichtige Anregungen zu dieser Lektion. Thank you, Mr. Pena! Als ich Daniel S. Penas Buch vor Jahren zum ersten Mal las, wurden mir viele meiner eigenen Erfolgsprinzipien klarer als jemals zuvor. Ich wünsche Ihnen, dass Sie das in Englisch geschriebene und für normale Verhältnisse sehr, sehr feine Buch von Daniel S. Pena eines Tages in die Hände bekommen. Sie werden es verschlingen. Näheres zu diesem Buch finden Sie in meiner »Persönlichen Erfolgsbibliothek« auf S. 203. Die erste Lektion beginnt zu Recht mit:
»Super success ist not for the wishy washy. Victory in business, like war, comes to the toughest son-of-a-bitch in the valley.«

Nun zum Thema Dream-Teams, wie sie auch von Daniel S. Pena bezeichnet werden. Wenn ich in Gruppen- oder Einzeltrainings von »Team« spreche, dann gibt es immer wieder einzelne Teilnehmer, die mir versichern, sie bräuchten niemanden außer sich selbst. Bis heute konnte ich jedoch noch jede Teilnehmerin, jeden Teilnehmer davon überzeugen, dass wirklich erfolgreiche Menschen auch erfolgreiche Teams brauchen. Sie können zwar – auch wenn das auf Dauer Ihre Gesundheit schädigt – für drei oder vier Personen arbeiten. Wenn Sie große Erfolge erzielen wollen, wird es sogar Zeiten geben, da müssen Sie für drei oder vier Personen gewissermaßen gleichzeitig arbeiten und sollten es in diesem Fall auch. Doch selbst den Besten unter Ihnen wird es niemals gelingen, drei oder vier verschiedene Personen *zu sein*. *Daher gilt:* Wenn Sie auf Dauer wirklichen Erfolg haben wollen, dann brauchen Sie ein Team um sich herum. Sie brauchen Menschen, auf die Sie sich verlassen können.

Und wenn Sie wirklich großen Erfolg haben wollen, wenn Sie den Super-Erfolg suchen, dann brauchen Sie ein Dream-Team. Diese Bedeutung des Dream-Teams gilt für Ihr persönliches wie auch berufliches Umfeld.

Berufliche Dream-Teams & Erfolg

Oft erlebe ich in Beratungsgesprächen mit Führungskräften, dass diese im Hinblick auf ihre Mannschaft, auf ihr Mitarbeiterteam zahlreiche Kompromisse eingehen. Da wird einmal die Mitarbeiterin entschuldigt (»aber sie ist doch...«), dann ist es wieder ein Mitarbeiter (»er hat ja Macken, aber da und dort ist er exzellent«). Unsinn! Hören Sie auf, Entschuldigungen zu suchen, wenn Sie feststellen, dass Sie kein Dream-Team haben. Diese Entschuldigungen bringen Sie nicht weiter, sondern kosten lediglich sehr, sehr wertvolle Zeit.

Wie können Sie feststellen, ob Sie ein solches Dream-Team haben? Die wichtigste Voraussetzung ist, dass die Chemie zwischen Ihnen und den einzelnen Mitgliedern Ihres Teams stimmt. Stimmen Sie überein in Philosophie, Erscheinen, Passion? Wenn die Chemie nicht stimmt, wenn der eine leidenschaftlich ist und über Visionen verfügt, der andere wiederum phlegmatisch und ohne große Begeisterung seine Arbeit Tag für Tag absolviert, dann haben Sie kein Dream-Team. Fragen Sie sich kritisch, wer von den Mitgliedern Ihres Teams ein Freund sein könnte? Die Möglichkeit, auf Grund der jeweiligen Eigenarten Freund sein zu können, ist meines Erachtens eine der wichtigsten Voraussetzungen für eine erfolgreiche Partnerschaft. Wenn Sie eine Position in Ihrem Team zu besetzen haben, dann machen Sie es von Beginn an richtig. Dan Pena, Multimillionär und Selfmademan (vgl. Hinweis zu Beginn dieser Lektion) beschreibt in seinem fantastischen und aus meiner Sicht einzigartigen Buch »Your first 100 Million«, wie er von Bewerbern herausbekommt, wann sie Geburtstag haben und anschließend Bewerbungsgespräche – wenn es passt – auf diesen Geburtstag legt. Er sagt also einfach: »Kommen Sie doch am XX um 19 Uhr bei mir im Büro vorbei.« Wer jetzt sagt: »Das geht aber nicht, meine Frau, meine Kinder, mein Hund, meine Gäste...«, hat verloren. Denn: Mit großer Sicherheit sagt dieser Mensch auch wenn es um einen großen Deal, ein einmaliges Geschäft, um wirklich großes Geld geht und der mit diesem Deal und

Setzen Sie auf Dream-Teams

Geld zusammenhängende Termin auf seinen Geburtstag um 19 Uhr fällt, »Das geht aber nicht, meine Frau, meine Kinder, mein Hund, meine Gäste...«. Würden Sie nun den Termin verschieben, machen Sie sein Problem zu Ihrem eigenen. Aber wie an anderer Stelle schon ausgeführt, machen wirklich erfolgreiche Menschen die Probleme der anderen nicht zu ihren eigenen!

Ein anderes Beispiel in diesem Zusammenhang: Ein Seminarteilnehmer, einer der erfolgreichen und großen Bäcker Deutschlands, verriet mir vor einiger Zeit, wie er seine Lehrlinge auswählt. Er bestellt potenzielle Bewerber einfach für morgens um 4 Uhr in die Backstube. Das Ergebnis: Rund 80 Prozent der Bewerber sagen den Termin von sich aus wieder ab, aus den übrig bleibenden 20 Prozent sucht sich dieser Bäckermeister seine Leute aus, um sein Dream-Team zu verstärken. Diese Fähigkeit, sein Dream-Team auf diese Weise konsequent zu erweitern, ist einer der wichtigsten Bausteine für seinen seit Jahren anhaltenden Erfolg.

»So geht das doch nicht«-Menschen

Was können Sie noch tun, um Ihr Dream-Team zu finden oder um festzustellen, ob Sie von einem Dream-Team umgeben sind? Suchen Sie sich Partner, die alle in diesem Buch beschriebenen Erfolgsrezepte selbst umsetzen wollen. Wenn Sie Partner und Mitarbeiter haben, die in erster Linie immer denken, »Das kann ich doch nicht« oder »Das schaffen wir doch nicht«, dann trennen Sie sich von diesen Partnern und Mitarbeitern. Immer wieder erlebe ich, dass Führungskräfte solchen »So geht das doch nicht«-Menschen eine zweite und dritte Chance geben. Lassen Sie mich deutlich sagen: **Es ist nicht Ihre Aufgabe, aus einem »So geht das doch nicht«-Menschen einen Menschen mit Visionen zu machen. Es ist seine Aufgabe, nicht Ihre. Es ist seine Verantwortung, nicht Ihre.** Wenn er (oder sie) es nicht kann, aber lernen will, soll er (oder sie) es lernen und sich dann wieder in Ihrer Firma oder für Ihre Unternehmung bewerben. Bis heute habe ich keinen Menschen in Führungsposition getroffen, der mir bestätigt hätte, jemals aus einem »So geht das doch nicht«-Menschen einen visionären Menschen gemacht zu haben.

Traum-Partner

Für wirklichen beruflichen Erfolg brauchen Sie Partner mit Leidenschaft, Partner mit der Fähigkeit zu träumen. Partner, die Visionen haben. Visionen und Träume sind die Bausteine der Wünsche. Und um Erfolg zu haben, brauchen Sie möglichst brennende Wünsche. Lassen Sie an Visionen zu, was immer Sie sich denken können. »Geht nicht« oder »Klingt zu verrückt«, gibt es ab jetzt nicht mehr. Denken Sie an die Geschichte, die in vielen Büchern von Thomas Alva Edison zitiert wird: Als sechsjähriger Junge träumte er davon, Hühnereier schneller zum Ausbrüten zu bringen. Es war seine persönliche Vision. Und ahnen Sie, was Edison getan hat? Er setzte sich als Erstes selbst auf die Hühnereier, um sie auszubrüten.

Zig Ziglar prägte den wunderschönen Satz: »Träumen Sie, so weit Sie sehen, und wenn Sie dort angekommen sind, können Sie weiter blicken.« Wenn Sie dagegen halten und behaupten, »Ich kann aber nicht träumen. Ich bin Realist«, dann denken Sie an Ihre Kindheit. Sie haben geträumt Astronaut zu sein oder ein Superpolizist oder Supermann persönlich.

Nehmen wir als Beispiel den Traum eines im Jahr 2000 noch sehr jungen, doch bereits sehr bekannten Sportlers. Als der betreffende Junge fünf Jahre alt war, träumte er bereits davon, eines Tages das Mastersturnier im Golf zu gewinnen. Am 13. April 1997 war es für den damals 21-Jährigen soweit. Nicht nur dass er gewann, er stellte zudem einen neuen Rundenrekord auf. Jeder war angesichts dieser Leistungen überrascht und die Medien überschlugen sich mit Kommentaren zu diesem Wunderkind. Nur zwei Menschen waren nicht überrascht: der Vater des jungen Mannes, der jedem immer und immer wieder die Geschichte erzählte, wie sein Sohn bereits seit seinem fünften Lebensjahr in seiner Vorstellung damit lebt, das Mastersturnier zu gewinnen. Und auch der junge Mann selbst war nicht überrascht, denn er hatte diesen Moment seines Lebens bereits viele, viele dutzend Male in Gedanken erlebt und durchgespielt. Sein Name: Tiger Woods.

Dieses Beispiel ist der beste Beweis, dass Ihre Träume von Gestern Ihre Wichtigkeit von Heute werden können. Ohne solche Träume, wie auch Tiger Woods sie hatte, kommen Sie niemals vorwärts. Und wenn es heißt, dass die Träume von Gestern die Realität

Setzen Sie auf Dream-Teams

von Heute sind, dann gilt auch, dass Ihre Träume von Heute die Realität von Morgen sind. Oder noch deutlicher: Sie können Träume nur wahr machen, wenn Sie sie zuvor geträumt haben. Wenn Sie nicht träumen, welchen Traum wollen Sie dann leben? Übrigens: Wenn Sie als Kind geträumt haben, spielte es auch keine Rolle, ob Ihre Eltern reich waren oder arm. **Träume sind grenzenlos.** Das heißt, Sie dürfen höchstens sagen: »Ich habe verlernt zu träumen«, aber niemals, »Ich kann nicht träumen.«

Ohne Passion kein Erfolg

Für Ihren persönlichen wie beruflichen Erfolg ist es nicht nur entscheidend, Partner und Mitarbeiter mit Visionen zu haben, es ist genauso wichtig, sich von Partnern und Mitarbeitern zu trennen, die keine Passion haben. Die PASSION erst mühevoll buchstabieren müssen, um Ihnen anschließend langatmig zu erklären, warum nicht alle Menschen gleich sein können und warum sie das mit der Passion daher auch anders sehen. Verplempern Sie keine Zeit mit solchen Partnern und Mitarbeitern. Trennen Sie sich. Und zwar so schnell wie möglich. Glauben Sie mir: Diese Menschen, die ihre mangelnde Passion, Vision, Träumerei und Aktivität in Entscheidungen so ausführlich zu erklären wissen, werden das auch noch in einem Monat, einem Jahr und noch in 10 Jahren tun. Verschwenden Sie weder Zeit noch Energie in solche Leute. Trennen Sie sich!

Die Botschaft an Sie lautet: Sie brauchen passionierte Menschen um sich herum. Diese Botschaft ist ein Erfolgsrezept!

Ich empfehle Ihnen das faszinierende Managementbuch von Thomas J. Peters und Nancy Austin »Leistung aus Leidenschaft – A Passion For Excellence!« Dieses Buch bietet eine Fülle von Beispielen für gelebte Passionen. So zum Beispiel das von Don Burr, im Jahre 1986 Chairman von People Express: »*Kaffeeflecken auf den Klapptischen (im Flugzeug) bedeuten (für die Passagiere), dass wir unsere Maschinen nicht richtig warten.*« Spinnerei? Nein, Don Burr hat Recht. Haben Sie jemals in einem Flugzeug gesessen und vor dem Start festgestellt, dass Ihr Klappbrett schmutzig war oder gar eine Schraube der beiden Schrauben, die das Klappbrett halten, fehlte. Ich kenne dieses Gefühl und ich sage Ihnen: Sie fragen sich wirklich, was der Wartungsmannschaft bei dieser Maschine sonst noch alles nicht aufgefallen ist. Eine Schraube, die an der entscheidenden Stelle fehlt, kann zur Katastrophe führen. Nehmen wir noch ein anderes Beispiel von Peters und Nancy. Sie schildern in ihrem Buch, wie ein Kollege von ihnen, Jack Zenger, sagt: »*Ich bin wahrscheinlich in jedem Wintersportzentrum der Welt gewesen, das diesen Namen verdient. Nur in einem, in der Sierra in Kalifornien, findet man kurz vor dem Lift, kurz bevor man auf den Liftsessel hüpft, eine Box mit Papiertüchern. Man kann sich ein Papiertuch nehmen und die Skibrille auf dem Weg nach oben sauber machen.*« Verstehen Sie die Botschaft? Dies sind Beispiele für entscheidende Kleinigkeiten, die einen großen Unterschied machen. Möglicherweise fallen Ihnen nun eigene Punkte ein, die Sie leidenschaftlicher verbessern könnten. Vielleicht denken Sie an Ihr eigenes Büro, die unaufgeräumten Schreibtische, das Chaos im Besprechungssaal, die Kaffeeflecken auf einzelnen Tischen, und verstehen plötzlich, wieso das mit Ihrem Erfolg nicht so ganz funktioniert.

Die Botschaft an Sie lautet: Leben und arbeiten Sie mit Leidenschaft! Nur passionierte Menschen spielen das Spiel des Lebens um zu gewinnen, nicht um nicht zu verlieren. Setzen Sie auf Menschen, die mit Ihnen gewinnen wollen und Sie das jeden Tag, jede Minute und jede Sekunde immer wieder aufs Neue spüren lassen. **Erfolg ist die Folge von Leidenschaft für eine Sache, ein Projekt, eine Vision, eine Idee.** Nur durch diese Leidenschaft beschäftigen Sie sich Tag und Nacht mit Ihrer Sache.

Greifen wir noch das hervorragende, passende Beispiel von Redaktionsteams auf. Wenn Sie eine Redaktion leiten und zehn von 20 Mitarbeitern Ihres Teams kennen die Vision Ihrer Zeitschrift, dann werden Sie grundsätzlich feststellen, dass diese zehn Menschen hervorragende Beiträge schreiben. Die anderen zehn werden ihnen immer sagen, »Ich brauche mehr Geld«, oder »Wir kennen unsere Zielgruppe nicht«, oder »Es gibt im Moment keine Themen«, oder »Ich brauche dringend die neue Media-Analyse, um zu wissen, für wen ich schreibe«, und werden Ihr Heft ruinieren, wenn Sie nicht dagegensteuern. Jeder Chefredakteur, der bereits einmal ein schlechtes Team, eben kein Dream-Team, geleitet hat, wird diese Situation bestätigen. Verlagsleiter, die mitbekommen, dass es ihren Chefredakteuren nicht gelingt, ein Dream-Team aufzustellen, sollten Konsequenzen ziehen.

Egal auf welchem Gebiet, egal in welcher Branche Sie tätig sind:

Setzen Sie auf Dream-Teams

Fragen Sie sich selbst: **Arbeite ich mit meinem Dream-Team zusammen?** Sind die Menschen in meiner näheren beruflichen Umgebung Menschen, die mich selbst begeistern, die mich mit besonderen Fähigkeiten überzeugen, die mit Leidenschaft bei der Sache sind und immer und immer wieder neue Herausforderungen meistern?

Wenn Sie jetzt anfangen zu erklären, »Eigentlich ja, aber ...«, dann lautet die ehrliche Antwort schlichtweg NEIN. Wenn Sie nicht mit einem klaren JA antworten können, arbeiten Sie nicht mit Ihrem Dream-Team zusammen und erreichen somit nicht den optimalen Erfolg. Ihren möglichen Super-Erfolg. Überprüfen Sie also ohne Wenn und Aber Ihre aktuelle Situation, Ihre aktuelle Position. Überprüfen Sie ohne Wenn und Aber Ihre Strategien und Ihre Handlungsgrundsätze.

Die Botschaft an Sie lautet: **Trennen Sie sich ohne Wenn und Aber von Menschen, die nicht in Ihr Dream-Team passen. Überprüfen Sie kritisch Ihre gesamte Situation und dann handeln Sie.** Diese Botschaft ist ein Erfolgsgesetz.

Dabei gilt: Menschen als nicht in Ihr Dream-Team passend zu bezeichnen ist kein allgemein gültiges Werturteil. Diese Menschen sind weder gut noch schlecht. Es geht auch überhaupt nicht um gut oder schlecht. Es geht schlichtweg um eine unternehmerische Entscheidung, die für Ihren beruflichen Erfolg gefällt werden muss. Es ist nicht Ihre Aufgabe, für alle Menschen da zu sein, es allen Recht zu machen und selbst anschließend auf der Strecke zu bleiben. Sie haben vielmehr ein Recht auf ein Dream-Team. Sie haben sogar die Pflicht, ein Dream-Team zu schaffen und immer wieder neu zu überprüfen, ob es noch Ihr Dream-Team ist. Es ist Ihre persönliche Pflicht auf dem Weg zum Erfolg.

Ein letztes Beispiel aus »Leistung aus Leidenschaft«, das jedoch nicht mit beruflichem Super-Erfolg und Millionen an Vermögen zu tun hat. Es ist ein Beispiel, das verdeutlicht, welche Konsequenzen es hat, wenn die führende Kraft einer Abteilung oder eines ganzen Unternehmens darauf achtet, ein Dream-Team zu haben oder zu schaffen. Es geht um einen farbigen Schulleiter, Norris Hogans. Er übernahm eine ziemlich heruntergekommene Schule in einem ziemlich heruntergekommenen Stadtteil in Atlanta mit zum größten Teil farbigen Schülern. Sein Auftrag lautete, die Schule wieder in bessere Zeiten zu führen. Peters und Austin schreiben: »Er wanderte mit strenger und entschlossener Miene über das Schulgelände und hatte immer sein Walkie-Talkie dabei ... Man spürte seine Direktheit, man spürte seine Ungeduld. Er lässt sich von nichts und niemandem zurückhalten.« Einige Zeilen weiter wird beschrieben, wie er die erste Lehrerkonferenz mit den folgenden kämpferischen Worten einleitete: »Entweder Sie gehören zum Team oder Sie gehören nicht dazu.« Norris Hogan wusste offenbar genau, wo er hin wollte. Er hatte ein Ziel, er hatte Leidenschaft, er führte (er managte nicht, er *führte*) und er machte unmissverständlich jedem Lehrer klar, was er unter Dream-Team verstand. Die Regeln gab Hogans vor, niemand sonst! Die Lehrer hatten sich ab sofort an äußerst strenge Verhaltens- und Benimmregeln zu halten. Das äußere Erscheinungsbild der Schule wurde entscheidend verbessert. Kurz und gut: Jedem in Hogans Umgebung war klar oder wurde innerhalb kurzer Zeit klar, dass er es schaffen würde.

Die Botschaft an Sie lautet: Geben Sie die Regeln vor, niemand sonst. Das gilt in allen Bereichen, für alle Hierarchien, für jeden Beruf, für jede Unternehmung. Niemand außer Ihnen gibt die Regeln vor.

Sich von Partnern oder Mitarbeitern zu verabschieden, ist oft eine harte und schmerzhafte Entscheidung, die jedoch notwendig ist, um Ihr Dream-Team zusammenzustellen. Im Folgenden beschreibe ich eine Methode, die Ihnen diesen Schritt erleichtern wird.

Dream-Team & Extremgedanken©

Ich nenne diese Methode die Methode der Extremgedanken©. Damit meine ich: Wenn Sie bei einer Entscheidung unsicher sind, stellen Sie sich die möglichen, extremen Entwicklungen vor. Nehmen wir an, Ihre Mannschaft, Ihre Unternehmung besteht aus fünf Personen. Davon sind vier Leute wirklich Dream-Team-Leute (DTLs) und eine Person ist es definitiv nicht. Sie schaffen es jedoch nicht, eine klare Entscheidung gegen diese fünfte Person zu treffen. In der Folgezeit wächst Ihr Unternehmen. Sie stellen wieder fünf neue Leute ein und von diesen fünf Neuen erweisen sich wiederum zwei als Nicht-Dream-Team-Leute (NDTLs). Was ist das Ergebnis zu diesem Zeitpunkt? Ihr Team besteht zu sieben Leuten, oder 70 Prozent, aus DTLs und drei Leuten, oder 30 Prozent, aus NDTLs. Verstehen Sie, was passiert, wenn Sie so weiterarbeiten? Ihr Unternehmen wächst und die NDTLs wachsen ebenfalls mit. Um diese Entwicklung zu brechen, müssen Sie handeln. Handeln Sie erst in dieser zweiten Entwicklungsstufe, müssen Sie bereits 30 Prozent kündigen. Sie müssen also mit drei Leuten persönlich sprechen und diesen mitteilen, dass die Zeit Ihrer Zusammenarbeit zu Ende ist. Wenn Sie immer noch nicht reagieren, sind es eines Tages – bei weiterem Wachstum Ihrer Idee, Ihrer Unternehmung, Ihrer Abteilung – sieben oder gar 20 oder noch mehr Leute, die alle NDTLs sind und denen Sie kündigen müssen. Fällt Ihnen das leichter als rechtzeitig nur mit einer Person zu sprechen? Übrigens: NDTLs sind erfahrungsgemäß die Ersten, die behaupten, der Chef, der Abteilungsleiter, SIE seien schuld, wenn es in einer Unternehmung einmal bergab geht. Kein gutes Geschäft, finden Sie nicht auch? Verstehen Sie: Sie schieben, wenn Sie keine sofortige Entscheidung betreff NDTLs fällen, erstens diese Entscheidung ohnehin nur auf, und zweitens heimsen Sie sich auf Dauer viel Ärger ein, wenn Missgeschicke und Fehler passieren, weil NDTLs Sie als Vorgesetzten immer zum Schuldigen machen. NDTLs übernehmen keine Verantwortung, sondern schieben diese weit, weit weg. Um all diesen Problemen aus dem Weg zu gehen und um Ihren persönlichen und finanziellen Erfolg zu vervielfachen, müssen Sie sich also zwangsläufig von NDTLs trennen. Schieben Sie die Entscheidung nicht auf. **Handeln Sie jetzt. Notieren Sie eine Liste von NDTLs und streichen Sie deren Namen symbolisch.** »Soziale Härte und Kapitalismus pur«, deuten Sie jetzt vielleicht. Die so denken, waren garantiert noch nie Unternehmer oder mussten mit einem Team von Menschen eine Idee, eine Vision umsetzen. Außerdem mussten sie wahrscheinlich noch nie Monat für Monat dafür sorgen, dass unterm Strich nur eines stimmt: Ihre Kasse! Ihr Konto! Was jeden Monat von neuem in einem Unternehmen zählt, ist, was auf dem Kontoauszug steht, was rauskommt! Wer solche Methoden kritisiert, sollte zunächst nachrechnen: In unserem Beispiel müssten drei der zehn Leute konsequenterweise gehen. Wenn Sie sich nicht von diesen trennen, gefährden Sie die Existenz des Unternehmens und somit die Arbeitsplätze und die Existenz der übrigen Teammitglieder, der sieben DTLs.

Vor längerer Zeit hatte ich ein hochinteressantes Gespräch mit einem Vorstandsvorsitzenden eines großen Industrieunternehmens. Dieser Mann lebte mit seiner Familie in einer 10 000-Seelen-Kleinstadt, in der auch das Unternehmen eine große Niederlassung hatte.

Er erzählte mir, dass er einmal gezwungen war, aus verschiedenen Rationalisierungsgründen rund 20 Prozent der Mitarbeiter zu entlassen. Die Auswahl der 20 Prozent richtete sich nach Arbeitsleistung und Nutzen für die Firma. Nach der Kündigung der 20 Prozent, was immerhin rund 2400 Arbeitsplätze waren, konnte sich dieser Vorstandsvorsitzende in seiner Stadt weder beim Bäcker noch beim Metzger noch sonst mehr wo sehen lassen. Überall traf er auf wütende und entrüstete Frauen derjenigen, die entlassen worden waren. Als er mir davon erzählte, meinte er: »Das war keine leichte Sache. Aber es musste sein, um 9600 andere Arbeitsplätze zu erhalten. Der Betrieb wäre ansonsten nicht mehr existenzfähig gewesen.«

Social-Club oder Dream Team

Woran erkennen Sie leidenschaftliche Partner und Mitarbeiter noch? **Diese Menschen kommen zuerst mit konkreten Ideen zu Ihnen.** Sie müssen sie nicht mühevoll überzeugen, doch einmal aktiv das eine oder andere zu unternehmen, zu verbessern… Diese Leute kommen mit Ideen, weil sie eigene Visionen und Träume haben. Und diese Leute bleiben nicht mit ihren Ideen stecken. Diese Menschen entscheiden und handeln. Diese Menschen kommen und sagen Ihnen: »Wir werden in vier Wochen rund 100 Kunden gezielt mit folgender Idee anschreiben und jedem einzelnen Kunden nachtelefonieren…« Und das Beste daran: Die wirklich zu Ihnen passenden Leute werden in vier Wochen 100 Kunden angeschrieben, bereits nachtelefoniert und die ersten Geschäfte gemacht haben. Sie tun mehr als Sie erwarten. Hören Sie auf, berufliche Social-Clubs zu gründen. **Wenn Sie ahnen, dass Sie eher einen Social-Club als eine funktionierende, nach klaren Zielen arbeitende Unternehmung haben, dann stoppen Sie dieses Programm.**

In wie vielen Sitzungen, Meetings und Geschäftsgesprächen haben Sie bereits gesessen und gespürt, dass Ihr Gegenüber, dass Ihre Gegenüber nicht das Geringste mit dem Typ zu tun haben, den Sie für Ihr berufliches Dream-Team fordern. Sie können keinen Erfolg mit Menschen haben, die nicht der Typ für Ihr Dream-Team sind. Stoppen Sie auch dieses Programm. Der *»Zauberspruch« lautet:* Führe dein Unternehmen oder es wird dich führen. Oder um Jack

Welch, einen der legendärsten Unternehmensführer (General Electric) zu zitieren: **»Wer führt, muss nicht managen.«** Versuchen Sie nicht zu managen, wo es einer Vision bedarf, eines Dream-Teams, sondern sorgen Sie dafür, dass alle Mitglieder des Dream-Teams die Vision verinnerlichen und diese Vision mit Enthusiasmus umsetzen. **Die Erfolgsschritte lauten: Erstens mit aller Kraft um Ihr Dream-Team zu kämpfen und es zusammenzustellen und zweitens, erst dann loszulegen.** Wenn Sie zuerst loslegen, ohne Ihr Dream-Team zu haben, quälen Sie sich von Monat zu Monat und von Jahr zu Jahr. Sie werden sich immer wieder fragen, wieso Sie so viel arbeiten, aber sich nicht der rechte Erfolg einstellt. Irgendwann sind Sie erledigt. Irgendwann ist Ihre Existenz ruiniert. Sie werden zwar in der Zwischenzeit alle möglichen Maßnahmen ergreifen, um Erfolg zu haben, aber letztlich schieben Sie Ihr Ende immer wieder von Neuem auf. Wobei das Schlimmste ist: Hin und wieder können Sie einzelne Erfolge auch ohne Dream-Team nicht vermeiden. Dann denken Sie vielleicht, »Geht ja doch«, und kommen gar nicht mehr auf die Idee, dass es mit einem Dream-Team um ein Vielfaches schneller, besser und weitaus erfolgreicher gehen würde. Die Praxis zeigt allerdings gnadenlos: Ohne Dream-Team wird sich der Super-Erfolg niemals einstellen. Sie werden ein Leben lang schuften, ohne es jemals »wirklich« zu schaffen.

Bevor ich nun auf private Dream-Teams zu sprechen komme, möchte ich Ihnen, passend zur Auswahl der »richtigen Mitarbeiter«, noch eine Stelle aus dem für alle macht- und erfolgsorientierten Menschen wichtigem Buch »Der Fürst«, von Machiavelli, 1469–1527, wiedergeben:

»Es gibt drei Arten von Intelligenz: Die eine versteht alles von selbst, die zweite vermag zu begreifen, was andere erkennen, und die dritte begreift weder von selbst noch mit Hilfe anderer. Die erste Art ist hervorragend, die zweite gut, die dritte unbrauchbar...«

Dann:

»Wie kann ein Herrscher nun seine Mitarbeiter durchschauen? Hierfür gibt es ein untrügliches Zeichen: Merkst du, dass der Mitarbeiter mehr an sich selbst denkt als an dich und bei allen Handlungen seinen Vorteil sucht, so wird er nie ein brauchbarer Mitarbeiter werden, und du kannst ihm nie trauen.«

Die Botschaft an Sie lautet: Setzen Sie bei der Aufstellung Ihrer künftigen Dream-Teams auf Menschen, die alles von selbst verstehen (wollen) und die mehr an Sie und Ihre Unternehmung denken als an sich selbst. Das ist die ganze Botschaft für wirklichen Erfolg.

Private Dream-Teams & Erfolg

Die wichtigste Regel vorab: Erfolgreiche Menschen haben erfolgreiche Freunde. Ob Sie das akzeptieren wollen oder nicht, es ist so. Und aus diesem Grund sollten Sie alle Mühe darauf verwenden, Ihr privates Dream-Team zu finden und zusammenzustellen. Wichtig ist: Es zählt weder Ausbildung, Herkunft, Kontostand oder etwas anderes. Es zählt nur die persönliche Chemie. Wenn sie stimmt, dann ist die erste Voraussetzung für das persönliche Dream-Team geschaffen. Stimmt die Chemie nicht, sagen Sie einfach Nein. Lassen Sie den anderen spüren, dass Sie Distanz wahren wollen. Wenn Sie kein klares Nein äußern, dann belasten Sie Ihre Zeit und die Zeit der anderen Person. **Nein sagen zu lernen ist ein Muss, wenn Sie wirklichen Erfolg haben wollen.** Immer wieder höre ich, wenn ich auf Seminaren über private Dream-Teams spreche, dass man doch nicht Leute vor die Brust stoßen sollte, dass man nicht so ablehnend sein kann. Doch, Sie können. Seien Sie ablehnend, höflich, aber direkt. Es ist nicht Ihr Problem, wenn Ihr Gegenüber trotz einer höflichen Distanz nicht versteht, dass Sie nichts oder nur begrenzt mit ihm zu tun haben wollen. Bewahren Sie sich vor dem Ballast zu vieler vermeintlicher Freundschaften und Halbbeziehungen. Rechnen Sie einfach einmal nach: Wenn Sie Ihren Job machen, verbleiben in der Woche ein Tag und vielleicht zwei Abende für Ihre persönlichen Unternehmungen, ob alleine, mit Ihrer Partnerin, Ihrem Partner oder Ihren Kindern. Das ist nicht viel. Diese begrenzte Zeit gehört zuerst Ihnen, dann Ihrer Familie und danach Ihren wirklichen Freunden. Neue Beziehungen sollten Sie sorgfältig auswählen und, wenn die Chemie nicht 100%ig stimmt, lieber öfters einmal Nein sagen.

Lektion 18

Image & Klischee

»*Vergessen Sie niemals: Es gibt keine zweite Chance für den ersten Eindruck.*«
Redensart

Zum Erfolg, zum wahren Erfolg gehören Märchen, gehören Geschichten, gehören Klischees. Orientieren Sie sich an Klischees. Klischees der Stärke. Klischees der Größe. Das Ganze hat nichts mit Ihrer biologischen Größe zu tun, sondern damit, wie groß Sie scheinen. Ich möchte Ihnen zur »scheinbaren Größe« ein hochinteressantes Beispiel schildern, wie im Zahlenbereich hohe Zahlen Menschen und ihr Denken offensichtlich beeinflussen:

Im Jahr 1952 untersuchen die Wissenschaftler Dukes und Bevan diesen Zusammenhang. Studenten mussten in dem Experiment Karten ziehen. Auf diesen Karten waren jeweils Geldbeträge notiert. Die Spanne reichte von plus drei Dollar bis minus drei Dollar. Zum Ende hin mussten die Studenten angeben, welche Karten aus ihrer Sicht größer gewesen seien. Die mit dem Aufdruck drei Dollar, zwei Dollar etc. Das verblüffende Resultat: Die Studenten schätzten die Karten mit einer hohen positiven Zahl größer ein als die mit einer negativen Zahl. Verblüffend war das Ergebnis deshalb, weil es bei den Karten keinen Unterschied gab. Sie waren alle gleich groß.

Die Botschaft an Sie lautet: Wir verbinden »Größe« mit Stärke. Größe scheint uns zu imponieren. Größe scheint uns zu beeindrucken. Das ist im Übrigen auch der beste Beweis dafür, warum Geld zwar nicht alles, viel Geld jedoch etwas anderes ist (oder etwas anderes auslöst).

Kleiner Trick zum Schulden abbauen

Positive Zahlen (GUTHABEN) auf Ihrem Kontoauszug lösen das Gefühl der Größe und Stärke aus. Negative Zahlen (SOLL) auf Ihrem Kontoauszug lösen Beklemmung aus. Dies ist ein entscheidender Grund, warum Menschen mit Schulden am besten wie folgt vorgehen: Konzentrieren Sie sich nicht allein darauf, die Schulden abzubauen – dann sinkt zwar Ihr Saldo und Sie fühlen sich statt sehr schlecht nur leicht schlecht – besser ist es, Sie erstellen einen klaren Finanzplan und teilen Ihr verfügbares Geld auf. Mit einem Teil halten Sie einen Schuldenplan konsequent ein, mit einem anderen Teil investieren Sie in eine erfolgreiche Anlagevariante, in erster Linie Investmentfonds. *Das Ergebnis:* Sie sammeln Guthaben auf dem einen Konto an, Monat für Monat, Jahr für Jahr, während Sie konsequent Ihre Schulden tilgen. Mit der Größe des Guthabens wächst auch Ihr Gefühl der Stärke. Wächst Ihr Gefühl, die Dinge im Griff zu haben. Auch im Finanzbereich spielt also Image und Klischee (in Form von Größe und Stärke) eine Rolle für Ihren Erfolg.

Zurück zur Bedeutung von Image & Klischee für Ihren persönlichen Erfolg. Sieger, erfolgreiche Menschen haben ein Image, pflegen ihr Image – und ihr Klischee. Es gibt zahlreiche wissenschaftliche Untersuchungen, die belegen, dass wir alle – ob wir es zugeben oder nicht – gut aussehenden Menschen positive Eigenschaften zuschreiben. Das Ganze läuft automatisch ab: Wir sehen einen gut aussehenden Menschen und assoziieren Eigenschaften wie: erfolgreich, gute Position, beruflicher Erfolg, Begabung und so weiter. Diese Wirkung von Image & Klischee, und damit auch der äußerlichen Attraktivität, ist eine Tatsache.

Die beiden Wissenschaftler Efran und Patterson kamen in einer Studie an der Universität von Toronto im Jahr 1976 zu folgendem Ergebnis: Untersucht wurden die kanadischen Parlamentswahlen des Jahres 1974 und welche Kandidaten die meisten Stimmen erhalten hatten. Die Zahlen waren eindeutig: Gut aussehende Kandidaten waren den weniger gut aussehenden haushoch überlegen. Was jedoch nachdenklich stimmte, war die Tatsache, dass rund drei Viertel der befragten Wähler definitiv bestritt, dass ihre Wahl etwas mit der Attraktivität der jeweiligen Kandidaten zu tun hätte.

Die Botschaft an Sie lautet: Erstens: Image & Klischee und die damit verbundene Attraktivität wirken offensichtlich unbewusst. Zweitens: Sie haben keine zweite Chance für den ersten Eindruck. Niemals!

Ein beispielhafter erster Eindruck: Vor kurzem schilderte mir ein guter Freund und Inhaber einer international bekannten Werbeagentur, wie er einem Kunden bei einem Großauftrag die Möglichkeit geben wollte, live in der beauftragten Druckerei zu sehen, wie sein für eine bevorstehende Messe hochwertiger Prospekt fertig gestellt würde. Für die Druckerei war es einer der größten Aufträge der letzten Jahre. Er vereinbarte einen Termin mit der Druckerei, jeder wusste Bescheid. Der Tag X kam, der Kunde mit Millionenbudget und mein Freund fuhren gemeinsam zur Druckerei. Bei ihrer Ankunft war die Dame am Empfang völlig überfragt, um was es eigentlich ging, und murmelte nur etwas von »Heute sind zwei Leute krank geworden«. Was um Himmels willen interessiert einen Millionen zahlenden Kunden, der die Erstellung seines Prospekts in einer Druckerei an einem im Vorfeld festgelegten Termin beobachten möchte, ob zwei Mitarbeiter, die er nicht kennt und nicht kennen lernen will, krank sind? Nach einem Hin und Her kam es schließlich zu einer Betriebsprüfung, während derer die Unterlagen des Kunden in die Druckmaschinen startbereit eingespannt werden sollten. Als die Druckmaschinen startbereit waren, stellte sich der Betriebsleiter der Druckerei vor. Von kleiner Statur glänzte er mit einem Hemd, das vor vielen Jahrzehnten einmal modisch gewesen sein mag sowie einer mit einem dicken, wulstigen Knoten gebundenen Lederkrawatte. Der Auftritt war phänomenal. Das Gesicht des Millionenkunden wurde länger und länger, bevor stockend die Unterhaltung begann, die der Millionenkunde nach etwa fünf Minuten höflich beendete. Dreimal dürfen Sie raten: Diese Druckerei sah den Millionenkunden nie wieder, und das geschah dem Inhaber recht.

Die Botschaft an Sie lautet: Wenn Sie Erfolg haben wollen, müssen Sie ERFOLG leben. Sie müssen nach Erfolg aussehen. Bauen Sie sich ein Image auf, leben Sie das passende Klischee. Sie haben keine andere Wahl.

Fliegen Sie erster Klasse.

Nehmen wir in diesem Zusammenhang als Beispiel eine häufig zwischen Mitarbeitern geführte Diskussion zum Thema Fliegen. Welche Klasse fliegt ein guter Mitarbeiter, also einer, der ins Dream-Team will? Erster oder zweiter Klasse? Die meisten entscheiden sich aus Kostengründen für die zweite Klasse.

Die Botschaft an Sie lautet: Wenn Sie ein Unternehmen nur dann erfolgreich machen können, indem Sie sparen, dann schließen Sie Ihr Unternehmen! Wenn Ihre Erfolgsquote im Keller ist und Ihr Unternehmen nicht floriert, dann sparen Sie nicht, sondern bringen Sie

Ihre Botschaft besser heraus. Mangelnder Erfolg ist das Ergebnis mangelnder Botschaft. BOTSCHAFT. Gibt es einen Boten, der für Sie etwas schafft? Gibt es jemanden, der für Sie wirbt? Machen Sie es selbst, macht es ein anderer? Oder wirbt niemand und es nimmt Sie zwangsläufig niemand wahr? Sparen Sie also nicht, sondern sorgen Sie dafür, dass man Sie wahrnimmt. Werben Sie! Merken Sie sich den folgenden Satz von Stuart Hebderson Britt:

»*Ohne Werbung Geschäfte zu machen ist so, als winke man einem Mädchen im Dunkeln zu. Man selbst weiß zwar, was man will, aber niemand sonst.*«

Werben Sie für Ihr Geschäft und erst, wenn Ihr Geschäft läuft, sparen Sie. Wenn Sie zuerst sparen, dann stirbt Ihre Idee oder Ihre Unternehmung und Sie brauchen auch nicht mehr zu werben.

Zurück zu unserem Beispiel: Richtig gute Leute, Leute, die wissen, dass sie reden können, DTLs (– Dream-Team-Leute), die wissen, dass sie akquirieren können, werden von Ihnen Flüge erster Klasse verlangen. Warum? Ganz einfach: In der ersten Klasse haben sie die Chance auf ein gutes Gespräch mit einem Entscheider. Nicht bei jedem Flug, aber vielleicht bei jedem zehnten Flug. Und vielleicht auch nur ein einziges Mal im Jahr. Doch dieser eine Kontakt kann sich mit dem Tausendfachen dessen lohnen, was Sie für das Erste-Klasse-Ticket ausgegeben haben. Sie können keine Geschäfte anbahnen und kein Feeling für Erfolg bekommen, wenn Sie in der zweiten Klasse, thrombosegefährdet, zwischen Willi und Maria sitzen. Selbstverständlich sind Willi und Maria nette Menschen. Aber die beiden haben nichts mit Erfolg zu tun und nichts mit dem Image, das Sie aufbauen müssen.

Ein großer Trainer und Erfolgsguru machte einiges falsch, ging sogar Pleite, beziehungsweise seine Firma ging, kurze Zeit nachdem er sie verkauft hatte, Pleite. Das Beste jedoch ist: Dieser Typ ist immer noch ein Guru, schreibt immer noch Bestseller und macht vor allem eines richtig: Er pflegt sein Klischee. Selbst in Notzeiten, also kurz nach der Pleite seiner ehemaligen Firma, ließ er sich im Jaguar oder Rolls Royce ablichten. Er pflegte sein Klischee und hatte damit Erfolg oder rettete damit seinen Erfolg. Auch die Medienvertreter, die zu Recht oder Unrecht negativ über ihn berichteten, transportierten die Botschaft seines aufgebauten Images, seines Klischees – und das blieb den Leuten im Gedächtnis. Meist ereifern sich nur diejenigen gegen Klischees, die nicht den Mut haben, sich ein eigenes aufzubauen. Pflegen Sie Ihr Klischee. Treten Sie in einem maßgeschneiderten Anzug auf statt in einem von der Stange. Diese Anzüge kosten nicht viel mehr, aber Ihr Klischee, Ihre Story, Ihr Image stimmt. Außerdem werden Sie sich darin selbst viel wohler fühlen.

Wichtige wissenschaftliche Erkenntnisse zu Image & Klischee

Wenn Sie noch immer der Meinung sein sollten, Image, Klischee, maßgeschneiderte Anzüge & Co. seien fernab der Praxis, dann lesen Sie bitte noch folgende Beispiele:

Eine texanische Studie, wie Robert Cialdini in seinem Buch »Die Psychologie des Überzeugens« (Dies ist ein MUSS-Buch!) schreibt, führte vor vielen Jahren vor, wie ein gut geschnittener Anzug wirkt. In den Versuchen der Studie überquerte ein 31-jähriger Mann mehrfach die Straße, und zwar dann, wenn die Ampel auf Rot stand. In der ersten Hälfte der Versuche trug er einen gut geschnittenen Anzug, in der zweiten Hälfte eher legere Freizeitkleidung, also eine einfache Hose und ein locker aussehendes Hemd. Nun werteten die Wissenschaftler Lefkowitz, Blake & Mouton 1955 aus, was geschah. Das Ergebnis erinnert in gewisser Weise an den Rattenfänger von Hameln. Nur dass in diesem Fall statt der Flöte des Rattenfängers der gut geschnittene Anzug offensichtlich das Lockmittel wurde. Denn: Die Zahl derer, die dem Mann im Anzug beim Überqueren der Straße (bei ROT) folgten, lag um 350 Prozent über der Anzahl der Personen, die dem Mann im Freizeitlook folgten.

Die Botschaft an Sie lautet: Wenn Sie wirklich Super-Erfolg haben wollen, ist nicht entscheidend, was Ihnen gefällt, entscheidend ist einzig und allein, was ankommt. Entscheidend ist auch nicht, wie viele Ausnahmen Sie kennen. Entscheidend ist einfach, wie die Masse in diesem Fall denkt. Und die Masse handelt nun mal so, wie Lefkowitz, Blake & Mouton es wissenschaftlich nachgewiesen haben: Gut geschnittener Anzug bzw. gut geschnittenes Kostüm sind die Nummer 1.

Oder nehmen wir L. Bickman's Studien aus dem Jahr 1994 mit dem Titel »The social power of a uniform«. Bei diesem Experiment hielt ein junger Mann einen Passanten nach dem anderen an. Diesen Passanten zeigte er einen Mann, der in einiger Entfernung an einer Parkuhr stand. Jetzt wies der junge Mann den Passanten an, diesem Mann Kleingeld zu geben, da er keines für seine Parkuhr hatte. Dann verschwand der junge Mann um die Ecke und ließ den Passanten alleine. In der ersten Variante war der junge Mann uniformiert (er hatte etwas »Wachmann-Ähnliches« an sich), in der zweiten Variante trug der junge Mann eine übliche und nicht besonders auffallende Freizeitkleidung. Sie erraten, was geschah! Fast ausnahmslos gingen die Passanten bei der ersten Variante (Uniform) auf den Mann an der Parkuhr zu und gaben ihm Geld. Bei der zweiten Variante waren es weniger als die Hälfte der Passanten, die der Anweisung des Mannes (dieses Mal in Freizeitkleidung) Folge leisteten.

Noch ein letztes Beispiel aus einer Studie von A. C. Doob und A. E. Gross. Die Studie trägt den Titel »Status of frustrator as an inhibitor of horn-honking response«. Sie wurde in der Nähe von San Francisco durchgeführt. Die Versuchsperson fuhr wechselweise mit einem teuren Auto (Kategorie LUXUS) und einem Kleinwagen. An einer Ampel, die auf Grün umschaltete, blieb die Versuchsperson stehen, fuhr also nicht los. Im Falle des Luxuswagens reagierten signifikant weniger direkt hinter dem Auto wartende Fahrer mit Hupen als im Falle des Kleinwagens. Offensichtlich erhöhte der Luxuswagen die Hemmschwelle für den nachfolgenden Autofahrer, barsch oder ungeduldig zu reagieren. Es ging sogar so weit, dass mehr als die Hälfte der hinter dem Luxusauto stehenden Autofahrer in den einzelnen Versuchen überhaupt keine böse Reaktion zeigte. Vielmehr wurde in der Mehrzahl der Fälle ohne jegliche Äußerung geduldig gewartet, bis der Luxuswagen anfuhr. Von einem solch respektvollen Verhalten konnte der Fahrer des Versuchs-Kleinwagens nur träumen. Er wurde sogar in zwei Fällen von dem hinter ihm wartenden Autofahrer angestupst. Das Spannendste an den Ergebnissen ist jedoch: Als man männliche Studenten befragte, ob sie, wenn sie hinter einem trotz grüner Ampel stehenden Auto warten müssten, eher einen Luxuswagenfahrer oder einen Kleinwagenfahrer bedrängen würden, antwortete die Mehrzahl: Erstens würden sie, so die Studenten, nur geringe Zeit hinter einem Luxuswagen warten und zweitens würden sie eher das Luxusauto anhupen, weniger den Kleinwagen. Warum sind diese Ergebnisse der theoretisch befragten Studenten so spannend?

Image & Klischee

Die Botschaft an Sie lautet: Wir unterschätzen meist die Wirkung von Autorität, Image und Klischee. Die Wirkung von Image und Klischee läuft unbewusst ab. Ebenso wie die theoretisch befragten Studenten der Meinung waren, ein Luxuswagen würde sie wenig beeindrucken (sonst würden sie schließlich nicht behaupten, hinter einem Luxuswagen öfter zu hupen als hinter einem Kleinwagen) und diese Einschätzung objektiv falsch ist (wie die Ergebnisse der Studie zeigen), ebenso ist es irrtümlich, wenn Sie subjektiv (theoretisch) annehmen, Luxus würde auch auf Sie keinen Eindruck machen. Richtig ist vielmehr: Sie werden von Luxus beeindruckt. Auch wenn Sie denken und sagen, Luxus sei Ihnen egal, nimmt Ihr Unterbewusstsein diesen wahr. Und nur darum geht es.

Verstehen Sie diese gut gemeinte Botschaft richtig: Ich will Sie nicht ändern. Ich behaupte nicht, dass Sie auf natürliche Art nicht wirken. Die Botschaft lautet schlicht: Ihr Unterbewusstsein reagiert auf Luxus. Luxus, Image und Klischee signalisieren uns Autorität oder in anderen Situationen Expertenstatus. Und bereits Vergil sagte: »Folge stets dem Experten«. Auch das Unterbewusstsein Ihrer Mitmenschen reagiert jeden Tag auf das Bild, das Sie bieten. Auch das Unterbewusstsein Ihrer Mitmenschen, der Masse und der Medien bekommt durch Luxus, das richtige Image und Klischee, einen Autoritätsanspruch, einen vermeintlichen Expertenstatus signalisiert. Das ist eines der Erfolgsgesetze, die sie unbedingt berücksichtigen müssen: Das Unterbewusstsein der Masse, jedes Einzelnen, sowie die Medien reagieren auf Luxus, Klischee und Image. Sie können diese Feststellung im Übrigen leicht selbst überprüfen: Wenn Sie einem Hobby in einer Gruppe zu einem festen Termin in der Woche nachgehen, erscheinen Sie die nächsten Male zu diesem Termin in einem schicken Kostüm oder einem guten Anzug. Es wird nicht lange dauern und einer oder mehrere aus Ihrer Gruppe, obwohl man Sie kennt, werden fragen: »Was ist denn mit dir los?«, »Bist du aufgestiegen?«, »Dir scheint es ja gut zu gehen!«, »Hast du noch etwas vor?« und so weiter. Lassen Sie mich an dieser Stelle, passend zu Image, Klischee, Autorität und Attraktivität, Elliot Aronson zitieren:

»Es scheint, als assoziieren wir die Attraktivität des Kommunikators mit der Erwünschtheit einer Botschaft. Wir lassen uns offenbar von Menschen beeinflussen, die wir sympathisch finden. Wo unsere

Erfolgswissen & Erfolgsstrategien

Sympathie für einen Kommunikator (und nicht seine Sachkenntnis) eine Rolle spielt, verhalten wir uns, als versuchten wir, der Kommunikationsquelle zu gefallen.«

Es geht nicht darum, ob Sie persönlich die Wirkung von Luxus, Image, Klischee, Autorität und Attraktivität ablehnen. Es geht ausschließlich darum, dass die Masse grundsätzlich auf diese äußerlichen Merkmale reagiert. Wenn Sie Erfolg, wenn Sie wirklichen Erfolg haben wollen, müssen sie sich diesem Spiel anpassen. Die Masse wird sich nie Ihrer subjektiven Erkenntnis fügen, dass doch unterm Strich nur der Mensch zählt.

Die Botschaft an Sie lautet: Image und Klischee sind, unabhängig von Ihrer persönlichen Einstellung, häufig als »Werbemaßnahme« für Sie wichtig und in einzelnen Situationen sogar entscheidende Erfolgsfaktoren.

Einer der ersten Autoren, der über »Klischee« im weitesten Sinne schrieb, war wieder einmal Machiavelli. In »Der Fürst« (Lesen Sie dieses Buch unbedingt!) äußert er sich wie folgt:

»Die Menschen urteilen im Allgemeinen mehr nach dem, was sie mit den Augen sehen, als nach dem, was sie mit den Händen greifen; denn jedem wird es einmal zuteil, etwas in Augenschein zu nehmen; aber nur wenige haben Gelegenheit, etwas zu berühren. – Jeder sieht, was du scheinst, und nur wenige fühlen, was du bist.«

Machiavelli lebte von 1469 bis 1527, und er forschte lange nach den Grundsätzen, wie Macht gewonnen und Macht erhalten werden kann.

Machiavellis Botschaft an Sie lautet: Geben Sie den Menschen etwas zu sehen. Schenken Sie den Menschen ein Klischee, das Sie sich im Vorfeld sorgfältig und gut überlegt aufbauen. Pflegen Sie dieses stetig und regelmäßig. Bauen Sie sich ein Image auf, das zu Ihnen passt – oder, wenn es anfangs zu groß ist, in das Sie realistisch gesehen in absehbarer Zeit hineinwachsen können. Setzen Sie die Wirkung von Luxus, Klischee und Image ein.

Image & Klischee

*Wie sich die Magie von Image & Klischee
auch im Kleinen einsetzen lässt*

Glauben Sie mir, ich weiß aus meinen Anfangsjahren, dass es nicht leicht ist, Geld für Qualität auszugeben. Man muss dieses Geld schließlich erst einmal verdienen. Es geht auch keineswegs darum, dass Sie von Null plötzlich auf Luxus umschwenken sollen, wenn Sie das Geld hierfür nicht besitzen. Es geht nicht darum, dass Sie ein neues Auto, neue Kleidung, eine teure Uhr oder sonst etwas erwerben sollen. Wenn Sie bislang noch nicht über die nötigen Mittel verfügen, um ein authentisches Klischee in verschiedenen Belangen aufzubauen, beginnen Sie einfach mit einem kleinen Schritt. Dann gehen Sie Schritt für Schritt weiter. Entschließen Sie sich zum Beispiel, Ihre alten und hässlichen Krawatten wegzuwerfen. Ich habe Menschen kennen gelernt, die bereits bei diesem »großen« Veränderungsschritt in Richtung Klischee sagten: »Das geht doch nicht. Einfach so wegwerfen«. Mein Rat: Probieren Sie einfach aus, ob es geht oder nicht. Sie werden feststellen, dass Sie Ihre hässlichen Krawatten, einmal weggeworfen, nie mehr vermissen werden.

Ein Klischee in Richtung Erfolg aufzubauen ist für JEDEN möglich. Sie müssen es nur wollen. Sie müssen EHRLICH zu sich sein. Statt zu sagen: »Die Brille geht doch noch«, sagen Sie ehrlich, »Diese Brille ist furchtbar altmodisch«. Seien Sie Menschen in höchstem Maße dankbar, die Sie offen auf unvorteilhafte Äußerlichkeiten aufmerksam machen und Ihnen auf ihren ersten Eindruck hin ein Feedback geben. Die Erfolgsschritte lauten: Sie müssen erstens Veränderungen wollen und zweitens diese in kleinen, entschlossenen Handlungen umsetzen. Investieren Sie den nächsten Betrag, den Sie zur Seite legen können, in einen schönen Anzug, eine neue moderne und Ihr Image unterstreichende Brille oder ein edles Schmuckstück. Einfach um ein Erfolgs- und Wohlgefühl zu bekommen. Übertreiben Sie nicht, aber untertreiben Sie auch nicht. Völlig falsch ist jedoch die Einstellung, Sie bräuchten das nicht und man solle sie so akzeptieren, wie Sie sind. Beginnen Sie, wo auch immer Sie heute stehen, ab sofort damit, Ihr Image, Ihr Klischee jeden Tag, jede Woche zu verbessern. Selbst die ewig kritischen unter Ihnen werden feststellen, dass ERFOLG auch dem Image und Klischee folgt.

Wichtig: Die Anti-Image-Strategie

Wenn wir nun alle auf Image, Klischee, Attraktivität und Äußerlichkeiten unterbewusst reagieren und gegen diese unbewusste (innere) Stellungnahme zunächst nicht vorgehen können, besteht zwangsläufig die Gefahr, dass wir selbst auf Menschen, die lediglich auf Image, Klischee und Äußerlichkeiten setzen, hereinfallen. Das ist insbesondere im Kapitalanlagebereich der Fall und von daher hat diese Lektion mit finanziellem Erfolg zu tun.

Kleider machen Leute

Diesbezüglich haben wir in unserem Institut im Rahmen einer Kundenbefragung und einer entsprechenden Studie etwas sehr Interessantes herausgefunden: Die Mehrzahl der Bankkunden setzen bei einem Bankberater allein schon deswegen Kompetenz voraus, weil dieser in Anzug und Weste vor ihnen sitzt. Alleine dieses Bild signalisiert offensichtlich Kompetenz und – was für Ihren finanziellen Erfolg verheerende Folgen haben kann – unterbindet fast in allen Fällen Nachfragen, die Sie stellen müssten, wenn Sie Ihre Geldver-ANTWORTung in zuverlässiger Weise nachkommen wollten.

Das Gleiche gilt für Finanzdienstleister. In einem Versuch empfahlen wir 15 zum Thema Investmentfonds Rat suchenden Kunden (bei jedem Kunden ging es um sechsstellige Anlagesummen) an einen befreundeten Finanzdienstleister. Diesen hatten wir vorab informiert und Folgendes vereinbart: Wenn unsere Kunden sich zum Termin anmeldeten, sollte den Termin ein 20-jähriger Auszubildender (Brillenträger) alleine wahrnehmen. Dieser 20-Jährige wurde entsprechend gekleidet. Er trug einen Maßanzug, dazu eine edle, unauffällige jedoch sehr teure Uhr und eine sehr moderne, optisch sehr gut zu ihm passende Brille. Im Laufe von vier Monaten meldeten sich alle 15 Kunden bei diesem Finanzdienstleister und erschienen zum Gespräch. Keiner dieser Kunden störte sich am Alter des beratenden »Experten« (unseres Auszubildenden). Kein einziger fragte nach Ausbildung, dem offensichtlich jugendlichen Alter und danach, wie unser »Berater« in so jungen Jahren sich zutrauen könne, derartige Beratungen für große Vermögen alleine durchzuführen. In einer

Image & Klischee

zweiten Runde, etwa ein Jahr später, wiederholen wir diesen Versuch mit 15 neuen Kunden. Dieses Mal war der Auszubildende wie ein Auszubildender gekleidet. Keineswegs schlecht, jedoch mit einer Swatchuhr, einem normalen Anzug und einer etwas älteren Brille. Alle, ich betone, alle (!) Kunden reagierten anders als in der ersten Runde: Typische Fragen, bevor unser »Berater« überhaupt mit einer Beratung starten konnte, waren: »Wie lange sind Sie denn schon im Unternehmen?«, »Was sind denn Ihre Spezialgebiete?« Offensichtlich führte das fehlende Image und das fehlende Klischee, die fehlende äußerliche Attraktivität zu Misstrauen.

Wir selbst waren damals von diesen Ergebnissen, auch wenn wir sie teils erwartet hatten, überrascht. Seitdem ist mir persönlich bewusster als jemals zuvor, wieso jedes Jahr Vermögen in Milliardenhöhe bei dubiosen Anlagemodellen verloren werden. Wir lassen uns blenden. Die Anleger lassen sich blenden.

Sie sehen also, auch im Geldbereich wirken die Prinzipien von Image und Klischee. Um einer möglichen Falle zu entgehen, benötigen Sie bei Zweifeln an der Authentizität einer äußerlich attraktiven Person oder grundsätzlich zur Vorbeugung von Betrug die »Anti-Image-Strategie«. Diese Strategie besteht aus einfachen Fragen wie: »Warum darf mich diese Person beraten?«, »Was hat diese Person für Erfahrungen, um als Experte zu gelten?« oder »Worauf beruht die Autorität der betreffenden Person?« Indem Sie sich auf die Antworten auf diese Fragen konzentrieren, verlieren Image, Klischee und äußerliche Attribute an Bedeutung. Diese Fragen lenken Sie weg vom Sog der Attraktivität. Diese Fragen zwingen Sie, sich auf die wesentlichen Antworten zu konzentrieren. Sie können diese Anti-Image-Strategie hervorragend im Alltag üben, beispielsweise bei einem Arztbesuch oder einem Anwaltstermin in irgendeiner Klagesache. Nehmen wir an, Sie haben Probleme mit Ihrem Arbeitgeber und suchen einen Anwalt auf. Sie kommen in ein beeindruckendes Brüo, werden persönlich empfangen und sitzen an einem imposanten Schreibtisch einem sehr gut gekleideten Anwalt gegenüber. Forschungsergebnisse für diese Situation haben gezeigt, dass nahezu alle potenziellen Mandanten allein auf Grund dieser äußerlichen Merkmale auf die fachlichen Kenntnisse des Anwalts schließen. Sie können diesen Bann brechen, indem Sie Ihr Zusammentreffen mit der Frage beginnen: »Warum sind Sie eigentlich Experte auf dem Gebiet des Arbeitsrechts?« Diese Frage neutralisiert das durch

Image und Klischee aufgebaute Bild und ich kann Ihnen aus Erfahrung bestätigen: Diese Frage wird gefürchtet. Sie bringt eine durch Image und Klischee unbewusst autoritäre Person in Bedrängnis. Solche Personengruppen sind nicht darauf vorbereitet, nach dem »Warum« zu ihrem Expertenstatus gefragt zu werden.

Die Botschaft an Sie lautet: Wenn Sie in eine Situation geraten, in der der Sog von Image, Klischee, und Attraktivität für Sie gefährlich werden könnte, greifen Sie zu dieser Anti-Image-Strategie und konzentrieren sich auf das Wesentliche. Stellen Sie die oben genannten Fragen und übernehmen Sie dadurch (Wer fragt, der führt) die Führung. Im Zweifel bewahrt Sie diese Anti-Image-Strategie vor teuren, unüberlegten (Geld)Handlungen und (Geld)Entscheidungen. Sie werden sehr schnell an den Antworten auf die Anti-Image-Fragen spüren, ob Ihr Gegenüber die Wahrheit sagt, oder ob gilt: Mehr Schein als Sein.

Lektion 19

Zusammenfassung: 15 wichtige Gewinner- und Verlierergrundsätze

Wer zu lange beim Vorwärtskommen in den Rückspiegel schaut, wird unweigerlich immer wieder von Neuem verunglücken und immer der Meinung sein, das Leben wäre grausam, trist und traurig
K. Walter, amerikanischer Erfolgspsychologe

Langsam zu den letzten Seiten dieses Buches kommend, möchte ich Ihnen abschließend einige wichtige Denk- und Verhaltensweisen von Gewinnern und Verlierern verraten. Die einzelnen Punkte sind die über Jahre ausgewerteten Antworten von Teilnehmern meiner Seminare. Im Laufe der Jahre wurde klar, dass sich einzelne Verhaltensweisen sowohl auf der Gewinner- als auch auf der Verliererseite immer wiederholten. Deutlich zeigt sich, dass Gewinner als wichtigste Eigenschaften Aktivität und Entscheidungsfreudigkeit mitbringen. Alle Teilnehmer, die sich als Gewinner bezeichneten – und wie sich nach einem intensiven Gespräch herausstellte, auch zu Recht – waren es gewohnt, Verantwortung für das tägliche Geschehen zu übernehmen. Als wesentliche Verlierereigenschaften kristallisierten sich in den Gesprächen Passivität und eine abwartende Haltung in den meisten Situationen heraus. Der typische Kommentar war: »Da kann ich doch auch nichts dafür...« und ähnliche Sätze. Ich wünsche Ihnen viel Spaß und wichtige Erkenntnisse beim Lesen der folgenden Einstellungen, Grundsätze und Verhaltensweisen.

GEWINNER	VERLIERER
1. Jeder Gewinner weiß, dass er wagen muss um zu gewinnen. Nicht umsonst lautet das Sprichwort: »Wer nicht wagt, der nicht gewinnt«. Gewinner entscheiden sich daher stets aktiv fürs TUN und fürs Handeln.	1. Verlierer sind skeptisch und kritisch und warten erst einmal ab. Die meisten Dinge erscheinen ihnen zu schwierig. Ihre Einstellung lässt sich folgendermaßen bestens zusammenfassen: »Nicht weil die Dinge schwierig sind, wagen Verlierer sie nicht, sondern weil Verlierer niemals etwas wagen, erscheinen sie ihnen schwierig.«
2. Gewinner wissen und sind davon überzeugt, dass Misserfolge nur ein Umweg zum Erfolg sind. Mit jedem Misserfolg, da sind sich wirkliche Gewinner sicher, steigt die Chance auf einen Erfolg. Mit jedem NEIN, steigt die Chance auf ein JA. Gewinner sehen Hindernisse daher als Aufforderung, mit vermehrter Anstrengung weiterzumachen.	2. Verlierer haben Angst zu versagen. Haben Angst, ein NEIN zu kassieren, dann fühlen sie sich unsicher und gedemütigt. Verlierer tun daher alles, um Misserfolge zu vermeiden; das heißt sie tun einfach nichts! Wenn sich dennoch Misserfolge einstellen, fühlen sich Verlierer bestätigt. Hindernisse sind für Verlierer immer wieder von Neuem die Bestätigung, mit Aktivität aufzuhören.
3. Gewinner schaffen sich ihre Umgebung so, wie sie für optimale Ergebnisse am geeignetsten scheint. Gewinner legen Prioritäten und lassen sich bei wichtigen	3. Verlierer haben keinen Überblick und lassen sich von allen möglichen Einflüssen ablenken. Verlierer suchen geradezu die Ablenkung um eine Ausrede

15 wichtige Gewinner- und Verlierergrundsätze

Aufgaben von nichts ablenken. Gewinner unterscheiden in Arbeit und Vernügen und erhöhen so ihre Effizienz und ihre Erfolge. Gewinner genießen das Gefühl, effizient einzelne Aufgaben zu erledigen, um die nächsten Aufgaben anzugehen.	mehr zu haben, wieso sie ihre Ziele nicht erreichen konnten. Verlierer sind nicht selten Menschen mit einem dicken Terminkalender, den sie eigentlich nicht bräuchten. Verlierer schieben und schieben ihre Aufgaben immer weiter und weiter. Aus Angst, dass ein Projekt zu Ende gehen könnte und man dann wieder neu um Erfolge kämpfen müsste.
4. Gewinner fragen, fragen, fragen. Wirkliche Gewinner geben sich erst dann zufrieden, wenn sie einen Sachverhalt, eine Situation tatsächlich verstanden haben. Sie akzeptieren bei diesem Prozess Hilfe Dritter. Denn: Gewinner wissen, dass ohne wirkliches Verstehen Erfolge eher Glückssache sind und bleiben. Da sie aber Ver**Antwortung** tragen, suchen Sie selbst die Antworten, bis sie entscheiden.	4. Verlierer wollen keine Fragen stellen. Verlierer wollen, dass die Menschen in ihrer Umgebung glauben, sie, die Verlierer, wüssten bereits alles. Verlierer empfinden Fragen als dumm und versuchen, alles alleine zu bewältigen. Dabei verzetteln sie sich, verlieren sich in unwichtigen, stillschweigenden Recherchen. Es ist nur eine Frage der Zeit, bis Verlierer auf der Strecke bleiben.
5. Gewinner handeln nach dem Grundsatz: »Was du heute kannst besorgen, dass verschiebe nicht auf morgen«. Gewinner lösen	5. Verlierer handeln nach dem Grundsatz: »Was auch immer du kannst besorgen, verschiebe am besten auf morgen, auf morgen, auf

Erfolgswissen & Erfolgsstrategien

ein Problem dann, wenn es auftaucht. Gewinner konzentrieren sich auf Lösungen statt auf die Probleme.	morgen...«. Verlierer denken also: »Morgen fange ich an...«, und da sie das jeden Tag von Neuem denken, gibt es nie das Morgen, an dem sich endlich alles ändert. Statt Lösungen häufen sich die Probleme.
6. Gewinner sorgen dafür, dass es in ihrem Leben mehr Chancen gibt, als sich ihnen von alleine bieten würden. Sie nutzen jede Gelegenheit, Chancen wahrzunehmen und ihren Zielen und Träumen näher zu kommen. Für Gewinner gibt es nie »Keine Chance«. Gewinner warten nicht, Gewinner handeln so, dass sich ihnen ständig neue Chancen bieten.	6. Verlierer warten, warten, warten... auf die richtige Gelegenheit, auf die besten Chancen. Nichts ist ihnen gut genug, keine Chance ist ihnen sicher genug. Also warten sie solange, bis ihre Zeit abgelaufen ist. Verlierer verstehen nie, dass sie es sind, die sich selbst Chancen schaffen, einräumen und dann auch ergreifen müssen.
7. Gewinner arbeiten von 5 bis um 20 Uhr. Jeden Tag aufs Neue. Mit Begeisterung und Elan. Solange, bis sie ihre Ziele erreicht und ihre Träume verwirklicht haben. Gewinner genießen es, 100 Prozent zu geben, weil sie dann wissen, dass sie ihren Zielen unweigerlich näher kommen.	7. Verlierer arbeiten von 8 bis 17 Uhr. Dann gehen sie nach Hause, und am nächsten Tag arbeiten sie wieder von 8 bis 17 Uhr. So geht es Tag für Tag und Woche für Woche. Mehr zu leisten als nötig, 110 Prozent zu geben oder einfach Überstunden zu machen, kennen Verlierer nicht.

15 wichtige Gewinner- und Verlierergrundsätze

8. Gewinner lieben den Wettbewerb. Gewinner lieben es, besser zu sein als andere. Gewinner lieben es, mittels Wettbewerben ihre Stärken zu erproben, besser zu sein als andere und letztlich immer wieder von neuem die eigenen Grenzen zu überwinden. Gewinner lieben es daher auch, ihre Quoten in allen Bereichen zu verbessern. Quoten sind für Gewinner eine willkommene Größe, um Leistung zu messen, um in Wettbewerben messbar zu siegen.	8. Verlierer meiden jede Form des Wettbewerbs. Wettbewerb macht Leistungen messbar und das ist Verlierern grundsätzlich unangenehm. Verlierer behaupten, sie haben grundsätzlich etwas gegen rücksichtsloses Vorwärtsstreben auf Kosten anderer. Verlierer mögen keine Quoten, da ihre mangelnde Leistung durch Quoten offensichtlich wird.
9. Gewinner genießen die Schönheit ihrer Umgebung und alles, was ihr Herz, ihre Seele, ihre Gedanken erfreuen könnte. Gewinner sehen zuerst das Schöne und Positive, um dann kritisch auch Schlechtes oder Negatives wahrzunehmen.	9. Verlierer sind leicht zu identifizieren, wenn Sie umittelbar stets Makel oder Negatives registrieren. Typische Verlierer sind Menschen, die unmittelbar nach Betreten einer Wohnung sagen:»Ist aber laut hier«,statt die Schönheit des blühenden Gartens wahrzunehmen. So vergiften sich Verlierer Tag für Tag selbst.
10. Gewinner besitzen die Fähigkeit, uneingeschränktes und ehrliches Lob	10. Verlierer demotivieren. Verlierer demoralisieren. Verlierer können nur –

auszusprechen. Gewinner motivieren dadurch die Menschen in ihrer Umgebung und erreichen durch die Unterstützung dieser Menschen immer wieder neue Ziele.	wenn überhaupt – loben, indem sie sagen: »Finde ich ja gut, aber…«. Verlierer ziehen andere Menschen nach unten, anstatt sie mit Lob aufzubauen und zu neuen Leistungen anzuspornen.
11. Gewinner geben Schuld zu, wenn sie Unrecht oder sich falsch verhalten haben. Gewinner brauchen keine Ausrede, um weiterhin erfolgreich zu sein. Im Gegenteil: Wirkliche Gewinner werden deswegen immer stärker, weil sie sich ihren Schwächen stellen.	11. Verlierer weisen Schuld stets von sich. Es waren immer die anderen, es waren immer die Umstände. Das mangelnde Selbstbewusstsein der Verlierer lässt es nicht zu, Fehler offen zuzugeben. Damit nehmen sie sich selbst die Chance zu lernen und zerstören jede Form motivierender, konstruktiver Kommunikation.
12. Gewinner tun alles, um niemals allwissend zu erscheinen. Wahre Gewinner lernen, lernen und lernen jeden Tag aufs Neue. Alles, was andere mehr wissen oder besser machen, saugen sie förmlich auf und wissen so selbst immer mehr und immer besser Bescheid.	12. Verlierer spielen das Spiel »PERFEKTION«. Nicht selten verstecken sie hinter dieser Perfektion ihre ganzen Schwächen wie unter einem großen, schwarzen Mantel. Verlierer geben zu allem bei jeder Gelegenheit allwissende Kommentare und hoffen, auf diese Weise Anerkennung zu

15 wichtige Gewinner- und Verlierergrundsätze

	finden. Das Gegenteil ist auf Dauer der Fall.
13. Gewinner äußern Gefühle wie Wut, Trauer, Glück und Freude. Gewinner können vor Freude schreien, sich selbst ohne Ende begeistert loben. Gewinner stehen zu sich selbst.	13. Verlierer haben Schwierigkeiten, Gefühle zu äußern. Toben, schreien oder vor lauter Wut heulen kennen Verlierer nicht. Ihr Gefühlsleben gleicht ihrem »Erfolgs«leben: Auf den ersten Blick keine Regung. Auf den zweiten Blick auch keine.
14. Gewinner pflegen ihr Klischee. Gewinner wissen um die Wahrheit des Satzes: »Es gibt niemals eine zweite Chance für den ersten Eindruck«. Gewinner achten auf ihre Wirkung und ihr Auftreten. Gewinner pflegen ihr Image als das eines erfolgreichen Menschen.	14. Verlierer behaupten stets: »Ich lasse mich nicht ändern!« oder »Die Menschen müssen mich so nehmen, wie ich bin!« Verlierer wehren sich gegen die Tatsache, dass der erste Eindruck des Menschen entscheidet und lassen jede Gelegenheit ungenutzt verstreichen, über ein besseres Auftreten für ein anderes Klischee und andere Erfolge zu sorgen.
15. Gewinner nutzen die Macht der Suggestion jeden Tag. Gewinner wissen, dass die Träume von Heute die Realität von	15. Verlierer lächeln über Suggestion, die Macht der Visionen und der Träume. Sie beschäftigen sich nur damit, um nicht als

Morgen sind. Gewinner handeln danach und leben und verwirklichen Visionen und Träume.	unwissend dazustehen. Deswegen versuchen sie auch niemals, tagtäglich die Kraft der Suggestion, der Visionen und Träume einzusetzen.

Mit dieser Gegenüberstellung möchte ich Sie nicht verunsichern. Sie werden wahrscheinlich ohnehin viele der genannten Punkte bereits wie Gewinner handhaben. Und bei den Punkten, bei denen Sie sich verbessern wollen, finden Sie mit Hilfe dieser einfachen Gegenüberstellung schnell die richtige Verhaltensweise.

Denken Sie daran: Die genannten Punkte und Grundsätze von Gewinnern und Verlierern sind das Ergebnis der Auswertung hunderter von Seminarteilnehmerbogen. Faszinierend für mich war, dass trotz hunderter von Fragebogen die wesentlichen Handlungsweisen von Gewinnern und Verlierern gleich blieben. Faszinierend für mich war auch, dass es zu jedem Gewinnerprinzip ein Verliererprinzip gab und umgekehrt. Wenn Sie also einzelne Verlierergrundsätze bei sich selbst wiederentdeckt haben, dann gestehen Sie sich diese ein und verbessern Sie sie in Richtung Gewinnerprinzipien. Wenden Sie in Situationen, in denen Sie bislang nach einem Verliererprinzip handelten, künftig immer wieder und immer häufiger das entsprechende Gewinnerprinzip an. Auf diesem Weg können Sie auf Dauer nur gewinnen. Lassen Sie es nicht zu, dass (vermeintlich) die Umstände in Ihrem Leben über Ihr Glück und Ihren Erfolg entscheiden. Und wenn es wirklich einmal die (widrigen) Umstände sind, die Sie und Ihr Leben unangenehm oder negativ beeinflussen, gibt es nur eines: **ÄNDERN SIE DIE UMSTÄNDE.**

Die Botschaft an Sie lautet: **Wenn die Umstände nicht so sind, wie Sie sich diese wünschen, dann ändern Sie die Umstände. Und zwar so schnell wie möglich.**

Von George Bernard Shaw stammt folgender Ausspruch:
»Die Menschen machen immer die Umstände für das, was sie sind, verantwortlich. Ich glaube nicht an Umstände. Die Menschen, die es in dieser Welt zu etwas bringen, sind Menschen, die sich die Um-

stände, die sie brauchen, suchen und die sich, wenn sie sie nicht finden, besagte Umstände selber schaffen.«

Und noch ein Zitat zum Abschluss dieser Lektion für alle, die bis heute ihre Erfolglosigkeit vor allem auf die ungünstigen äußeren Umstände zurückführten. Es stammt von Sri Sathya Sai Baba und lautet folgendermaßen:

»Wer Perlen im Meer finden und aus dem Meer herausholen will, muss sich anstrengen und zunächst tief tauchen, um diese Perlen zu finden. Es hilft nicht, wie ein Verlierer am flachen Strand herumzuplantschen und dann immer wieder beim Auftauchen zu behaupten, im Meer gäbe es überhaupt keine Perlen und alle anders lautenden Geschichten seien gefälscht.«

Tauchen Sie ab heute einfach tief genug. Gewinnen bedeutet, sich anzustrengen, mehr zu geben als die anderen. Dann werden Sie auf Dauer immer finden, was Sie suchen.

Die Botschaft an Sie lautet: Nur wenn Sie sich für Anstrengungen und gegen das Verbleiben in Ihrer Komfortzone entscheiden, können Sie überhaupt tief genug tauchen. Wenn Sie immer nur Anstrengungen vermeiden und Ihre Komfortzone alles ist, was Sie leben wollen, dann beklagen Sie sich ab heute möglichst nicht mehr darüber, dass Sie noch keine Perlen gefunden haben.

Das Geheimnis der 1-Jahres-Gedankenreise

Ich beschreibe Ihnen nun eine einfache Methode, wie Sie sich über Ihre eigenen Ziele, Visionen und Handlungen Klarheit verschaffen können. Diese kleine Übung führe ich in allen meinen Seminaren durch. Nehmen Sie sich heute oder morgen einige Minuten Zeit und setzen Sie sich oder legen Sie sich an einem ruhigen Ort in Ihrem Zuhause hin. Legen Sie zuvor meditative Musik ein und stellen Sie diese ganz leise. Dann schließen Sie Ihre Augen und beginnen Ihre ganz persönliche Zeitreise. Eine Zeitreise die sie an den heutigen Tag, an das gleiche Datum, jedoch in einem Jahr führen wird. Wenn wir also beispielsweise den 23. November haben, dann reisen Sie in Gedanken zum 23. November des nächsten Jahres. Wer wollen Sie an diesem 23. November des kommenden Jahres sein? Welche beruflichen Erfolge haben Sie erreicht? Wie soll Ihre Arbeit, Ihr Arbeitsalltag aussehen? Wie sehen Sie sich selbst?

Als gesunden, agilen Menschen oder welches Bild schwebt in Ihre Gedanken ein? Stellen Sie sich einfach vor, wie das Leben ein Jahr weitergeschritten ist und was Sie an diesem Tag in einem Jahr erreicht haben wollen. Wo wollen Sie stehen? Welche Träume wollen Sie verwirklicht haben? Wie wollen Sie aussehen, wirken? Diese kleine, jedoch sehr, sehr wirksame Übung hilft Ihnen, Ihre Ziele zu finden, Ihre Ziele zu sehen. Sie allein bestimmen, wo Sie hin wollen und was Sie erreichen wollen.

Schlusswort

*»In Wahrheit gibt es keine Verlierer. Es gibt nur Menschen,
die stets einen Tag zu früh aufhören.«*
K. Walter, amerikanischer Erfolgspsychologe

Ich möchte Ihnen gratulieren. Gratulieren, weil Sie sich zum vorliegenden Buch entschlossen und es nun auch durchgearbeitet haben. In den letzten Jahren habe ich zahlreiche, völlig unterschiedliche Menschen getroffen, die nahezu unablässig über Erfolg redeten, aber nie etwas dafür taten. Manche tun nichts aus Bequemlichkeit, andere tun nichts, weil sie denken, alles zu wissen. Dabei gilt: Wissen ist noch lange nicht Können und Können ist noch lange nicht Tun. Oder um einen Satz von Maria Ebner von Eschenbach zu zitieren: »Die einzige Voraussetzung für das Können ist TUN.«

Kombinieren Sie die Erfolgsregeln dieses Buches mit Ihren Talenten und legen Sie los. Nehmen Sie sich nicht alle notwendigen Schritte oder Veränderungen auf einmal vor. Beginnen Sie mit ein oder zwei Lektionen, die sie besonders beeindruckt haben, und handeln Sie. Sie können nur etwas erreichen, indem Sie etwas tun, während Sie sich den Erfolg wünschen. Etwas TUN kann auch bedeuten, dass Sie die in diesem Buch vermittelten Botschaften so stark verinnerlichen, dass Sie unbewusst bei der nächsten Gelegenheit an einzelne persönliche Erfolgsfaktoren denken oder die eine oder andere Erfolgsstrategie einsetzen. *Dabei gilt:* Geben Sie nie, nie auf! Akzeptieren Sie das Scheitern eines Projektes, einer Verhandlung, eines Geschäftes. Aber geben Sie nie, nie auf. Und vor allem: Versuchen Sie niemals den Erfolg anderer Menschen nachzuahmen. Bleiben Sie sich selbst treu. Gehen Sie Ihren eigenen Weg. Wenn Ihnen Geheimnisse anderer Menschen auf Ihrem Erfolgsweg helfen, wenn Ihnen überhaupt andere Menschen auf Ihrem Weg helfen, dann bedanken Sie sich bei diesen. Stehlen Sie keine Erfolgsrezepte anderer. Gehen Sie Ihren eigenen Weg. Ich möchte Ihnen hierzu einen meiner Lieblingssprüche von K. Walter, einem älteren Erfolgspsychologen und aktivem Erfolgscoach aus Minnesota zitieren. Bis heute, wir telefonieren einmal im Monat ausführlich miteinander, gehören meine Unterredungen mit ihm zu meinen wichtigsten Gesprächen überhaupt.

Schlusswort

»Sei jederzeit du selbst.
Die Besten sind die Besten, weil sie lernen, ihren eigenen Weg zu gehen.
Die Besten sind die Besten, weil sie sich treu bleiben.
Neide niemals einem anderen seine Erfolge.
Versuche niemals, einen anderen nachzuahmen oder in den Fußstapfen eines anderen zu gehen.
Imitiere zwar Erfolgsgesetze und -regeln, gehe dann aber deinen eigenen Weg.
Denke stets daran: Um Spuren zu hinterlassen, musst du eigene Wege gehen. Menschen, die den Fußstapfen anderer folgen, können niemals an der Spitze stehen. Sie sind immer nur Zweiter.
Die Besten sind die Besten, weil sie sich selbst treu bleiben. Also werde ganz ruhig, konzentriere dich auf deinen Weg. Entspanne dich. Deine wichtigste Aufgabe auf deinem ganz persönlichen Weg zum Erfolg lautet: Sei jeden Tag aufs Neue einfach nur du selbst. Erst dann verbindest du Erfolg und Glück auf die wundervollste und erfüllendste Weise. Erst dann spürst du die Magie des wirklichen Erfolges. Du alleine wirst wissen und spüren, wann du dieses wundervolle Ziel erreicht hast.«

K. Walter, amerikanischer Erfolgspsychologe

Ich freue mich, wenn Sie dieses Buch immer und immer wieder nutzen. Arbeiten Sie damit. Machen Sie es zu Ihrem ganz persönlichen Erfolgsbuch mit Ihren ganz persönlichen Notizen. Vor allem wünsche ich Ihnen, dass Sie durch Ihr ganz persönliches Tun Ihre eigene Erfolgsmagie finden. Es gibt die Magie des Erfolges wirklich. Nicht umsonst habe ich diesen Buchtitel gewählt. Es gibt die Magie des Erfolges und ich darf Ihnen versichern: Es lohnt sich, dass Sie sofort, ohne zu zögern, diese Magie in Ihr Leben lassen. Wenn nicht jetzt, wann dann? Entscheiden Sie sich für einen positiven, inneren Dialog. Entscheiden Sie sich für Erfolgsgedanken. Jetzt sofort! Forscher haben festgestellt, dass Sie jeden Tag einen inneren Dialog mit 5000 Wörtern und mehr führen. Dieser innere Dialog prägt Ihr Handeln. Wenn nicht jetzt, wann dann? Starten Sie durch. Starten Sie durch und tun Sie es, indem Sie sich das Bild eines startenden Flugzeuges vor Augen führen. Sie brauchen, wie ein Flugzeug, die meiste Power um zu starten. Wenn Sie die Mühen dieses Starts und des Steigfluges auf sich nehmen, dann kommt unweigerlich die Zeit, in der Sie in den

Schlusswort

Erfolgs-Gleitflug übergehen. Erfolg hat den Vorteil einer sich selbst verstärkenden Eigendynamik. Sie dürfen zwar nie aufhören, zu wachsen, aber mit zunehmender Höhe, mit zunehmenden Erfolgen wird es Ihnen immer leichter und leichter fallen, ein persönlich und finanziell reicher Mensch zu sein.

Wenn Sie Lust haben und Zeit finden, dann berichten Sie mir doch einmal über Ihre Erfolgsschritte. Schreiben Sie mir von Ihren Erfolgen, aber auch von Ihren vorübergehenden Problemen oder Misserfolgen. Sie wissen ja, ein Misserfolg ist nichts anderes als ein negativer Erfolg oder ein wichtiger Schritt zu Ihren nächsten positiven Erfolgen. Was geschieht, wenn Sie die in diesem Buch beschriebenen, magischen Erfolgsregeln, das Erfolgswissen und die Erfolgsstrategien in Ihr Leben aufnehmen? Wie verändert sich Ihr Leben, Ihre Umgebung, Ihr Freundeskreis? Ich kann nicht versprechen, dass ich Ihnen kurzfristig antworte, aber antworten werde ich in jedem Fall.

Ihr Bernd W. Klöckner

Meine persönliche Erfolgsbibliothek

Eine strenge und unumstößliche Regel, was man lesen sollte und was nicht, ist albern. Man sollte alles lesen. Mehr als die Hälfte unserer heutigen Bildung verdanken wir dem, was wir nicht lesen sollten.

Oscar Wilde

Hinweis:
Im Folgenden nenne und beschreibe ich Ihnen eine Auswahl der aus meiner Sicht wichtigsten Bücher, die Sie lesen sollten. Nein, die Sie unbedingt lesen müssen. Zu jedem Titel finden Sie eine umfassende Beschreibung. Ganz bewusst verzichte ich darauf, den Preis zu nennen, da das Einzige, was zählt, der Inhalt eines Buches ist. Eine Bitte: Wenn Sie am Lesen interessierte Kinder haben und diese Kinder sind bereits alt genug, also sagen wir 18 Jahre jung, dann geben Sie diesen einmal eines der folgenden Bücher in die Hand. Fast ausnahmslos erlebe ich bei Jugendlichen, dass diese nur einen kleinen Kick brauchen und dann läuft ihre Gedankenwelt, laufen ihre Visionen wie von allein. Sie können einem jungen Menschen kein größeres und wertvolleres Geschenk machen, als ihm eine für ihn passende Vision zu schenken. Oder aber die Anregung, diese Vision selbst zu finden.

Noch eines ist mir wichtig: Wenn Sie sich nach Erfolgsbüchern umsehen, dann seien Sie kritisch. Der Markt ist überschwemmt von Ratgebern vermeintlicher Experten, die das, was sie schreiben, noch nie erlebt haben, noch nie umgesetzt haben. Ich bezeichne diese Vorgehensweise schlichtweg als unseriös. Sie als Leser können gar nicht kritisch genug sein. Wenn ein Autor über Geld schreibt, sollte er bereits jahrelang mit Geld gearbeitet haben, ansonsten ist sein vermeintliches Geldwissen nichts wert. Wer über Erfolg schreibt, sollte Erfolg, wirklichen Erfolg und entsprechenden Mut bewiesen haben. Ein Mensch, der über persönlichen Erfolg schreibt, sollte eine außergewöhnliche Karriere, außergewöhnliche Leistungen vorzeigen können. Offensichtlich wird diese einfache Regel des Authentischen beim Thema Gesundheit: Was meinen Sie, wie glaubwürdig ist ein Trainer, der Gesundheit und Fitness predigt und dabei übergewichtig und mit hochrotem Kopf über die Bühne keucht?

Meine persönliche Erfolgsbibliothek

Ausgewählte Erfolgsbücher

Die folgenden Bücher werden Ihnen, wenn Sie die beschriebenen Gesetze beachten und in die Praxis umsetzen, das Tausendfache dessen bringen, was Sie diese Bücher kosten – auch wenn Sie alle erwerben.
Besten Dank an die Autoren für die zahlreichen Anregungen, Gedanken und die in ihren Büchern enthaltene Motivation.

Buscaglia, Leo: Leben, Lieben, Lernen
»Brücken bauen, nicht Barrieren« lautet der Untertitel dieses sehr menschlichen und sanften Buches. Erfolg hat oft mit Härte zu tun. Also mit gesunder Härte. Denken Sie an die hier beschriebenen Regeln zum Thema Dream-Team. Erfolg bedeutet Härte und Konsequenz bei Entscheidungen. Wer auf wundervolle Art seine persönliche Intelligenz und sein persönliches Verhalten, insbesondere auch unter Einbezug des Themas Liebe, verbessern möchte, sollte sich dieses Buch aus dem Bereich Psychologie & Lebenshilfe kaufen. Es ist der einzige Titel, der etwas von der inhaltlichen Linie der hier vorgeschlagenen Erfolgsbibliothek abweicht. Es ist jedoch ein empfehlenswertes Buch für alle, die auf dem Weg zu einer ganzheitlichen Persönlichkeit wirklich vorwärts kommen wollen.

Cialdini, Robert: Überzeugen im Handumdrehen
Wenn Sie das aus meiner Sicht beste Buch zum Thema »Menschen beeinflussen und überzeugen« lesen wollen, müssen Sie dieses Buch kaufen. Ich habe es zum ersten Mal Anfang 1994 gelesen und seitdem viele Dutzende Male. Das Buch fesselt, begeistert und bringt praxisnahes, psychologisches Know-how auf den Punkt. Bis heute habe ich kein Buch gelesen, das in unserer Firmenbibliothek, von immerhin rund 4000 ausgewählten Büchern, Cialdinis Buch geschlagen hätte. Dieses Buch ist ein Muss, die Inhalte können Sie ein Leben lang anwenden.

Csikszentmihalyi, Mihaly/Susan A. Jackson: Flow im Sport (IST EIN ERFOLGS-DENKEN-BUCH!)
Flow ist das Gefühl, eins zu sein mit sich und dem, was man tut. Das ist der Fall, wenn Körper und Geist exakt zusammenarbeiten. Wer einmal Flow gefühlt und erlebt hat, der weiß, dass der Flow-Zustand stark und glücklich macht. Grenzen lassen sich leicht überwinden, Ihre mentale und psychische Fitness steigt. Mihaly Csikszentmihalyi, einer der beiden Autoren, wurde bekannt durch seine zahlreichen Flow-Bücher, doch »Flow im Sport« ist das »flüssigste«. Das Buch lebt durch Sprache, Gliederung und zahlreiche Beispiele, es motiviert, begeistert und steckt an. Für Erfolgsmenschen, die Grenzen überwinden wollen und müssen, ein unverzichtbares Buch.

Dillman, Bruce: Ziel um Ziel
Bruce Dillman beschreibt auf eine außergewöhnliche Weise den äußeren und inneren Weg zum Erfolg. Das Buch ist erschienen im Junfermann Verlag, einem meiner Lieblingsverlage für alle Bücher rund um Training, Erfolg und Psychologie. Wenn Sie Ihre persönlichen und beruflichen Erfolge verbessern wollen, aber aus Ihrer Sicht schon das Beste tun und nicht wissen, was Sie noch optimieren können, dann ist dieses Buch genau richtig für Sie. Dillman zeichnet besonders aus, dass er anwendungsorientiert und effizient schreibt. Jeden seiner Gedanken können Sie effektiv in Ihrem Alltag umsetzen und Sie werden bekommen, was Sie wollen. Bruce Dillman bringt Erfolgswissen hervorragend auf den Punkt. Für alle ziel- und erfolgsorientierten Menschen ein wichtiges und außergewöhnliches Buch.

Egli, René: Die Formel für Reichtum
Ein Büchlein im Kleinstformat mit lediglich rund 100 Seiten, das ist alles, was der Autor zu bieten hat. Und es ist fantastisch viel: Egal, wo Sie im Leben stehen, egal, ob Sie Erfolg haben oder nicht, Sie können Ihr Einkommen ab sofort selbst bestimmen, wenn Sie die in diesem Büchlein genannten Grundsätze in die Tat umsetzen. Überzeugend ist der klare Stil, die humorvolle Sprache, die motivierende Botschaft. Es geht um fundamentale Lebensgesetzmäßigkeiten auf dem Weg zu Reichtum und Geld. Es ist nicht ein Business-Buch à la Dan Pena, aber es ist ein sehr, sehr wichtiges Buch für die richtige Einstellung.

Fisher, Mark: Das innere Geheimnis des Reichtums
Ein junger Mann auf der Suche nach Reichtum begegnet einem alten, weisen Millionär. Dieser zeigt ihm auf faszinierende Weise, wie er seine unentdeckten Fähigkeiten finden und nutzen kann. Der weise alte Mann lehrt ihn Selbstvertrauen, zeigt ihm das Geheimnis wahren Reichtums und den Weg zur ersten Million innerhalb kurzer Zeit. Die Geschichte ist eine zeitlose Fabel, die das Bewusstsein auf spielerische Weise erweitert. Das Buch besteht aus zwei Erzählungen. Die zweite trägt den Titel »Die *neue* Kunst des Liebens«. Mein Urteil war bereits nach der ersten Geschichte gefällt: Es ist eine klare Kaufempfehlung.

Georg, Manfred: Ivar Kreuger – Der Zündholzkönig
Das Buch werden Sie voraussichtlich nur noch in Antiquariaten bekommen. Es beschreibt das Leben des schwedischen Zündholzkönigs, der einer der reichsten Männer Amerikas war. In seinen besten Zeiten hatte er das Monopol über den Zündholzmarkt und beherrschte, wie man sich erzählt, über 75 Prozent des gesamten Marktes. Das bedeutete: Drei von vier Zündhölzern weltweit waren Produkte von Ivar Kreuger. Seine Geschichte, die tragisch endete – niemand weiß bis heute, ob es Mord oder Selbstmord war – ist eine hervorragende Vorlage, um selbst unternehmerisch erfolgreich zu sein, erfolgreich zu werden. Wenn Sie Gelegenheit haben, dieses Buch zu erwerben, kaufen Sie es unbedingt!

Hill, Napoleon: Gesetze des Erfolges
Mit über 600 Seiten ist dieses Buch der Klassiker des positiven Denkens. Der Autor wurde 1883 im US-Staat Virginia geboren. Aus ärmlichen Verhältnissen stammend, wurde er zunächst mit 18 Jahren Journalist. Eines Tages traf er den Industriellen Andrew Carnegie. Diese Begegnung veränderte das Leben von Hill: Carnegie gab ihm den Auftrag, das Leben und damit die Erfolgsgesetze der »Großen und Berühmten« zu untersuchen. Das Buch ist gewissermaßen die Quelle, an der sich zahlreiche Erfolgsautoren der Gegenwart bedient haben. Auch einfache Sparregeln wie »Spare 10 Prozent deines Einkommens« und ähnliche Tipps lassen sich auf Hill zurückführen. Hill behandelt Themen wie: Selbstvertrauen, systematisches Sparen, Initiative, Fantasie, Begeisterung, Konzentration und vieles mehr. Es ist ein Schmöker für Jung und Alt und meines Erachtens eines der motivierendsten Einsteigerbücher, die es gibt.

Kotter, John P.: Matsushita – Der erfolgreichste Unternehmer des 20. Jahrhunderts
Eine der besten Biografien, einer der erfolgreichsten Unternehmer. Ein fesselndes und zugleich äußerst lehrreiches Buch. Es beschreibt die faszinierende Geschichte eines Mannes, der keineswegs Glück und Erfolg in die Wiege gelegt bekam. Die unglaubliche Geschichte dieses unglaublichen Mannes wird vieles von dem, was Sie heute über Erfolg und Misserfolg denken, auf den Kopf stellen. Der Autor vermittelt auf begeisternde Weise, welche Erfolge erzielt werden können, wenn sie Disziplin, eisernen Glauben an sich selbst, unbändigen Willen und das niemals endende Streben, besser als die Konkurrenz zu sein, miteinander kombinieren. Es ist ein Buch, das jeden inspirieren wird, selbst mit Mut und Zuversicht großartige Träume und Visionen in die Tat umzusetzen.

Macioszek, H.-Georg: Chruschtows Schuh
Sie wollen verhandeln und gewinnen? Sie möchten nach Möglichkeit immer gewinnen? Dann sollten Sie dieses Buch lesen. Es hat nur wenige Seiten, aber diese haben es in sich! Sie können das Buch bequem auf einer Zugfahrt innerhalb einer Stunde lesen und verstehen. Sie werden oft schmunzeln, sich an eigene Verhandlungsfehler erinnern und erfahren, was man so alles besser machen kann. Der Autor ist ein ausgebuffter Verhandlungsprofi. Er wird als externer Spezialist für Verhandlungen engagiert. Dieses Buch ist einfach ein Klassebuch.

Pena, S. Daniel: Your First 100 Million
Dieses Buch ist ein Meisterwerk. Ein Meisterwerk für Business-People. Nichts für Einsteiger und keine leichte Kost. Es ist bestens geeignet für Unternehmer und Menschen, die es werden wollen. Wenn Sie auf harte, jedoch herzliche und zutreffende Weise von einem Multimillionär und seiner Erfahrung profitieren wollen, dann kaufen Sie dieses Buch so schnell wie möglich. Es ist verdammt teuer, aber auch verdammt gut. Die Inhalte dieses Buches finden Sie in keinem anderen Erfolgsbuch. Wenn Sie Daniel S. Penas Erfolgsschule erleben wollen, dann lesen Sie das Buch. Jeder Tag, den Sie sein Wissen früher erfahren, ist ein wertvoller Tag. Und: Für diese Besprechung werde ich nicht bezahlt. Es ist meine feste Meinung. *Your First 100 Million* ist ein Geheimtipp und Sie sollten sich hüten, diesen Tipp, den Sie so umfassend und genau nur erhalten, weil Sie

das vorliegende Buch bis zum Ende konsequent gelesen haben, jedem weiterzuerzählen. Lesen Sie Penas Buch, wenden Sie sein einmaliges Know-how an und genießen Sie Ihren Erfolg – oder um mit Pena zu sprechen: Ihren Super-Erfolg!!!

Waitley, Denis: Nur wer handelt, kann gewinnen
Waitley ist einer der besten amerikanischen Erfolgsautoren. Er ist Psychologe und erreichte als mentaler Berater von Spitzensportlern Großartiges für den Leistungssport. Eine seiner Kernbotschaften lautet, dass, wer erfolgreich sein will, sich von der Meinung anderer unabhängig machen muss. Es ist ein hervorragendes Buch eines außergewöhnlichen Autors. *Tipp:* Stöbern Sie im Internet oder in einer Buchhandlung unter dem Autorennamen. Sie werden auf zahlreiche weitere Erfolgsbücher dieses Bestsellerautors stoßen.

Weiner, Wolfram: Kapitäne des Kapitals
Das Buch habe ich im Jahr 1995 gelesen oder besser: verschlungen. Es sind die Lebensbeschreibungen der Menschen, die hinter großen, klangvollen Namen der deutschen Industrie standen. Es sind die Geschichten der Gründer zahlreicher Unternehmen, die bis heute existieren. Es ist ein Buch, das all denen Mut macht, die heute nach wenigen Monaten beruflicher erfolgloser Selbstständigkeit aufgeben wollen. Ein besonderes Buch der ganz besonderen Erfolge.

Williams, Arthur L.: Das Prinzip Gewinnen
Dieses Taschenbuch war eines meiner ersten Erfolgsbücher. Ich habe die in einfachem Stil geschriebene motivierende Botschaft verschlungen. Der Autor gilt als der Wirklichkeit gewordene amerikanische Traum. Er verdiente sich seinen Lebensunterhalt zunächst als Footballtrainer, ehe er sich 1977 selbstständig machte. Zusammen mit einigen Lehrern gründete er die »A.L. Williams-Lebensversicherung«, die innerhalb kürzester Zeit zum Branchenführer auf dem Versicherungsmarkt wurde. Erfolg nach Arthur L. Williams beruht weder auf außergewöhnlichen Fähigkeiten noch auf viel Geld. Persönlicher Erfolg beruht vielmehr auf der Verwirklichung der eigenen Lebensziele und Träume. Wer ihnen treu bleibt, findet seinen Weg. Das Buch mit den ausführlich beschriebenen Erfolgsregeln von Arthur L. Williams ist mit zahlreichen Beispielen und Anekdoten ein Lesegenuss, insbesondere auch für Einsteiger.

Winkler, Matthew: Bloomberg über Bloomberg
Ein Buch über eine außergewöhnliche Erfolgsstory eines außergewöhnlichen Mannes. Die Biografie von Bloomberg, der über Jahrzehnte einen der erfolgreichsten Mediengiganten schuf. Ein ansteckendes Buch, ein Buch, das Lust auf den eigenen Erfolg macht. Die lebhafte Schilderung des Lebensweges von Bloomberg begeistert, fasziniert, motiviert.

Zimmermann, Hans-Peter: Geld ist schön
Hans-Peter Zimmermann ist einer der humorvollsten Trainer und Erfolgsautoren. Seine Botschaften sind jedoch in jeder Hinsicht glaubhaft. Wer versucht, das in seinen Büchern genannte Wissen praktisch umzusetzen, wird erfahren, dass es funktioniert. Hans-Peter Zimmermann ermuntert Sie, Ihre Träume mutig zu leben und Ihre Wunschbilder des eigenen Lebens zu verwirklichen. Das Buch bietet jede Menge Spaß und ist hervorragend gegliedert. Der Leser wird wie an einem unsichtbaren Faden durch die »Geld ist schön«-Geschichte geführt.

Zu meiner Person – für alle, die etwas mehr wissen wollen

Da es für mich immer recht spannend und auch motivierend ist, Näheres über den Lebensweg eines Buchautors zu erfahren, wollte ich Ihnen dies in meinem Fall nicht vorenthalten und habe mich für sehr persönliche und etwas ausführlichere Anmerkungen zu meiner Person entschieden. Wir hatten eine fantastische Kindheit, tolle Eltern, und es mangelte uns an nichts. Damit meine ich nicht, dass wir reich waren. Es mangelte jedoch in keiner Weise an den viel wichtigeren Voraussetzungen für eine glückliche Kindheit: Liebe, Fürsorge, Geborgenheit. Unsere Mutter lehrte uns frühzeitig zu sparen und darauf zu achten, was wie viel kostet. Im Nachhinein habe ich mich oft gewundert, wie es meinen Eltern gelungen ist, uns mit einem Verdienst alle zu ernähren, die Ausbildung zu bezahlen, das Studium zu ermöglichen und so weiter. In jungen Jahren war ich ein schüchterner und sehr zurückhaltender Schüler, der die Klassenlieblinge und Mädchenschwärme bewunderte. Mit 18 Jahren zog ich von zu Hause aus, jobbte mal hier, mal dort, um neben meinem bevorstehenden Abitur möglichst aus eigener Kraft über die Runden zu kommen. Zu dieser Zeit bekam ich Kontakt zur HMI, dem Strukturvertrieb der Hamburg Mannheimer. Es war zunächst eine aufregende, faszinierende Zeit. Zum ersten Mal lebte ich vom Verkaufen. Musste mich selbst verkaufen. Musste mich überwinden, per Telefon Termine zu bekommen bei Freunden, aber auch fremden Menschen, die mir empfohlen wurden. Dann das Erlebnis des Verkaufens selbst. Wir hatten nur einen Tarif, eine kapitalbildende Lebensversicherung, anzubieten beziehungsweise sollten uns auf diesen einen Tarif konzentrieren. Ich verkaufte eine an meine damalige Freundin, an einige Freunde, und auch auf meinen Jobs quatschte ich jeden an. Manchmal gelang es, manchmal drohten mir die angesprochenen Personen (im Nachhinein zu Recht) mit Prügel, wenn ich sie noch einmal auf Versicherungen und speziell die HMI ansprechen würde. In dieser Zeit saß ich zum ersten Mal in meinem Leben in einem 500er Mercedes – und ich fand es klasse. Zum ersten Mal »durfte« ich beim Boss der HMI im Porsche 911 Targa sitzen – und ich dachte,

Zu meiner Person

jetzt lebe ich meine Träume. Es war eine tolle Erfahrung, mit dem Verkauf von Finanzprodukten selbst Geld zu machen. Mein direkter Strukturchef, also der Chef meiner Truppe, war ein ehemaliger Schulkollege. Ich war gierig danach, dasselbe wie er zu erreichen: Mitarbeiter zu führen und mit diesen Mitarbeitern eines Tages Geld »im Schlaf« zu verdienen. Dann jedoch gab es Ärger mit meinem Strukturboss, der mich, als ich in eine andere große Struktur der gleichen Stadt wechseln wollte, mit seinem Rottweiler zu Hause besuchte und mir mit nicht näher bezeichneten Konsequenzen drohte für den Fall, dass ich nicht zu ihm stehen würde. An diesem Tag entschied ich, der HMI den Rücken zu kehren. Es war die Zeit des Abiturs, einen anderen Job hatte ich nicht, und dann kamen die so genannten Stornos. Als Storno bezeichnet man einen Versicherungsvertrag, der vom Kunden, also vom Versicherungsnehmer, storniert wird. Da der Verkäufer jedoch bereits im Vorfeld seine Provision erhalten hat, muss er nun einen Teil oder sogar alles, je nach Zeitpunkt der Kündigung des Vertrages, zurückzahlen. Als die ersten Stornos kamen und die HMI ihr Geld zurückforderte, war ich pleite. Ich werde nie den Tag vergessen, an dem ich bei der Bank 20 Mark abholen wollte, mich der Filialleiter ins Hinterzimmer bat und mir mitteilte: »Es tut mir Leid, Sie bekommen leider kein Geld mehr ausbezahlt.« Ich war pleite und noch nicht einmal in Höhe von mickrigen 20 Mark kreditwürdig. Es war gut so. Eines versprach ich mir zu dieser Zeit: Nie, nie wieder sollte mir so etwas passieren. Nach dem Abitur begann ich aus Unkenntnis, was ich wirklich wollte, eine Maschinenbaulehre. 14 Monate feilen, drehen, schmieden, schweißen. 14 Monate Berufsschule. Ich begann mit meinen ersten, teils heftigen Aktieninvestitionen. Monat für Monat stieg ich intensiver ein. Nach der Arbeit hatte ich – neben meinen Aktiengeschäften – drei Jobs zu erledigen: In einem Café zu arbeiten, dann Pizza auszufahren und in den frühen Morgenstunden Pakete auszuliefern. Nach wenigen Stunden Schlaf ging's dann weiter mit der Lehre. Auf diese Weise erarbeitete ich mir in rund $1\ ^{1}/_{2}$ Jahren ein erstes, kleines Vermögen, das ich in Aktien und Optionsscheine investierte. Durch mein intensives und ständig wachsendes Interesse an Aktien, entschloss ich mich, die Lehre abzubrechen, und entschied mich für ein Studium der Betriebswirtschaftslehre. Mir war klar, dass der Umgang mit Geld meine berufliche Zukunft werden sollte. Zum ersten Mal hatte ich Bilder meiner Zukunft vor mir. Gleichzeitig gründete ich mit einem Freund, Peter

Zu meiner Person

Ruland, eine Company Limited und nannte meine erste Firma INVECO Limited Company. Ich war gemeinsam mit meinem Freund Direktor (mit einem Gründungskapital von lediglich rund 1000 Mark) und wir begannen, seriöse Geldanlagen zu verkaufen. Als wir jedoch mangels Firmensitz nicht ins Handelsregister eingetragen wurden, beschlossen wir, eine GmbH zu gründen. Die GmbH wurde gegründet und ab sofort verkaufte ich Versicherungen und Investmentfonds und studierte nebenbei. Da das Geld nicht reichte, begann ich abends Autos zu waschen. Dafür bekam ich rund 1200 Mark im Monat, was die Existenz sicherte. Nebenbei machte ich die ersten Tausender mit meinen weiteren Investionen in Aktien und Optionsscheine. So ging es etwa ein Jahr, bis die Arbeit im Büro und die Gewinne über meine Börseninvestitionen so lukrativ waren, dass ich nicht mehr nebenbei arbeiten musste. Ich lebte zum ersten Mal von meinen Börsengewinnen. Das Ganze war 1989, zum Höhepunkt der japanischen Wirtschaft. Es war eine tolle Zeit. Die Kurse stiegen und stiegen ins Unermessliche, Wertsteigerungen von 1000!! Prozent (das bedeutet: Sie machten in dieser Zeit vielfach aus 1000 Dollar innerhalb weniger Tage oder – wenn es lange dauerte – Wochen ein Vermögen von 10 000 Dollar und mehr) waren keine Seltenheit, sondern an der Tagesordnung. Der Nikkei-Dow-Jones stand bei rund 40 000 Punkten und manche Analysten sahen den Index bereits bei 70 000 Punkten und mehr. Japan boomte, und den wenigen Kritikern, die vom Bubble, also einer Börsenblase sprachen, wurde entgegengehalten, dass die japanische Wirtschaft nach neuen Spielregeln funktionieren würde. Spielregeln, die mit den klassischen Bewertungen an der Börse nichts zu tun hätten. In Japan sei alles anders. Zu diesem Zeitpunkt war ich mittendrin, also voll investiert. An manchen Tagen hatte ich das Gefühl, ich hätte die Börse im Griff. Ich war mir sicher zu wissen, welche Mechanismen wie funktionieren und wann Aktien und Optionsscheine günstig oder teuer sind. Ich hatte nur niemanden, der mir gesagt hätte (was ich als eine der wichtigsten Regeln auf meinen Seminaren heute immer wieder betone), dass es nicht an meinem genialen System, meinem Bewertungsverfahren lag, wenn ich Gewinne machte. Die Börse stieg, ob mit mir oder ohne mich. Aber wie gesagt: Ich dachte, ich hätte die Börse und den Einfluss der Wirtschaft auf die Börse nach wenigen Jahren verstanden. Mit jedem Monat stieg meine Sorglosigkeit, mit jedem erneuten Gewinn stieg mein Einsatz und dann begann ich, Geld von Freunden mit von mir gegebenen Garantiezinsen anzulegen. Meine Rechnung war einfach: Ich zahle acht Prozent (das war damals viel) Rendite pro Jahr, komme selbst an der Börse auf 30 Prozent pro Jahr und würde so mein schon erhebliches Bargeld mit der Zinsdifferenz von 22 Prozent verfielfachen. Ich war mir sicher, in einigen Jahren Millionär zu sein. Bei 100 000 Dollar und 22 Prozent Zinsdifferenz pro Jahr hätte es meiner theoretischen Rechnung zufolge rund 11 Jahre gedauert. Ich malte mir also bereits meine Zukunft (ohne arbeiten zu müssen) in den rosigsten Farben aus. Noch heute schmunzle ich bei den Tagebucheintragungen aus der damaligen Zeit. Und dann kam, was unweigerlich kommen musste: Die japanische Börse brach ein. Es geschah, was sich keiner noch wenige Wochen zuvor hätte vorstellen können. Die Kurse brachen auf breiter Front ein und liefen in den Jahren darauf über fast zehn Jahre kontinuierlich bergab. Zum Zeitpunkt des Verfassens dieses Manuskripts ist der Index der japanischen Börse gar auf dem tiefsten Punkt seit 20 Jahren angelangt. Der Bubble war also damals geplatzt. Das Märchen von »In Japan ist alles anders« und »Die japanische Börse folgt neuen Wirtschaftsregeln, die mit den Regeln der alten Zeit nichts mehr zu tun haben«, war zu Ende. Mit dem Crash schwand mein Vermögen und das Geld meiner Freunde innerhalb weniger Tage. Der Verlust unterm Strich: Über 90 Prozent meines Geldes wären weg. Mit den restlichen zehn Prozent zockte ich in den Wochen darauf im Casino, bis auch das schief ging. Ich war nun zum zweitenmal pleite, nur mit dem Unterschied, dass ich dieses Mal ein Vermögen verloren hatte. Schlimmer noch: Auf Papier hatte ich einen sechsstelligen Betrag mit persönlicher Haftung abgezeichnet, den ich nun zurückzahlen musste. Ich brauchte damals Tage, um die Situation zu begreifen. Ich hatte nichts mehr, so gut wie nichts mehr, und musste nun in den nächsten fünf Jahren insgesamt sechsstellige Beträge an Freunde zurückzahlen. Und jeder dieser Freunde bestand auf Heller und Pfennig. Aus der Traum vom Millionär, das Eigenkapital war auch dahin, all die Mühe der Jahre zuvor war vergeblich gewesen. Ich startete bei Null beziehungsweise mit einer Schuldenlast im sechsstelligen Bereich. Ich hatte gar keine andere Chance, als mich auf größere Geschäfte zu konzentrieren, um möglichst schnell Geld für die Rückzahlung der offenen Beträge zu verdienen. Die Situation spitzte sich zu, als einer dieser ehemaligen Freunde mich zwang, ein notarielles Schuldanerkenntnis zu unterzeichnen mit einer Frist von sechs Monaten,

Zu meiner Person

innerhalb derer allein rund 100 000 Mark in bar zurückbezahlt werden mussten. Dieser Tag, an dem ich das notarielle Schuldanerkenntnis unterzeichnete, war der schwärzeste Tag meines Lebens und der einzige Tag, an dem ich aufgeben wollte. Ich war viel zu jung für solche Beträge, mir war es zu viel und ich dachte an diesem Tag daran, mein Leben zu beenden. Ich weiß noch, wie ich aus dem Auto meine jüngere Schwester anrief, die sich sofort in den Wagen meines Vaters setzte und zu mir kam. Ich weinte und weinte, bis ich ruhig und müde wurde. Als mich meine Schwester weiter zu meiner Wohnung fahren ließ, hatte ich den felsenfesten Entschluss gefasst, nie, nie aufzugeben. Scheitern ja, aber niemals aufgeben. Es war ein Spruch von Henry Ford, der mir in diesem Augenblick weiterhalf: »Es gibt mehr Menschen, die aufgeben, als solche, die scheitern.« Und ich lernte auch, wie verachtenswert Geld alleine sein muss, dass fehlendes Geld einen Menschen sogar dazu bringen kann, sich das Leben nehmen zu wollen. Seit diesem Tag ist einer meiner Lieblingssprüche: »Die richtige Einstellung gegenüber Geld ist die einer begehrlichen Verachtung.« In den folgenden Monaten konzentrierte ich mich auf noch mehr große Geschäfte. Es gelang mir auf legale und seriöse Weise, mit immensem Zeit- und Arbeitsaufwand so viel Geld zu verdienen, dass ich sechs Monate später die rund 100 000 Mark bezahlen und einige Monate später weitere Gläubiger befriedigen konnte. Der Vorteil war (Sie sehen, es gibt kein Problem, was nicht – meist – auch ein Geschenk für Sie in den Händen trägt): Jetzt hatte ich Blut geleckt oder besser Geld geschmeckt. Ich sagte mir: »Was ich einmal konnte, kann ich auch wiederholen« und tat es. Ich handelte, machte Geschäfte. Ich begann mich konsequent auf die Handlungen zu konzentrieren, die Erfolge brachten. Dann wiederholte ich diese Erfolgshandlungen. Immer und immer wieder. Ich tat es einfach. Monat für Monat, Jahr für Jahr. Dann ging alles sehr schnell. Es kam das Ende des Studiums und meine ersten Vorträge und Veröffentlichungen auf Grund des Themas meiner Diplomarbeit »Die Analyse des Geschäftsberichtes von Lebensversicherungen als Grundlage von Anlegerentscheidungen«. Diese Arbeit wurde von einem Teil der Lebensversicherungsbranche heftigst angegriffen, einige Monate später mussten jedoch selbst die härtesten Kritiker meine Arbeit und die Ergebnisse bestätigen. Es folgte, unter der Leitung meines mich seit 1994 begleitenden Medienagenten Thomas Montasser, das erste Buch, das zweite und so weiter. Immer wieder setzte ich mir neue Ziele und erreichte diese. Heute, viele Jahre später, gibt es in Deutschland, Österreich, der Schweiz und in Holland mehrere zehntausend begeisterte Seminarteilnehmer, die ich zum Thema Geld und Erfolg geschult und trainiert habe. Aus der Praxis für die Praxis auf der Grundlage vieler Jahre eigener Erfahrung. Man kennt mich aus diversen Fernsehauftritten, hier insbesondere n-tv GELD, und über zahlreiche Publikationen in nahezu allen namhaften Wirtschaftsmagazinen und -zeitschriften in den letzten Jahren. Wir trainieren heute auch im Rahmen eines im Finanzbereich und im deutschsprachigen Raum einzigartigen »Bernd-W.-Klöckner-Rechentraining« Finanzdienstleister und Verbraucher. Hier lernen Geldeinsteiger, aber auch fortgeschrittene Verbraucher und selbst Profis innerhalb eines Tages das notwendige Know-how, um besser mit Geld umgehen zu können. Das Motto lautet: »Mit Spaß und neuem Selbstbewusstsein zur finanziellen Unabhängigkeit«. Ich habe zwischenzeitlich fünfzehn Bücher geschrieben, darunter finden sich diverse Bestseller. Mehrere hunderttausend Menschen haben meine Bücher gelesen. Verschiedene Unternehmensführer und Privatpersonen auf der Suche nach Erfolg oder nach mehr Erfolg trainiere ich persönlich in Bezug auf Unternehmensführung, Markenbildung, Erfolgsdenken. Die Erfolgsschritte und Trainingsschwerpunkte sind dabei: Vision * Success * Money.

Die Botschaft an Sie lautet: Ohne Vision(en) verbunden mit Passion gibt es keinen Erfolg und letztlich keinen Reichtum.

Um eine optimale Arbeit zu leisten, sind es maximal zehn Mandate, die ich jedes Jahr in diesem Bereich betreue. Einige Mandate bereits seit vielen Jahren. Ich bin an diversen Firmen beteiligt, darunter an meinem »Lieblingsunternehmen« aus dem Softwarebereich mit Millionenumsätzen und außerordentlich zufrieden stellenden Gewinnen. Darüber hinaus bin ich Chefredakteur diverser Publikationen. Ich bin verheiratet, habe bei Erscheinen dieses Buches zwei Kinder und ahne manchmal, dass es mir gelungen ist, einen Traum zu leben, und zwar deswegen, weil ich stets Bilder und Visionen hatte, weil es gute Freunde gab und bis heute gibt. Aber auch, weil ich nie, nie aufgegeben habe. Jeden noch so kleinen Erfolg, und später auch die großen Erfolge, habe ich mir selbst verdient. Jeder noch so große Misserfolg und jede Niederlage hat mich innerlich stets sagen lassen: »Jetzt erst recht!« Im Laufe der Jahre habe ich unendlich viele Fehler gemacht, die mich, ohne zu übertreiben, ein Mil-

Zu meiner Person

lionenvermögen kosteten. Doch ich habe noch mehr gute Entscheidungen getroffen, die Erfolge mit sich brachten, mit denen ich über die teuren Fehler hinwegkam. Bis heute gilt für mich, wie bereits in diesem Buch beschrieben: Lieber heute einen guten, aber weitaus nicht perfekten Plan in die Tat umgesetzt, als den Beginn eines perfekten Planes immer wieder zu verschieben, so lange zu zögern, bis es zu spät ist. Es gab niemanden, der mich derart in die Selbstständigkeit gedrängt hätte. Es war einfach etwas in mir, das mich spüren ließ, dass ERFOLG eine tolle Sache ist. Dass es ein herrliches Gefühl ist, die Magie des Erfolges selbst zu empfinden. Ich wünsche mir, dass Sie mich auf diesen persönlichen Seiten ein wenig besser kennen gelernt haben und ich wünsche Ihnen den Mut und die Konsequenz, Erfolg zu denken und Erfolg zu leben. Es ist anstrengend, aber es macht grenzenlos Spaß.

Die Botschaft an Sie lautet: Erfolgreich zu sein ist auch ein Teil Ihrer ureigensten Bestimmung.

Nach hunderten persönlicher Gespräche im Rahmen des von mir angebotenen Coachings bin ich mir sicher: Jeder Mensch möchte sein Leben besser und nach Möglichkeit vollkommen leben. Jeder Mensch sucht seine ganz persönliche Erfüllung. Ich verspreche Ihnen: Jede Mühe, jede Anstrengung, alles, was Sie geben können, lohnt sich, um mindestens einmal im Leben das überwältigende Gefühl wirklichen Glücklichseins, wirklichen Erfolges und dadurch absoluten Selbstvertrauens zu spüren. Sie werden diese Momente bis an Ihr Lebensende zu den Schönsten Ihres Lebens zählen. Wie viele Menschen habe ich schon getroffen, die mir sagten: »Aber ich versuche doch immer alles richtig und gut zu machen.« Auf diese Menschen passt der Spruch von Alfred Andersch: »Man kann alles richtig machen und das Wichtigste versäumen.« Machen Sie es sich zu Ihrer Aufgabe, sich um das Wichtigste in Ihrem Leben zu kümmern, darum, dass Sie leben! Und wirklich leben können Sie nur mit Visionen. Nicht, indem Sie beschließen, bis ans Ende Ihrer Tage ein mustergültiges Leben zu leben, ohne Höhen und Tiefen. Wenn Sie so leben sind Sie bereits tot. »Erfolg zu wollen«, sagte Stendhal einmal, »heißt, den Mut zu haben, sich Unannehmlichkeiten auszusetzen.« Sich diesen auszusetzen bedeutet: Den Zufall wagen. Jeder von uns kennt Beispiele dieser mustergültigen Leben von Menschen, die sich niemals Unannehmlichkeiten aussetzen wollten. Am Ende ihrer Tage sitzen diese Menschen im Sessel, beklagen sich über die Last des Alters und trauern vergebenen Chancen hinterher. Ich persönlich kenne kein mustergültiges Leben, bei dem die Person, die es lebte, sich nicht zum Schluss gewünscht hätte, einmal, nur ein einziges Mal, wirklich gelebt zu haben. Wenn Sie keine Visionen haben, haben Sie auch keine Hoffnung, große Vorhaben zu verwirklichen. Wagen Sie es: Leben Sie Ihr Leben!

>*»Wisset, dass das Geheimnis des Glücks die Freiheit, der Freiheit*
> *Geheimnis aber der Mut ist.«*
> Perikles

Ein herzliches Dankeschön...

...geht zuerst an meine bislang mehreren zehntausend Seminarteilnehmer in Deutschland, Österreich, der Schweiz und in Holland sowie an die Leser meiner bisherigen Bücher »Gewinnen mit Aktien«, »Systematisch Reich« und »Systematisch reich mit Aktienfonds«. Ihre Resonanz, Ihre Bestätigung meiner Arbeit, Ihre mir geschilderten Geschichten und Anekdoten und Ihre Zuschriften waren es, die auch dieses Buch ermöglicht haben. Ich würde mich freuen, wenn Sie mir auch beim Thema Erfolg als Leser treu bleiben und mir berichten, was Sie selbst in persönlicher und finanzieller Hinsicht an Erfolgen erreicht haben. Ich wünsche Ihnen, dass Sie persönlichen und finanziellen Erfolg kombiniert mit Gesundheit im Höchstmaß erlangen.

Meine Liebe und ein ganz besonderer Dank gilt meiner Frau Bianca Sommerfeld für ihre Unterstützung.

Ein Dankeschön geht an die Autoren der Bücher, die ich sowohl in den Lektionen als auch in meiner persönlichen Erfolgsbibliothek erwähnt und deren Bücher ich ausführlich besprochen habe. Diese Bücher haben mir in jungen Jahren geholfen, eine Vision meines eigenen Weges zu finden.

Ich bedanke mich ebenfalls beim Wilhelm Goldmann Verlag, insbesondere meiner Lektorin Frau König und ihrem Team, die mir und meinen Fähigkeiten als Buchautor nun zum wiederholten Male ihr Vertrauen geschenkt hat. Und wie stets zu guter Letzt danke ich Thomas Montasser und der Montasser & Montasser Medienagentur für die erfolgreiche Agententätigkeit und die uns nun seit Jahren verbindende Freundschaft.

Sachregister

Akquisequote 111
Aktien 76
-erfolge 75
-fonds 48, 75
-investition 125
Anlage
-entscheidung 73
-modelle 73
-vermögen 103
Anti-Image-Strategie 182
Arbeit 46
Arbeitsleistung 116
Arbeitsumfeld, persönliches 133
Askese 34
Attraktivität 179, 180, 182 f.
Aufgaben 43
Ausdauer 129
Auseinandersetzungen 155 f.
–, erfolgreiche 155
Auszahlungstermin 73
Autorität 180
Autoritätsanspruch 179

Beharrlichkeit 13, 43–51, 65, 80, 129
Beratung 37
Beratungsgespräch 126
Beruf 62
Beschwerdequote 111, 115
Bewerbungsgespräch 106
Bilanz, persönliche 103
Börsenerfolge 75

Coach 22, 25
Coaching 22, 37, 39

Dienstleistung 53
Diskretion 65 f.
Disziplin 13, 55 f.
Dream-Team 161 f., 166 ff., 170 ff., 175
–, berufliches 26, 162
–, privates 26, 172

Eigendynamik 198
Eigenkontrolle 150 f.
Einfühlungsvermögen 116
Einkommenssteigerung 48
Emotionen 40
Energie
–, unbeirrbare 45
–, des Widerstehens 34
Energiefluss 121
Entbehrungen 34
Entscheidungen 13
Entscheidungsfreudigkeit 185
Entwicklungschancen 56
Ereignisse, unerwünschte 14
Erfahrung 84
Erfolg 19, 22 f., 37 ff., 41, 55, 62, 77 f.,
    82, 90 114, 116, 118, 138, 140 ff.,
    145, 147, 152, 154 f., 158, 160 f.,
    166, 171 f., 175, 180 f., 186, 196
–, beruflicher 164 f., 167
–, dauerhafter 150
–, finanzieller 11 f., 14, 19 f., 24, 33,
    38, 42, 48, 55, 73, 80, 83, 85, 90,
    118, 120, 124 f., 127, 160, 182
–, garantierter 22
–, kommunikativer 20
–, langfristiger 155

Sachregister

–, mangelnder 38
–, persönlicher 11 f., 14, 19–22, 24, 33, 38, 42, 48, 55, 80, 83, 85, 90, 120, 125, 127, 160, 165
Erfolgs-Know-how 12
Erfolgsbücher 114
Erfolgsfaktoren 47, 180, 196
–, persönliche 196
Erfolgsgeheimnis 12, 135, 140
Erfolgsgen 37
Erfolgsgesetze 179
Erfolgshandlungen 38, 98, 139–142, 145
Erfolgskette 94
Erfolgskurve 53
Erfolgslosigkeit 193
Erfolgsmagie 196
Erfolgsmagier 12
Erfolgsmaßstab 116
Erfolgsmethoden 145
Erfolgsprinzip 12, 129, 144, 158
– »Loslassen« 120
Erfolgspsychologie 114
Erfolgsquote 175
Erfolgsregeln 15, 82 f., 89, 94 196, 198
Erfolgsrezepte 20, 196
Erfolgsschritte 98
Erfolgsstrategien 12, 89, 196, 198
Erfolgstrainer 22
Erfolgstraining 20, 27
Erfolgstricks 12
Erfolgstypen 37 ff.
Erfolgsvoraussetzung 13
Erfolgswissen 12, 89, 198
Erosion 121

Fähigkeiten 59, 72
Falle, psychologische 126
Fehlentscheidungen 152
–, teure 153
Festgeld 76

Finanzberater 74 f.
Finanzdienstleistungsunternehmen 126
Fortschritt 59
Freiheit, finanzielle 20 ff., 24
Fremdkontrolle 152
Frust 44
Führungsprobleme 134

Gedächtnistest 29
Gehaltserhöhung 115
Gehaltsgespräche 114 f.
Gehirnzellen 29
Geld 62, 74
-anlage 76, 140
-anleger 128
-entscheidung 73, 125, 127, 140
-trainer 24
-verantwortung 73 ff., 182
Geschäft 108
–, gutes 106 ff.
–, perfektes 108
–, schlechtes 106
Geschäftsabschluss 127, 157
Geschäftspartner 131, 157
Geschäftserfolg 134
Gespräche, erfolgreiche 60
Gewinner 186–192
-eigenschaft 45
-formulierung 100
-grundsätze 185
-prinzip 99, 100 f., 192
-regel 82, 84
- theorie 75
Gewohnheiten, erfolgsverhindernde 146

Halbherzigkeit 45 f.
Handeln
–, verantwortungsbewusstes 80
–, konkretes 101
–, konsequentes 151

Sachregister

Handlungen, emotionale 154
Handlungsgrundsätze 167
Handlungsschritte 101
Hemmungsübungen 34
Herausforderung 37, 39
Höflichkeit 69

Image 173f., 177, 179–182, 184
–, fehlendes 183
Imitation 121
Indiskretion 68
Inflation 120
Innovation 121
Investmentfonds 76, 174, 182

Kapitalanlage 74
Kernbotschaft 118
Kernkompetenz 117f.
Klischee 173f., 175ff., 179–184
Kollektiventscheidung 72
Komfortzone 20f. 23, 26–29, 193
Kommunikation 118
Kommunikationsstrategie 117
Komplexität des Alltags 46
Komponente, soziale 155
Konflikte 154–157
Konkurs 13, 152, 156
–, schleichender 152
Konsequenz 13
Konsistenzprinzip 126f.
Konsum
 -ausgaben 35
 -gewohnheiten 33
 -neigung 36
Kontrolle 147–153
Kontrollfalle 153
Kontrollkommunikation 150
Kontrollschulden 151f.
»Krebssyndrom« 32, 33
Kredite 103
Kritik 150
Kulturfaktor 47

Kündigungsgrund 55
Kurseinbrüche 75

Lebensumstände 72
Lebensversicherung 73f., 76, 97
Leistungen 46, 53, 114
–, erbrachte 46
–, messbare 114
–, schulische 14
Leistungsfähigkeit, kontinuierliche 28
Lohnerhöhung 115
Lohnverhandlungen 114
Loyalität 129
Lust 49
 -gewinn 45
 -prinzip 48
Luxus 180f.

Macht 58
– der Gewohnheit 145f.
– des Konsistenzprinzips 128
Magie 20, 181, 197
– des Erfolges 20
– der Gewohnheit 145f.
– des Images 181
Managementtrainer 63
Mehrarbeit 44
Mentor 22, 25
Messbarkeitskriterien 113
Mitarbeitermotivation 115
Misserfolg 14, 38, 44f., 72, 82, 139f.
Misserfolgshandlung 141
Misserfolgskette 43
Mitarbeiter, zuverlässige 51
 -gespräch 114, 157
Mittelherkunft 103
Mittelverwertung 103
Motivationsforschung 14

Nichtkontrolle 148ff.
Nichtzuhörer 59

Sachregister

Niederlagen 82 f.
– einstecken 83

Offenheit 69

Passion 165
–, mangelnde 165
Persönlichkeit 24, 72
Präzision 52
Psychologie des Loslassens 125

Quoten 111–116
–, fallende 114
–, gleich bleibende 116
–, messbare 112 f.
–, positive 115
–, sinkende 111
–, steigende 111, 113 f., 115
 -methode 116
 -senkung 115
 -steigerung 115

Rate, monatliche 73
Reichtum 20, 23, 62, 114
–, finanzieller 33, 35, 76
–, Weg zum 24
Risiko 122

Schule des Schweigens 58
Schulden 173
Schweigen 58, 60, 62, 64
Schweigetechnik 156
Selbstbeherrschung 58
Selbstbewusstsein 27, 114
Selbstbild, verbessertes 14
Selbsterziehung 66
Selbstsicherheit, verlorene 62
Selbstständigkeit 13 ff.
Selbstständigmachen 15
Selbstverantwortung 150
Selbstvertrauen, mangelndes 40
Selbstwertgefühl 14

–, geringes 14
–, hohes 13
Selbstzweifel 27
Seminararbeit 37
Sparquote 35
Sparregel 48
Statistiken 112
Steuersparmodelle 73
Strukturvertrieb 62

Tätigkeitsberichte, Kontrolle der 159
Tatkraft, unbeirrbare 45
Technik 37
– des Wollens 34
Termine 55
Training, geistiges 29
Trainingsarbeit 37
Traumpartner 164
Träume 164 f.

Umfeld 43, 162
–, berufliches 162
– persönliches 162
Unlust 49
Unternehmensbilanz 103
Unzufriedenheit 45

Veränderungen, physische 29
Verantwortung 38, 72 f., 76–80
–, mangelnde 74
– Übernehmen 72, 80
–, vermeintliche 72
Verantwortungsgefühl 78
Verbindungen, synaptische 28
Verhalten, positives 14
Verkaufsgespräch 62, 126
Verlierer 186–193
 -falle 11
 -formulierung 100 f.
 -grundsätze 185
 -konjunktive (VK) 99

Sachregister

-prinzip 192
-verben (VV) 99
Vermögen 73, 75
Verpflichtung 57
Versager, Prototyp 42
Versicherungen 74
Versicherungsvertrag 73, 97
Versicherungsvertreter 74
Vertrag 73
Vertragsabschluss 73
Vision 25, 164 ff.
Vorstellung, falsche 15, 37
Vorstellungsvermögen 40

Widerstandskraft 35
Widerstehen 34 f.
Wille 43, 45
Willensstärke 51
Wohlstand 20, 35

Zeiteinteilung 69
Zeitpunkt, falscher 15
Zettel-Magie 93
Zuhören 60
Zuverlässigkeit 51 ff. 65

Den Erfolg täglich vor Augen, jetzt bestellen!

Die Farben des Original: Gold kombiniert mit edlem, repräsentativem Dunkelrot

Die Magie des Erfolges
© Bernd W. Klöckner

1. Sei ein **Dream-Team**-Typ!
2. Bringe **Ideen als Erster**!
3. Mache Dich **bekannt – Werbe**!
4. Erhöhe die **Nachfrage** nach Dir!
5. Führe alle Aufgaben **mit Erfolg** durch!
6. Wiederhole **Erfolgshandlungen**!
7. Sorge für **steigende Statistiken**!
8. Mache nur solche Geschäfte, bei denen es Dir **danach besser** geht als davor!
9. Mache **niemals Probleme der anderen** zu Deinen eigenen!
10. Beherrsche **Termine** und **Wiedervorlage**!

VISION ▶ SUCCESS ▶ MONEY

Erfolgs- und Geldtraining: mail@berndwkloeckner.de

**Das Erfolgsposter (ca. 70x90) zum Preis von nur 36,-Euro
Gleich bestellen unter: e-mail: mail@berndwkloeckner.de**

HIER LACHT IHR KONTO ...

14129

16273

16231

16327

Mosaik bei GOLDMANN

SO KOMMEN SIE VORAN ...

16267

HANS-JOACHIM VON PLÜSKOW
PIA-CATRIN KINDLER
Karriere-Ratgeber für Frauen

HANS-JOACHIM VON PLÜSKOW
Karriere ohne Firmenwechsel

16193

16309

LAWRENCE C. KATZ
MANNING RUBIN
Neurobics Fit im Kopf

16310

DR. ROBERT ARNOT
Wer sich wohl fühlt hat Erfolg!

Mosaik bei GOLDMANN

GUT AUSGEDRÜCKT

16282

KARSTEN BREDEMEIER
Provokative Rhetorik? Schlagfertigkeit!

JOEL EDELMAN
MARY BETH CRAIN
Das Tao der Verhandlungskunst
Über den konstruktiven Umgang mit Konflikten

16118

16262

CHRISTIANE TILLNER
DR. NORBERT FRANCK
Selbstsicher reden
Ein Leitfaden für Frauen

WOLF W. LASKO
Personal Power – Mut zum Handeln
Wie Sie bekommen, was Sie wollen

16166

Mosaik bei GOLDMANN

GOLDMANN

*Das Gesamtverzeichnis aller lieferbaren Titel erhalten Sie
im Buchhandel oder direkt beim Verlag.
Nähere Informationen über unser Programm erhalten Sie auch im Internet unter:*
www.goldmann-verlag.de

★

Taschenbuch-Bestseller zu Taschenbuchpreisen
– Monat für Monat interessante und fesselnde Titel –

★

Literatur deutschsprachiger und internationaler Autoren

★

Unterhaltung, Kriminalromane, Thriller
und Historische Romane

★

Aktuelle Sachbücher, Ratgeber, Handbücher und
Nachschlagewerke

★

Bücher zu Politik, Gesellschaft, Naturwissenschaft und Umwelt

★

Das Neueste aus den Bereichen
Esoterik, Persönliches Wachstum und Ganzheitliches Heilen

★

Klassiker mit Anmerkungen, Anthologien und Lesebücher

★

Kalender und Popbiographien

★

Die ganze Welt des Taschenbuchs

★

Goldmann Verlag • Neumarkter Str. 18 • 81673 München

Bitte senden Sie mir das neue kostenlose Gesamtverzeichnis

Name: _____

Straße: _____

PLZ / Ort: _____